Das Beste aus dem Lexikon der Rechtsirrtümer

Das Buch

Ralf Höcker, Rechtsanwalt und promovierter Jurist, klärt auf über die populärsten juristischen Irrtümer und stellt anhand anschaulicher Beispiele die tatsächliche Rechtslage dar. Ein informatives und unterhaltsames Kompendium – für Juristen und Nichtjuristen gleichermaßen.

Der Autor

Ralf Höcker, Jahrgang 1971, LL. M. (London) und Dr. jur., arbeitete als Rechtsanwalt in internationalen Großkanzleien in London und Köln und betreibt heute eine eigene Rechtsanwaltskanzlei in Köln. Er berät Unternehmen und Künstler in Fragen des Marken- und Medienrechts. Weitere Informationen: www.ralfhoecker.de

Dr. jur. Ralf Höcker

Das Beste aus dem Lexikon der Rechtsirrtümer

Weltbild

Genehmigte Lizenzausgabe der Verlagsgruppe Weltbild GmbH,
Steinerne Furt, 86167 Augsburg

Umschlaggestaltung: X-Design, München
Umschlagmotiv: X-Design/Fotolia
Satz: KompetenzCenter, Mönchengladbach
Druck und Bindung: Ebner & Spiegel, Ulm
Printed in Germany
978-3-8289-2239-6

2009 2008 2007
Die letzte Jahreszahl gibt die aktuelle Lizenzausgabe an.

Inhalt

Gericht und Polizei

Medien und geistiges Eigentum

Steuerrecht

Strafrecht

Straßenverkehr

Vorbemerkung

Dieses Buch berücksichtigt Rechtsprechung und Schrifttum bis Mai 2007. Sollten Sie Hinweise, Änderungsvorschläge oder sonstige Anregungen zu diesem Buch haben, so ist Ihnen der Autor für eine Mitteilung dankbar:

RA Dr. Ralf Höcker, LL. M.
www.ralfhoecker.de

Einleitung

Wenn Sie jemand nach dem Unterschied zwischen Mord und Totschlag fragt, werden Sie wahrscheinlich antworten, dass ein Mord vorher geplant wurde, während ein Totschlag eher aus dem Affekt heraus geschieht.

Wenn Sie gebeten werden, einen Richter hinter seiner Bank im Verhandlungssaal zu zeichnen, werden Sie ihm vermutlich einen kleinen Holzhammer in die Hand geben, mit dem er auf sein Pult schlagen und dabei »Die Verhandlung ist geschlossen!« rufen kann.

Und wenn man Sie als Aushilfskellner, der immer montags in einer Studentenkneipe jobbt, nach Ihren Ansprüchen auf Kündigungsschutz, bezahlten Urlaub, Weihnachtsgeld und Entgeltfortzahlung im Krankheitsfalle fragt, werden Sie verständnislos antworten, dass diese Ansprüche natürlich nur den Festangestellten zustehen.

Und in allen drei Fällen hätten Sie falsch gelegen.

Jurastudenten erleben in ihren ersten Semestern eine Überraschung nach der anderen. Sie müssen feststellen, dass vieles von dem, was sie immer für ganz selbstverständlich hielten, mit der juristischen Wirklichkeit nichts zu tun hat. Sie stoßen auf ungläubiges Staunen, wenn sie dann Freunden und Bekannten berichten, dass es Straftatbestände wie Zechprellerei und Beamtenbeleidigung überhaupt nicht gibt und dass Eltern nicht für ihre Kinder haften, Kneipenwirte dagegen sehr wohl für die Garderobe des Gastes.

Das könne doch gar nicht sein, entgegnet man ihnen dann. Zum Beispiel habe 2003 doch in sämtlichen Zeitungen gestanden, dass der Fußballspieler Stefan Effenberg wegen Beamtenbeleidigung verurteilt worden sei. Und natürlich mache sich jemand wegen Zechprellerei strafbar, wenn er ein Restaurant verlasse, ohne seine Rechnung beglichen zu haben. Wo kämen wir denn sonst hin? Auch die Schilder »Eltern haften für ihre Kinder« und »Für Garderobe keine Haftung« hingen schließlich seit Menschengedenken an jedem Baustellenzaun bzw. an jeder Kneipengarderobe. Auch sie können also nicht überflüssig oder falsch sein.

Sind sie aber. Sie stimmen genauso wenig wie zahlreiche andere juristische Volksmythen, die sich mit bemerkenswerter Hartnäckigkeit in den Köpfen der Menschen halten. All diese Irrtümer haben eines gemeinsam: Sie verbreiten und verstärken sich, indem sie tagtäglich nachgeplappert werden. Wer von klein auf immer wieder hört, dass man stets einen Personalausweis bei sich tragen müsse, der kommt überhaupt nicht auf den Gedanken, dass diese Behauptung möglicherweise vollkommen falsch ist. Denn wenn es jeder sagt, wird es wohl stimmen.

Dieses Buch soll zeigen, dass auch Dinge, die juristisch scheinbar selbstverständlich sind, keineswegs richtig sein müssen. Denn Unwahrheiten werden nicht dadurch wahr, dass sie von Generation zu Generation weitergetragen werden. Und auch das Fernsehen, Zeitungsberichte oder eben Schilder an Baustellenzäunen und Kneipengarderoben sind keine verlässlichen Rechtsratgeber.

Die gängigsten Irrtümer aus dem Bereich der Juristerei werden in diesem Buch dokumentiert und richtig gestellt. Sie betreffen alle Gebiete des deutschen Rechts – vom Strafrecht über das Zivilrecht bis hin zum Öffentlichen

Recht. Wo es möglich ist, versucht das Buch die Gründe aufzuzeigen, die zum Entstehen der einzelnen Irrtümer geführt haben. Vier große Gruppen sind hierbei erkennbar:

Zahlreiche Irrtümer beruhen darauf, dass sich eine Gesetzes- oder Rechtsprechungsänderung in der Bevölkerung nicht herumgesprochen hat. Ein wirklich faszinierendes Beispiel für diese erste Gruppe von Rechtsirrtümern ist die bis 1941 geltende Abgrenzung von »geplantem Mord« und »Totschlag im Affekt«. Kaum ein juristischer Laie hat zur Kenntnis genommen, dass diese Abgrenzung schon vor über sechzig Jahren abgeschafft und durch eine völlig andere Neuregelung ersetzt wurde. Ein großer Teil der Deutschen befindet sich in dieser Frage daher heute noch auf dem Kenntnisstand der dreißiger Jahre des vorigen Jahrhunderts. Was unsere Großväter und Urgroßväter einst über den Unterschied zwischen Mord und Totschlag lernten, wurde ganz einfach unverändert von Generation zu Generation weitergetragen. Es kann nur spekuliert werden, woran das liegt. Ein Grund für dieses Phänomen mag die Tatsache sein, dass die heute geltende Abgrenzung zwischen Mord und Totschlag erheblich schwieriger zu durchschauen ist als das alte Recht. Komplizierte neue Klauseln haben es natürlich schwerer, sich im Bewusstsein der Bevölkerung zu verankern. Dass heute kaum jemand in der Lage ist, so schwerwiegende Delikte wie Mord und Totschlag auch nur annähernd richtig zu definieren, bleibt dennoch eine erstaunliche Tatsache.

Eine zweite, sehr populäre Quelle für Rechtsirrtümer sind amerikanische Filme und Fernsehserien. Der Polizei- und Gerichtsalltag der USA ist auch in deutschen Kinos und Wohnstuben allgegenwärtig. Vielen Laien gelingt es daher nicht mehr, zwischen dem amerikanischen Rechtssystem und dem unsrigen zu unterscheiden. Selbst deutsche

Drehbuchautoren und Redakteure von Gerichtsshows tragen zur allgemeinen Verwirrung bei. Wissentlich oder unwissentlich übernehmen sie immer wieder effektvolle Showelemente aus amerikanischen Vorbildproduktionen, die mit der deutschen Rechtswirklichkeit nichts zu tun haben. Der Hammer auf dem Richterpult mag als ein Beispiel hierfür dienen. Untersuchungen zeigen, dass schon kleine Kinder fest davon überzeugt sind, dass deutsche Richter eine Perücke tragen und einen Hammer in der Hand halten.[1]

Falsche Vorstellungen können sich drittens festsetzen, wenn sie von Nutznießern in die Welt gesetzt und so oft wiederholt werden, bis schließlich jeder an sie glaubt. Bauherren wollen zum Beispiel nicht auf den Schäden sitzen bleiben, die spielende Kinder auf ihrer Baustelle anrichten. Also hängen sie ganz einfach Schilder an ihre Baustellenzäune, auf denen sie behaupten, dass Eltern für ihre Kinder haften müssen. Und jeder fällt darauf herein, denn Verbots- und Hinweisschilder genießen in Deutschland immer noch eine große Autorität. Was man »ganz offiziell« und schwarz auf weiß angeschlagen sieht, wird schon stimmen, denken sich offenbar viele.

Eine vierte Gruppe von Rechtsirrtümern beruht schlicht auf Missverständnissen, die zu einer oft phantasievollen »Rechtsfortbildung« durch die Bevölkerung führen. So kommt es vor, dass Inhalt und Bedeutung bestimmter Rechtsnormen falsch interpretiert werden. Die tatsächlich existierende Ausweispflicht zum Beispiel wird im Allgemeinen nicht richtig verstanden und viel zu weit ausgelegt. Wo das Rechts- oder Moralempfinden der Bevölkerung es erfordert, wird unsere Rechtsordnung kurzerhand auch schon einmal um ganze Tatbestände »ergänzt«. Das vermeintliche Delikt der Beamtenbeleidigung ist ein Straftatbestand, der in Wirklichkeit zwar nicht existiert, dessen Existenz aber offenbar für notwendig gehalten wird.

Eine interessante Gemeinsamkeit zieht sich durch viele Rechtssätze, die von Laien erfunden und weiterverbreitet werden. Man stößt bei ihnen sehr häufig auf die mystische Zahl »Drei«: Drei Nachmieter müsse man angeblich stellen, um vorzeitig aus einem Mietvertrag herauszukommen. Dreimal müsse man den Arbeitnehmer abmahnen, bevor man ihn entlassen könne, und dreimal müsse man im Restaurant vergebens nach der Rechnung fragen, bevor man es straflos verlassen dürfe.

In der juristischen Wirklichkeit kommen derartige Dreimal-Regelungen nur selten vor. Sie sind Ausdruck eines sehr formalistischen Rechtsverständnisses, das unserer Rechtsordnung weitgehend fremd ist. Sachgerechte Ergebnisse erzielt man nicht, indem man Nachmieter oder Abmahnungen zählt und irgendeine unverrückbare Grenze festlegt, ab der stets eine bestimmte Rechtsfolge greift. Auch ein oder zwei Fehltritte eines Arbeitnehmers können schließlich im Einzelfall schon gravierend genug sein, um eine Kündigung zu rechtfertigen. Umgekehrt reichen fünf oder sechs geringere Verfehlungen möglicherweise nicht für eine Entlassung aus. Es ist in solchen Fällen wichtig, den Richter nicht durch allzu starre Regelungen zu binden. Ihm müssen Entscheidungsspielräume bleiben, die er in jedem Einzelfall mit seiner juristischen und menschlichen Erfahrung ausfüllen kann. Das entspricht zwar nicht dem durchaus verständlichen Bedürfnis der Bürger nach möglichst großer Berechenbarkeit des Rechts. Es führt aber zu sachgerechteren Entscheidungen, die die individuellen Umstände eines Falles besser berücksichtigen. Denn jeder Fall liegt bekanntlich anders.

Dies ist das passende Stichwort für einen abschließenden

Hinweis, den auch Sie im Umgang mit diesem Buch berücksichtigen sollten. In vielen Fällen kann es lediglich allgemeine Grundsätze und Leitlinien aufzeigen. Es kann sensibel dafür machen, dass bestimmte, immer für selbstverständlich gehaltene rechtliche Annahmen möglicherweise gar nicht stimmen. Eine individuelle juristische Beratung kann dieses Buch dagegen niemals ersetzen, da es nicht jede theoretisch denkbare Fallkonstellation berücksichtigen kann. Gerade die konkreten Umstände des Einzelfalles sind es jedoch, die oft den Ausschlag in die eine oder andere Richtung geben. Unwägbarkeiten entstehen auch deshalb, weil sich Gesetze und Rechtsprechung ständig ändern, so dass morgen schon überholt sein kann, was heute noch aktuell ist. In wichtigen Fragen sollten Sie daher auf einen qualifizierten anwaltlichen Rat nicht verzichten.

Allgemeines Privatrecht

Einschreiben

Irrtum:
Wichtige Sachen muss man immer per Einschreiben mit Rückschein verschicken.

Richtig ist:
Der Versand von Briefen per Einschreiben ist in vielen Fällen überflüssig und sogar schädlich.

Wer einen Brief per Einschreiben verschickt, erhält einen Einlieferungsbeleg. Damit kann er nachweisen, dass er den Brief tatsächlich versandt hat. Bei einem Einwurfeinschreiben erhält man außerdem einen Beleg, der bestätigt, dass das Einschreiben auch wirklich in den Briefkasten des Adressaten eingeworfen wurde. Bei einem Einschreiben mit Rückschein quittiert der Empfänger zusätzlich den Erhalt des Schreibens.

Wenigen Menschen ist klar, in welchen Situationen es sinnvoll ist, eine dieser Versandarten zu wählen. Die Deutsche Post AG dürfte deshalb jedes Jahr Unsummen an Briefen verdienen, die völlig unsinnigerweise als teures Einschreiben versandt werden. Denn allzu viele Menschen verschicken pauschal alles, was sie irgendwie für »offizielle« Post halten, per Einschreiben mit Rückschein. Sie tun dies, weil sie entweder glauben, dass dies aus rechtlichen Gründen notwendig oder hilfreich ist, oder weil sie annehmen, dass sie beim Empfänger so eine Menge Eindruck schinden. Mit dem Einschreiben hoffen sie, dem Empfänger zu signalisieren: »Achtung hier kommt ein Einschreiben, jetzt wird es richtig ernst für dich!« Statt 55 Cent wie bei einer normalen Briefsendung zahlen sie dann für einen Standardbrief immerhin 4,40 €, also das Achtfache!

In vielen Fällen ist dies völlig überflüssig und manchmal sogar schädlich. Ein Einschreiben soll sicherstellen, dass der Empfänger das Schreiben tatsächlich bekommt. In aller Regel erfährt man dies jedoch sowieso. Denn normalerweise beantworten Briefempfänger ihre Post. Wenn Sie also nur die Höhe Ihrer Telefonrechnung reklamieren oder sich beim Vermieter über den Schimmel im Bad beschweren wollen, dann ist ein Einschreiben im Allgemeinen nicht notwendig. Denn Sie können davon ausgehen, dass eine seriöse Telefongesellschaft Ihnen auch antwortet, wenn Sie Ihre Reklamation mit ganz normaler Post verschicken. Bei Vermietern ist das in der Regel nicht anders.

Wann sollte man seine Post per Einschreiben verschicken? Die Deutsche Post AG empfiehlt diese Versandart wenn der Absender die Ein- und Auslieferung wichtiger Schreiben später rechtssicher nachvollziehen und dokumentieren möchte. Als Beispiele nennt sie Kündigungen, Mahnungen oder Zahlungsaufforderungen. Als besonders sicher bezeichnet die Deutsche Post AG den Versand per Einschreiben mit Rückschein.

Tatsächlich ist es jedoch keineswegs so, dass der Absender auf der sicheren Seite ist, wenn er einen Brief per Einschreiben mit Rückschein verschickt. Denn wenn der Empfänger nicht zu Hause ist und sein Einschreiben auch nicht auf der Post abholt, weil er dessen Inhalt ahnt, bekommt der Absender natürlich auch keine schriftliche Empfangsbestätigung. Die Kündigung, Mahnung oder Zahlungsaufforderung gilt dann nicht als zugegangen. Vielmehr erhält der Absender seinen Brief zurück und hat möglicherweise eine wichtige Frist, zum Beispiel für die rechtzeitige Kündigung seines Mietvertrages, verpasst.

Und selbst dann, wenn der Empfänger den Erhalt des Schreibens bestätigt, besteht keineswegs Rechtssicherheit. Denn immer wieder kommt es vor, dass unseriöse Adressaten den Brief zwar erst einmal annehmen, nachträglich jedoch behaupten, in dem Umschlag des Einschreibens sei gar keine Kündigung, Mahnung oder Zahlungsaufforderung gewesen, sondern irgendetwas völlig anderes. In einem solchen Fall hat der Absender ein ernsthaftes Problem. Denn per Einschreiben mit Rückschein kann leider nur bewiesen werden, dass überhaupt irgendein Schreiben zugestellt wurde. Der Inhalt des Schreibens wird dagegen nirgendwo dokumentiert und ist damit schwer zu beweisen. Wer damit rechnet, dass der Empfänger eines wichtigen Schreibens derart üble Tricks anwenden könnte, der hat nur zwei Möglichkeiten, wenn er wirklich auf Nummer sicher gehen will:

Zum Ersten kann man die Kündigung per Gerichtsvollzieher zustellen lassen. Dann ist es egal, ob der Empfänger zu Hause ist. Denn der Gerichtsvollzieher kann Briefe auch dann wirksam zustellen, wenn der Empfänger die Annahme verweigert oder gar nicht zu Hause ist. Es reicht, wenn er den Brief in den Briefkasten des Adressaten einwirft. Falls es keinen Briefkasten geben sollte, nimmt der Gerichtsvollzieher den Brief einfach wieder mit und hinterlegt ihn für den Empfänger beim örtlichen Amtsgericht. Auch das gilt als wirksame Zustellung. Der Gerichtsvollzieher beglaubigt außerdem den Inhalt des zugestellten Schreibens in einer Zustellungsurkunde, die der Absender erhält. Mit anderen Worten: Bei einer Zustellung durch den Gerichtsvollzieher kann der Empfänger weder den wirksamen Zugang des Schreibens verhindern, noch kommt er mit der Behauptung durch, er habe keine Kündigung, sondern zum Beispiel nur ein leeres Blatt Papier erhalten. Sowohl Zugang als auch Inhalt des Schreibens sind in einer amtlichen Urkunde eindeutig festgehalten.

Auch für diejenigen Zeitgenossen, die mit der Form der Zustellung Eindruck schinden wollen, ist die Zustellung per Gerichtsvollzieher natürlich die bessere Wahl. Es wirkt allemal bedrohlicher, wenn der Gerichtsvollzieher vor der Tür steht und die Kündigung zustellt, als wenn der freundliche Postbote einem ein Einschreiben überreicht. Bevor Sie nun aber die deutschen Gerichtsvollzieher mit Zustellungsaufträgen überhäufen, beachten Sie bitte Folgendes: Schriftstücke, die Sie selbst verfasst haben, können Sie nur dann über den Gerichtsvollzieher zustellen lassen, wenn darin Willenserklärungen von rechtlicher Bedeutung enthalten sind. Das gilt für Kündigungen einer Mietwohnung oder eines Arbeitsverhältnisses, nicht aber für Liebesbriefe und Urlaubspostkarten. Bitte verschonen Sie also unsere Gerichtsvollzieher mit derlei Zustellungsaufträgen!

Wem die Zustellung per Gerichtsvollzieher zu umständlich, zu teuer oder schlicht zu übertrieben erscheint, der hat zweitens die Möglichkeit, dem Empfänger das Schreiben vor Zeugen persönlich zu übergeben oder es durch einen beliebigen Boten übergeben zu lassen. Auch der Einwurf in den Briefkasten vor Zeugen oder durch einen Boten genügt. Allerdings muss immer sichergestellt sein, dass Zeuge oder Bote auch den Inhalt des Schreibens zur Kenntnis genommen haben und ihn sich gut merken. Denn wenn es zu einer gerichtlichen Auseinandersetzung kommen sollte, dann werden sie in der Regel erst Monate später ihre Aussage machen müssen. Ein sofort angefertigtes, präzises Gedächtnisprotokoll des Briefinhalts hilft hier gegen das Vergessen.

Zusammenfassend kann man sich also merken: In den meisten Fällen braucht man in der Praxis kein Einschreiben. Wenn tatsächlich einmal eine wichtige Frist läuft und man es mit einem Empfänger zu tun hat, der den Zugang des Schreibens möglicherweise bestreiten wird, dann sollte man es entweder per Bote übermitteln oder vor Zeugen persönlich überreichen. Den Gerichtsvollzieher sollte man nur bemühen, wenn es um wichtige Willenserklärungen von rechtlicher Bedeutung geht.

Bei Interesse siehe hierzu:
§ 132 Abs. 1 BGB (Bürgerliches Gesetzbuch), »Ersatz des Zugehens durch Zustellung«

Finder

Irrtum:
Wer eine verlorene Sache sieht und an sich nimmt, ist der Finder.

Richtig ist:
Der vermeintliche »Finder« gilt häufig nur als Entdecker und hat daher nicht die Rechte eines Finders.

Wer etwas findet, hat Anspruch auf Finderlohn (→ *Finderlohn).* Doch wer ist eigentlich der Finder? Natürlich derjenige, der die verlorene Sache als Erster entdeckt und an sich nimmt, möchte man meinen. Die Rechtsprechung sieht das jedoch ganz anders. Der Bundesgerichtshof (BGH) hatte einmal über folgenden Fall zu entscheiden:

Ein Kunde entdeckte in der Lebensmittelabteilung eines

Selbstbedienungs-Großmarktes unter einem Regal zwischen aufgestellten Waren einen Tausend-DM-Schein und übergab ihn dem Betriebsleiter des Marktes. Ein Verlierer meldete sich in der Folge nicht. Der Großmarkt behielt daher das Geld und weigerte sich, es dem vermeintlichen »Finder« zurückzugeben. Der klagte sich durch alle Instanzen und unterlag schließlich beim BGH mit seiner Forderung, der Großmarkt möge ihm als Finder die 1000,– DM samt Zinsen auszahlen[2].

Der BGH begründete die Klageabweisung damit, der ehrliche »Finder« sei im Rechtssinne gar kein Finder, sondern nur Entdecker gewesen. Denn zum Finder wird nur, wer eine verlorene, d.h. *besitzlose* Sache entdeckt und anschließend in Besitz nimmt. Der Geldschein war nach Einschätzung des BGH jedoch nicht besitzlos. Er habe sich vielmehr die ganze Zeit im Besitz des Großmarktbetreibers befunden. Denn dieser habe einen erkennbaren »Besitzerwerbswillen« an sämtlichen Dingen, die Kunden in seinen Räumlichkeiten verlieren. Dass die Mitarbeiter des Großmarktes überhaupt nichts von der Existenz des Tausend DM-Scheines wussten, bevor der Kunde ihn ablieferte, spiele keine Rolle.

Der BGH urteilte demnach, dass nicht der Kunde als Finder zu gelten hatte, sondern der Großmarktbetreiber. Da sich der Verlierer nicht meldete, durfte der Großmarktbetreiber den Geldschein tatsächlich behalten. Nur er hätte auch Finderlohn erhalten, wenn der Verlierer doch noch seine Ansprüche angemeldet hätte. Der ehrliche Kunde wäre also in jedem Falle leer ausgegangen.

Bei Interesse siehe hierzu:
§ 973 BGB (Bürgerliches Gesetzbuch), »Eigentumserwerb des Finders«

Finderlohn

Irrtum:
Man hat einen Anspruch auf 10% Finderlohn.

Richtig ist:
Die Höhe des Finderlohns ist von dem materiellen und ideellen Wert der Fundsache sowie ihrem Fundort abhängig.

Sehr häufig hört und liest man, dass Finder einen Anspruch auf 10% Finderlohn hätten. Dabei ist unklar, warum sich in der allgemeinen Vorstellung gerade die Zahl Zehn durchgesetzt hat. Möglicherweise liegt es daran, dass sie so schön rund klingt. Tatsache ist: Es gibt keinen einheitlichen Prozentsatz, der für alle Fundsachen gilt. Die Berechnung des Finderlohns hängt vielmehr vom materiellen und ideellen Wert der Fundsache ab, aber auch davon ab, wo sie gefunden wurde.

Wer etwas findet, muss den Verlierer oder den Eigentümer über den Fund informieren. Sachen im Wert von mehr als 10,– € müssen notfalls beim örtlichen Fundbüro oder, je nach Bundesland und Art der Fundsache, bei der Polizei angemeldet werden, wenn nicht klar ist, wer sie verloren hat. Der Finder kann dann 5% des Wertes als Finderlohn beanspruchen. Dies gilt jedoch nur für Sachen, die bis zu 500,– € wert sind. Von allem, was über 500,– € hinausgeht, erhält der Finder nur noch 3%. Wer also eine 1000,– € teure Uhr findet, bekommt für die ersten 500,– € einen Finderlohn von 25,– € (5%) und für die verbleibenden 500,– € einen Finderlohn von 15,– € (3%). Insgesamt stehen ihm also 40,– € zu. Bei Sachen, die nur ideellen Wert haben, wie dem wertlosen Modeschmuck, den die verstorbene Großmutter als letztes Andenken hinterlassen hat, ist der Finderlohn »nach billigem Ermessen« zu bestimmen. Hält der Finder die Summe, die der Eigentümer nach seinem Ermessen festgelegt hat, für zu niedrig, kann er ihre »Billigkeit«, d. h. ihre Angemessenheit gerichtlich überprüfen lassen.

Das Fundbüro darf Fundsachen übrigens nur mit Zustimmung des Finders an den Berechtigten herausgeben. Es wird den Finderlohn daher bei Abgabe an den Berechtigten einbehalten, wenn der Finder den Finderlohnanspruch bei Abgabe geltend gemacht hat. Auf diese Weise ist sichergestellt, dass der ehrliche Finder sein Geld auch tatsächlich erhält. Falls sich innerhalb von sechs Monaten, nachdem der Finder den Fund beim Fundbüro oder bei der Polizei angemeldet hat, kein Berechtigter meldet, wird der Finder selbst Eigentümer der Fundsache.

Ganz eigene Regeln gelten für Funde in öffentlichen Behörden und Verkehrsmitteln. Das gilt vor allem für die Höhe des Finderlohnes. Zunächst einmal herrscht dort eine Bagatellgrenze von 50,– €, bis zu der dem Finder überhaupt kein Finderlohn zusteht. Für Funde ab 50,– € gibt es zwar Geld. Der Finder erhält jedoch nur die Hälfte dessen, was er bekäme, wenn er die Sache nicht auf dem Einwohnermeldeamt oder in der U-Bahn, sondern auf der Straße gefunden hätte. Die Tausend-Euro-Uhr aus unserem Beispiel oben brächte dem Finder statt 40,– € also nur 20,– €, wenn er sie am »falschen« Ort gefunden hat.

Wer eine Fundsache behält, anstatt sie anzumelden bzw. abzugeben, macht sich übrigens strafbar. Für eine so genannte Fundunterschlagung drohen Geldstrafe oder sogar Freiheitsstrafe bis zu drei Jahren.

Bei Interesse siehe hierzu:
§ 971 BGB (Bürgerliches Gesetzbuch), »Finderlohn«

§ 978 Abs. 2 BGB, »Fund in öffentlicher Behörde oder Verkehrsanstalt«

Getrennt vererben

Irrtum:
Man kann Gegenstände getrennt vererben.

Richtig ist:
Das getrennte Vererben von Gegenständen ist nicht möglich.

»Mein letzter Wille: Meine Tochter Gisela soll das Haus erben. Mein Sohn Bernd erbt das Auto. Die Porzellanpuppensammlung geht an meine Nachbarin Frau Kindler. Und das ganze Bargeld vererbe ich dem Tierschutzverein.«

Testamente wie diese kennt man aus dem Fernsehen. Auch in der Praxis sind sie bei juristischen Laien sehr beliebt und bereiten bei der Testamentsvollstreckung immer wieder Schwierigkeiten. Viele glauben offensichtlich: Wenn ich mein Auto und mein Geld zu Lebzeiten an unterschiedliche Personen *verschenken* kann, dann kann ich es auch an unterschiedliche Personen *vererben*. Ganz so einfach ist es jedoch nicht. Vermögensgegenstände kann man zwar einzeln verschenken, jedoch nicht einzeln vererben. Ein Erbe oder eine Erbengemeinschaft treten vielmehr eine so genannte Gesamtrechtsnachfolge an, d.h. sie erwerben nicht nur das Eigentum an verschiedenen separaten Gegenständen, sondern übernehmen das Vermögen des Erblassers *als Ganzes*.

Auf Umwegen kann der Erblasser in einem gewissen Rahmen dennoch erreichen, dass bestimmte Wertgegenstände an bestimmte Personen gehen. Vermächtnisse und so genannte Teilungsanordnungen können nicht in allen, aber in vielen Fällen helfen, dieses Ziel zu erreichen. Beide müssen jedoch unzweifelhaft aus dem Testament hervorgehen und das ist leider nur selten der Fall. Testamente juristischer Laien müssen vielmehr fast immer ausgelegt, d.h. notfalls vom Gericht interpretiert werden. Dies ist häufig nicht einfach, führt oftmals zu vermeidbarem Streit unter den Erben und am Ende kommt möglicherweise etwas ganz anderes heraus, als der Erblasser es sich ursprünglich einmal vorgestellt hatte.

Jeder, der ein Testament verfasst, sollte sich deshalb hierbei sachkundig beraten lassen. Auf Erbrecht spezialisierte Rechtsanwälte und Notare sind geübt darin, den tatsächlichen Willen des Erblassers zu erforschen und juristisch einwandfrei umzusetzen.

Bei Interesse siehe hierzu:
§ 1922 BGB (Bürgerliches Gesetzbuch), »Gesamtrechtsnachfolge«

Handtücher auf Liegestühlen, Jacken auf Barhockern

Irrtum:
Mit Handtüchern und Jacken kann man Liegestühle und Barhocker rechtswirksam blockieren.

Richtig ist:
Handtücher und Jacken allein vermitteln noch keine Besitzansprüche.

Der durchschnittliche Engländer hat bei dem Stichwort »Deutschland und die Deutschen« drei spontane Assoziationen, die das schlechte Image unseres Landes prägen:

1. Der Zweite Weltkrieg
2. Fußballspiele, die (angeblich) immer von Deutschland gewonnen werden
3. Handtücher, mit denen deutsche Touristen um sechs Uhr morgens noch schnell vor dem Frühstück sämtliche Liegestühle mallorquinischer Bettenburgen blockieren, während die Engländer noch ihren Rausch ausschlafen

An der ersten Assoziation können wir leider nichts mehr ändern. Bei der zweiten wären wir froh, wenn sie wahr wäre. Und was ist mit der dritten? Da dürfte in der Tat Handlungsbedarf bestehen. Denn das Territorialgehabe der Deutschen ist tatsächlich sehr ausgeprägt. Wir blockieren nicht nur verlassene Liegestühle mit Handtüchern, sondern auch leere Kinositze und Barhocker mit Jacken (»Sorry, da kommt gleich noch einer!«) und schrecken als einziges Volk der Welt noch nicht einmal davor zurück, uns an fremden Stränden in muschelbewehrte Sandburgen einzugraben, ganz so, als erwarteten wir mal wieder eine Landung der Alliierten.

Um es ganz deutlich zu sagen: Handtücher, Jacken und Sandburgen allein vermitteln noch keine Besitzansprüche – und zwar weder bei uns noch in mallorquinischen Hotelanlagen. Unsere dem Frühaufstehen eher abgeneigten britischen Nachbarn haben also völlig recht, wenn sie sich über uns aufregen. Wer sich von einem öffentlichen Liegestuhl, einem Barhocker oder »seinem« Platz am Strand entfernt, für den gilt nach deutschem wie spanischem Recht zunächst einmal die alte Kinderweisheit:

»Weggegangen, Platz vergangen!« Juristen sprechen in solchen Fällen etwas vornehmer von bloßem Kurzbesitz einer Sache, der keine schützenswerte Rechtsposition verleiht. Jeder andere hat daher nun das Recht, den frei gewordenen Platz einzunehmen und das Handtuch oder die Jacke woanders hinzulegen. Man hätte allenfalls die Möglichkeit, die Hotel- oder Barbetreiber darum zu bitten, von ihrem Eigentums- oder Hausrecht Gebrauch zu machen. Ihnen gehören die Liegestühle und Barhocker schließlich. Also dürfen sie auch bestimmen, wer darauf Platz nimmt.

Eine Ausnahme gilt dann, wenn zwischen Mensch und Sitzgelegenheit eine deutlich dauerhaftere und festere Verbindung besteht. Wenn beispielsweise die Liegestühle im Hotel nicht einfach zu jedermanns freier Verfügung um den Pool herum stehen, sondern der Betreiber einen bestimmten Liegestuhl – zum Beispiel gegen eine Gebühr – ausschließlich an einen bestimmten Gast herausgibt, sieht die Sache natürlich anders aus. Der Entleiher gälte dann als notwehrberechtigter Besitzer und könnte dem auf frischer Tat ertappten »Liegestuhldieb« das Corpus Delicti sogar mit Gewalt wieder abnehmen.

Letztlich sollte eines jedoch klar sein: Am besten löst man Streitigkeiten um Liegestühle und Barhocker natürlich nicht auf juristischem Weg (und schon gar nicht mit Gewalt), sondern schlicht mit angemessenem Sozialverhalten. Warum eigentlich beweisen wir den verkaterten Langschläfern von der Insel nicht einfach unsere menschliche Größe und überlassen ihnen die Liegestühle freiwillig? Ein Volk, dessen Nationalelf seit 40 Jahren kein großes Fußballturnier mehr gewonnen und den einzigen WM-Titel einem verwirrten Schiedsrichter zu verdanken hat, soll wenigstens das Recht haben, sich unter Spaniens Sonne in Ruhe auszustrecken und zu entspannen.

Bei Interesse siehe hierzu:
§ 227 BGB (Bürgerliches Gesetzbuch), »Notwehr«
§ 854 Abs. 1 BGB, »Erwerb des Besitzes«
§ 858 Abs. 1 BGB, »Verbotene Eigenmacht«
§ 859 Abs. 1, 2 BGB, »Selbsthilfe des Besitzers«
Art. 460 Código Civil español

Samstag = Werktag?

Irrtum:
Der Samstag ist kein Werktag.

Richtig ist:
Auch der Samstag gilt gesetzlich immer noch als Werktag.

Die Zeiten, in denen auch samstags allgemein gearbeitet wurde, sind vorbei – jedenfalls vorläufig. Was die Zukunft den deutschen Arbeitnehmern noch bringen wird, weiß natürlich niemand. Das Arbeitszeitgesetz würde jedenfalls eine Ausweitung der wöchentlichen Arbeitszeit auf 48 Stunden, d.h. auch auf Samstagsarbeit, ohne weiteres zulassen. Tatsache ist jedoch: Nach den derzeitigen Tarifverträgen ist der Samstag kein regulärer Arbeitstag.

Das heißt jedoch noch lange nicht, dass er kein Werktag ist. Denn Rechtsbegriffe wie »Werktag« werden nicht von Tarifverträgen definiert, sondern vom Gesetz selbst. Und das Gesetz versteht den Samstag nach wie vor als Werktag. Dies führt vielfach zu Missverständnissen. Immer wieder kommt es zum Beispiel vor, dass Autofahrer ihr Fahrzeug zum Beispiel an einem Samstag im eingeschränkten Haltverbot parken. Wenn sie dann ein Knöllchen bekommen, wundern sie sich, weil es auf dem Verkehrsschild doch geheißen hatte: »Werktags von 9:00 bis 18:00 Uhr«. Von den Gerichten müssen sich die Verkehrssünder dann erklären lassen, dass auch heute noch der Samstag nach allgemeinem Sprachgebrauch ein Werktag ist. Auch am Samstag durften sie also nicht in diesem Haltverbot parken.

Etwas anderes gilt nur dann, wenn das Gesetz ausdrücklich anordnet, dass der Samstag nicht wie ein Werktag zu behandeln ist. Eine solche gesetzliche Anordnung gibt es zum Beispiel für den Fall, dass an einem bestimmten Tag oder innerhalb einer bestimmten Frist eine Willenserklärung abgegeben oder eine Leistung erbracht werden muss. Wenn es in einem Vertrag also heißt: »Kündigung jeweils zum Monatsletzten« oder »Lieferung binnen einer Woche nach Vertragsschluss«, dann wird der letzte Tag der Frist nicht mitgezählt, wenn er auf einen Samstag, Sonntag oder Feiertag fällt. An seine Stelle tritt vielmehr der nächste Werktag. Mit dieser Vorschrift soll die Sonn- und Feiertagsruhe geschützt werden. Mieter und Schuldner sollen nicht gezwungen werden, ihren Vermieter oder Gläubiger ausgerechnet an dessen freien Tagen mit Kündigungen oder Warenlieferungen belästigen zu müssen. Bis 1965 galt diese Ausnahmeregelung ausschließlich für Sonn- und Feiertage. Dann wurde dem Umstand Rechnung getragen, dass sich in Wirtschaft und öffentlicher Verwaltung weitestgehend die 5-Tage-Woche durchgesetzt hatte. Seitdem wird der Samstag bei der Berechnung von Fristabläufen nicht mehr wie ein Werktag behandelt. In allen anderen Fällen gilt jedoch weiterhin: Samstage sind Werktage.

Bei Interesse siehe hierzu:
§ 193 BGB (Bürgerliches Gesetzbuch), »Sonn- und Feiertag;

Sonnabend«. Entsprechende Vorschriften gibt es auch in zahlreichen anderen Gesetzen.

Sperrmüllfledderei

Irrtum:
Was andere auf den Sperrmüll werfen, darf man mitnehmen.

Richtig ist:
Wer etwas zum Sperrmüll stellt, gibt nicht unbedingt sein Eigentum daran auf.

»Sperrmüllfledderei« ist in Deutschland zu einem beliebten Hobby geworden. Schon am Abend bevor der Sperrmüll abgeholt wird, kann man in vielen Städten semi-professionelle Müllsammler beobachten, die langsam durch die Straßen fahren und Ausschau nach verwertbaren Gegenständen halten. Die wenigsten dürften wissen, dass nicht alles, was andere Leute auf den Müll werfen, deshalb gleich herrenlos wird. Wohl die große Mehrheit der Deutschen geht davon aus, dass man alles mitnehmen darf, was andere bewusst am Straßenrand zur Abholung durch die Müllabfuhr bereitgestellt haben. Doch dies ist ein Irrtum.

Es fehlt zwar bisher an höchstrichterlicher Rechtsprechung zu der Frage, ob es erlaubt es, Sperrmüll mitzunehmen oder nicht. Im Einzelnen ist daher vieles umstritten. Manche Rechtswissenschaftler sind der Meinung, es sei stets strafbar, wenn man Gegenstände vom Straßenrand mitnimmt, die andere dort als Sperrmüll abgestellt haben. Es dürfte jedoch sehr fraglich sein, ob ein Gericht tatsächlich jemals einen Müllsammler bestrafen wird, der irgendeinen alten Stuhl mitnimmt, den andere offensichtlich nicht mehr brauchen und daher zum Abholen durch die Müllabfuhr bereitgestellt haben. Ohnehin ist es bereits ziemlich unwahrscheinlich, dass in einem solchen Fall überhaupt jemand Strafanzeige erstattet. Denn wer sollte ein Interesse an einer Bestrafung des »Täters« haben?

Ganz anders mag es jedoch bei Gegenständen aussehen, bei denen man nicht ohne weiteres davon ausgehen kann, dass der frühere Eigentümer damit einverstanden wäre, dass jedermann sie sich aneignet. Wenn zum Beispiel ein Künstler seine Gemälde nicht für ausstellungs- oder verkaufswürdig hält und sie deshalb auf den Sperrmüll wirft, wird es ihm möglicherweise nicht recht sein, wenn jemand anderes die missglückten Werke an sich nimmt und behält. In einem ähnlichen Fall hat jedenfalls das Landgericht Ravensburg entschieden, dass der Künstler vom Müllsammler die Herausgabe der weggenommenen Bilder verlangen konnte[3]. Nur die Müllabfuhr wäre also berechtigt gewesen, sie mitzunehmen. Nicht anders verhält es sich bei anderen höchstpersönlichen Gegenständen wie zum Beispiel Briefen, Bankunterlagen oder Tagebüchern. Wer diese zur Abholung durch die Müllabfuhr bereitstellt, möchte, dass sie auch tatsächlich vernichtet werden. Er will sicher nicht, dass die Nachbarn oder sonst jemand Einblick in die Unterlagen nehmen. Auch in einem solchen Fall kann man daher möglicherweise nicht von einer Eigentumsaufgabe sprechen. Wer die Sachen trotzdem mitnimmt, muss sie auf Verlangen des Eigentümers wieder herausgeben und macht sich gegebenenfalls sogar wegen Diebstahls oder Unterschlagung strafbar.

Das Gleiche gilt übrigens auch für Gegenstände, die zu Gunsten karitativer Sammelorganisationen an den Straßenrand gestellt werden. Wer zum Beispiel seine gebrauchten Kleider in einen Altkleidersack des Deutschen Roten Kreuzes packt und vor der Haustür zur Abholung durch das DRK abstellt, will nicht, dass andere den Sack durchsuchen und sich den Inhalt einstecken. Wer dies dennoch tut, muss ebenfalls damit rechnen, dass er wegen Diebstahls oder Unterschlagung bestraft werden kann.

Bei Interesse siehe hierzu:
§ 959 BGB (Bürgerliches Gesetzbuch), »Aufgabe des Eigentums«

Spielschulden und Wettschulden

Irrtum:
Spielschulden und Wettschulden muss man bezahlen.

Richtig ist:
Spiel- und Wettschulden sind bestenfalls »Ehren«-Schulden.

Den Spruch »Spielschulden sind Ehrenschulden« haben die meisten zwar schon einmal gehört. Nicht alle aber haben ihn auch verstanden. Denn immer wieder kommt es vor, dass siegreiche Skat- oder Pokerspieler glauben, sie hätten einen Anspruch auf das im Spiel gewonnene Geld. Sie legen den oben zitierten Satz fälschlich so aus, dass Spielschulden *nicht nur* rechtlich verbindlich seien, sondern ihre Begleichung *zusätzlich auch noch* eine Frage der Ehre ist. Bei Wettschulden besteht das gleiche Missverständnis.

Richtig ist: Wett- und Spielschulden sind keineswegs verbindlich. Niemand kann gezwungen werden, Geld zu bezahlen, das er bei einem Glücksspiel oder einer Wette »verloren« hat. Eine entsprechende Klage vor Gericht hätte keine Aussicht auf Erfolg. Wer sich nun bereits die Hände reibt und von seinen Skatkumpels die Rückzahlung des Kleinwagens verlangt, den er im Laufe der letzten Jahre insgesamt verzockt hat, sollte sich jedoch nicht zu früh freuen. Denn Wett- und Spielschulden, die man einmal beglichen hat, kann man nicht mehr zurückfordern. Dass man sie gar nicht erst hätte begleichen müssen, spielt keine Rolle. Was einmal weg ist, ist also weg.

Und wie ist das mit der Ehre? Ob man gleich seine Ehre verliert, wenn man Wett- und Spielschulden nicht begleicht, sei einmal dahingestellt. Denn grundsätzlich ist öffentliches Glücksspiel in Deutschland sogar strafbar, wenn nicht ausnahmsweise eine behördliche Genehmigung (z.B. bei Spielbanken) vorliegt. Und der Begriff »öffentlich« wird sehr weit definiert! Selbst Stammtische, die regelmäßig Glücksspiele veranstalten, gelten als öffentlich. Dabei ist es egal, wo der Stammtisch sich trifft. Sogar Spielrunden im privaten Partykeller können als »öffentliche Veranstaltung« gelten und strafbar sein. Wenn das Gesetz in dieser Frage derart streng ist, muss man sich fragen, ob es wirklich unehrenhaft sein kann, Spielschulden nicht zu bezahlen. Schließlich handelt es sich letztlich um die »Beute« aus einer Straftat.

Im Ergebnis heißt all das: Wer sich nach sechsstündiger erfolgloser Skatklopperei mit den Worten verabschiedet: »War doch nur ein Spiel!« und das verlorene Geld nicht herausrückt, der hat zwar das Recht auf seiner Seite. Auch seine Ehre verliert er möglicherweise nicht. Was er dagegen mit Sicherheit verlieren dürfte, sind ein paar gute Freunde. Ob man dies in Kauf nehmen möchte, hängt natürlich ganz von den Freunden ab.

Bei Interesse siehe hierzu:
§ 762 BGB (Bürgerliches Gesetzbuch), »Spiel, Wette«
§ 284 StGB (Strafgesetzbuch), »Unerlaubte Veranstaltung eines Glücksspiels«

Zugangsvereitelung

Irrtum:
Wer das Faxgerät ausschaltet, während ein Fax ankommt, verhindert so den Zugang des Schreibens.

Richtig ist:
Wer versucht, den Zugang eines Faxes zu vereiteln, wird so behandelt, als sei das Schreiben zugegangen.

Immer wieder kommt es vor, dass vermeintlich besonders schlaue Personen das Faxgerät mitten im Übertragungsvorgang ausschalten, wenn schon auf den ersten Seiten erkennbar ist, dass es sich bei dem ankommenden Fax um eine Abmahnung, eine Kündigung oder ein sonstiges unangenehmes Dokument handelt. Offensichtlich meinen die Adressaten, sie müssten keine Schreiben beachten, die bei ihnen nicht oder nicht vollständig angekommen sind.

Wer glaubt, mit solchen Spielchen Erfolg zu haben, der irrt jedoch. Wer den Zugang einer Willenserklärung vorsätzlich und unberechtigt verhindert, der muss sich so behandeln lassen, als sei das Schreiben zugegangen. Es findet eine so genannte Zugangsfiktion statt. Der Absender muss das Schreiben nicht noch ein zweites Mal versenden. Wer also absichtlich das Faxgerät während der Übertragung ausschaltet, kann sich später nicht darauf berufen, das Schreiben nur unvollständig erhalten zu haben.

Selbst wer den Zugang eines Schreibens nicht vorsätzlich, sondern nur fahrlässig verhindert, weil er zum Beispiel vergessen hat, genügend Papier ins Faxgerät zu legen, hat damit nichts gewonnen, wenn ihm das Schreiben später doch noch zugeht. Er kann sich nicht darauf berufen, dass der spätere Zugang nicht rechtzeitig war. Er muss sich vielmehr so behandeln lassen, als sei das Schreiben bereits beim ersten, fehlgeschlagenen Zustellversuch zugegangen. In einem solchen Fahrlässigkeitsfall muss der Absender das Schreiben also zwar noch einmal versenden. Wenn es jedoch zu spät, also beispielsweise nach Ablauf einer Kündigungsfrist, ankommt, ist ihm dies nicht anzulasten. Es findet demnach zwar keine Zugangsfiktion statt, jedoch immerhin eine so genannte Rechtzeitigkeitsfiktion.

Bei Interesse siehe hierzu:
§ 162 BGB (Bürgerliches Gesetzbuch), »Verhinderung oder Herbeiführung des Bedingungseintritts« – analoge Anwendung dieser Bestimmung auf Fälle der Zugangsvereitelung § 242 BGB, »Leistung nach Treu und Glauben«

Zutrittsrecht für Notdurftgeplagte?

Irrtum:
Man muss fremde Menschen, die ein dringendes Bedürfnis plagt, in die Wohnung lassen.

Richtig ist:
Eine Notdurft macht noch keinen Notfall.

Ein besonders skurriles Märchen, das man in unterschiedlichen Versionen immer mal wieder aufgetischt bekommt, ist die Behauptung, man müsse jeden Wildfremden, der an der Haustür klingelt, hereinlassen und ihm die Benutzung der Toilette gestatten, wenn dieser nur ausreichend dringend »muss«. Alles andere sei unterlassene Hilfeleistung.

Zunächst einmal gilt: Die Unverletzlichkeit der Wohnung ist schon in der Verfassung garantiert. Hieran erkennt man bereits den hohen Stellenwert dieses Rechts. Auch Rechtsgüter mit Verfassungsrang haben zwar manchmal hinter anderen Interessen zurückzustehen. Diese Interessen müssen dann jedoch einiges Gewicht haben. Es muss also schon ein echter Unglücksfall vorliegen, bevor man ausnahmsweise verpflichtet ist, fremde Menschen in die Wohnung zu lassen. Wer zum Beispiel beim Blick aus dem Fenster beobachtet, wie jemand auf der Straße brutal zusammengeschlagen wird, der muss dem Verletzten die erforderliche und zumutbare Hilfe zukommen lassen. Er muss mindestens Polizei und Krankenwagen herbeirufen. Er kann aber auch verpflichtet sein, den Verletzten in die Wohnung zu lassen und ihm dort Schutz und Hilfe zu gewähren. Das gilt jedenfalls dann, wenn er sich durch diese Form der Hilfeleistung nicht selbst erheblichen eigenen Gefahren aussetzt, zum Beispiel, weil er befürchten muss, dass die Schläger sich ebenfalls Zutritt zur Wohnung verschaffen. Wer eine erforderliche und zumutbare Hilfe nicht leistet, macht sich in der Tat wegen unterlassener Hilfeleistung strafbar.

Aber wie gesagt: Es muss schon ein Unglücksfall vorliegen. Ob das dringende Bedürfnis, die Notdurft zu verrichten, bereits einen Unglücksfall darstellt, darf wohl bezweifelt werden. Unter einem Unglücksfall wird ein Ereignis verstanden, dass eine erhebliche Gefahr für ein Individualrechtsgut mit sich bringt. Ohne Zweifel ist es eine sehr unangenehme Situation, wenn man die Toilette aufsuchen muss, eine solche jedoch nicht ohne Weiteres erreichbar ist. Dem unglücklichen Betroffenen bieten sich dann nur zwei Auswege. Wir wollen nicht unappetitlich werden und diese beiden Möglichkeiten hier allzu plastisch beschreiben. Nur so viel: Ausweg Nr. 1 wird zu einer Verschmutzung mindestens der Unterwäsche des Betroffenen sowie zu Geruchsbelästigungen des Betroffenen und der ihn umgebenden Personen führen. Ausweg Nr. 2 wird möglicherweise die Blicke von Passanten auf sich ziehen, die sich wundern, was dort hinter dem Busch oder in der schlecht beleuchteten Hofeinfahrt eigentlich vor sich geht. Damit hat es sich dann aber auch schon. Die Verunreinigungen, die in beiden Fällen entstünden, ließen sich problemlos wieder entfernen, ohne dauerhafte Schäden zu hinterlassen. Im ersten Fall könnten sämtliche Spuren durch eine gründliche Wäsche beseitigt werden. Im zweiten Fall erledigen – je nach Art und Konsistenz der Verunreinigung – entweder der Regen oder aber ein beherzter Eingriff mit Handfeger und Schaufel die Arbeit. Schön ist das alles sicher nicht, aber es führt auch nicht zu ernsthaften Schäden. Man wird daher wohl resümieren dürfen: Eine Notdurft macht noch keinen Notfall und Harndrang bricht nicht Hausrecht. Niemand muss Hinz und Kunz in die Wohnung lassen, nur weil diese ein dringendes Bedürfnis plagt.

Bei Interesse siehe hierzu:
Art. 13 Abs. 1 GG (Grundgesetz), »Unverletzlichkeit der Wohnung«
§ 323c StGB (Strafgesetzbuch), »Unterlassene Hilfeleistung«

Arbeitswelt

Anspruch auf Abfindung

Irrtum:
Wer als Arbeitnehmer gekündigt wird, hat einen gesetzlichen Anspruch auf Abfindung.

Richtig ist:
Einen allgemeinen gesetzlichen Abfindungsanspruch gibt es nicht.

»Mir wurde gekündigt. Wie viel Abfindung steht mir jetzt zu, Herr Rechtsanwalt?«

Seit Jahrzehnten werden Anwälte für Arbeitsrecht mit diesem klassischen Mandanten-Missverständnis konfrontiert. Immer wieder müssen Anwälte gekündigten Arbeitnehmern erklären, dass sie grundsätzlich gar kein Geld verlangen können, wenn sie entlassen werden. Denn bis 2003 gab es in Deutschland überhaupt keinen gesetzlichen Abfindungsanspruch. Wer unberechtigt gekündigt wurde, hatte nur die Wahl, entweder die Kündigung zu akzeptieren oder Kündigungsschutzklage zu erheben. Vor Gericht einigte man sich dann in der Praxis tatsächlich häufig auf eine Abfindung. Im Gegenzug nahm der Arbeitnehmer seine Klage zurück. Der Arbeitgeber kaufte sich also sozusagen von dem Arbeitnehmer frei.

2004 wurde das Kündigungsschutzrecht reformiert. Der Gesetzgeber mag sich dabei ursprünglich einmal gedacht haben: »Wenn sowieso alle glauben, dass es einen gesetzlichen Abfindungsanspruch gibt, dann können wir ihn auch einführen.« Es wurde also ein erster Gesetzesentwurf erarbeitet, nach dem alle Arbeitnehmer, die aus betrieblichen Gründen gekündigt werden, künftig tatsächlich einen einklagbaren Anspruch auf Abfindung bekommen sollten. Beschlossen wurde letztlich jedoch etwas ganz anderes.

Heute gibt es zwar einen Abfindungsanspruch. Er gilt jedoch erstens nur bei betriebsbedingten Kündigungen und zweitens nur, wenn der Arbeitgeber in der Kündigung ausdrücklich darauf hinweist, dass der Arbeitnehmer eine Abfindung beanspruchen kann, wenn er die Frist für die Einreichung einer Kündigungsschutzklage verstreichen lässt.

Diese Frist endet drei Wochen, nachdem die Kündigung dem Arbeitnehmer zugegangen ist. Weist der Arbeitgeber nicht auf dieses Recht hin, dann besteht es auch nicht.

Wenn der Arbeitnehmer nach alledem doch einmal Anspruch auf eine Abfindung hat, dann beträgt sie übrigens einen halben Monatsverdienst für jedes Jahr des Bestehens des Arbeitsverhältnisses. »Angebrochene« Jahre sind ab sechs Monaten Dauer auf ein volles Jahr aufzurunden.

Bei Interesse siehe hierzu:
§ 1 a KSchG (Kündigungsschutzgesetz), »Abfindungsanspruch bei betriebsbedingter Kündigung«

Arbeitslosengeld für Selbständige

Irrtum:
Wer als selbständiger Unternehmer scheitert, hat keinen Anspruch auf Arbeitslosengeld.

Richtig ist:
Auch gescheiterte Selbständige haben innerhalb der so genannten Rahmenfrist noch Anspruch auf Arbeitslosengeld.

Viele Arbeitslose haben Angst davor, sich selbständig zu machen, weil sie befürchten, hierdurch ihren Anspruch auf Arbeitslosengeld zu verlieren. Diese Befürchtung war jedoch schon immer unbegründet. Und selbst die Hartz-Reformen haben einen Grundsatz nicht verändert: Auch Selbständige können im Falle eines Scheiterns ihres Unternehmens wieder Arbeitslosengeld beziehen, wenn bestimmte Voraussetzungen erfüllt sind. Wie jeder andere Arbeitslose haben sie Anspruch auf Arbeitslosengeld, wenn sie innerhalb der so genannten Rahmenfrist von zwei Jahren mindestens 12 Monate in einem Versicherungspflichtverhältnis gearbeitet haben.

Ein Beispiel: Herr Wenzel wurde zum 31. Dezember 2004 entlassen. Bis dahin hatte er versicherungspflichtig als Angestellter gearbeitet. Vom 1. Januar 2005 bis zum 31. Dezember 2005 versucht er, sich eine selbständige Existenz aufzubauen, merkt aber nach einem Jahr, dass er damit keinen Erfolg hat. Ab dem 1. Januar 2006 meldet er sich wieder arbeitslos und hat Anspruch auf Arbeitslosengeld.

Wer arbeitslos wird, sollte auch aus diesem Grund die Möglichkeit in Betracht ziehen, sich eine eigene, selbständige Existenz aufzubauen. Gerade Existenzgründer, die sich aus der Arbeitslosigkeit heraus selbständig machen, erhalten vielfältige Förderungen. Die Bundesagenturen für Arbeit beraten jeden gerne, der den Mut zur Gründung einer eigenen Unternehmung aufbringt.

Bei Interesse siehe hierzu:
§ 118 SGB III (Sozialgesetzbuch III), »Anspruchsvoraussetzungen bei Arbeitslosigkeit«
§ 123 SGB III, »Anwartschaftszeit«
§ 124 SGB III, »Rahmenfrist«

Reisekostenersatz beim Vorstellungsgespräch

Irrtum:
Die Kosten für die Fahrt zum Vorstellungsgespräch muss der Bewerber selbst tragen.

Richtig ist:
Grundsätzlich muss der Arbeitgeber dem Bewerber die Fahrtkosten zum Vorstellungstermin ersetzen.

Stellenbewerbungen kosten viel Geld. Vor allem die Reisekosten können ganz erheblich zu Buche schlagen. Vielen ist dabei überhaupt nicht klar, dass in der Regel der Stellenanbieter verpflichtet ist, sämtliche Aufwendungen des Bewerbers zu ersetzen, wenn er diesen zu einem Vorstellungsgespräch einlädt[4]. Hierzu gehören zum Beispiel die Fahrtkosten oder Mehrkosten für Verpflegung und Übernachtung.

Selbstverständlich gibt es gewisse Grenzen. Der Bewerber kann nur solche Ausgaben auf den Arbeitgeber abwälzen, die er den Umständen nach für erforderlich halten durfte. Eine Taxifahrt von Hamburg nach München, die das Vielfache eines Fluges kosten würde, ist sicherlich nicht erforderlich, auch wenn der Bewerber Flugangst haben sollte. In diesem Fall dürfte man von ihm wohl erwarten, dass er auf die Bahn umsteigt. Der Arbeitgeber ist auch dann nicht verpflichtet, die Aufwendungen des Bewerbers zu ersetzen, wenn er ausdrücklich darauf hingewiesen hatte, dass er keine Kosten erstattet. Ist der Bewerber arbeitslos, so kann er in diesem Fall jedoch versuchen, die Kosten von der Bundesagentur für Arbeit ersetzt zu erhalten. Er sollte seinen zuständigen Sachbearbeiter allerdings rechtzeitig vor Reiseantritt ansprechen und die Frage der Kostenübernahme durch die Bundesagentur klären.

Bei Interesse siehe hierzu:
§ 670 BGB (Bürgerliches Gesetzbuch), »Ersatz von Aufwendungen«

Zustimmung zur Kündigung

Irrtum:
Der Betriebsrat muss jeder Kündigung zustimmen.

Richtig ist:
Die meisten Kündigungen sind auch ohne Zustimmung des Betriebsrats wirksam.

Mit verblüffender Hartnäckigkeit hält sich das Märchen, der Betriebsrat müsse Kündigungen von Arbeitnehmern zustimmen. Zwar haben Arbeitnehmer in deutschen Unternehmen in der Tat viel weitergehende Einfluss- und Blockademöglichkeiten als ihre Kollegen in den meisten anderen Ländern. Dass die Unternehmen den Betriebsrat für *jede* Kündigung um Erlaubnis fragen müssten, ist jedoch nicht der Fall.

Der verbreitete Irrtum über die angeblichen Rechte des Betriebsrats beruht auf einem Missverständnis. Die Inhaber verschiedener Posten im Betrieb können, wenn überhaupt, tatsächlich nur mit Zustimmung des Betriebsrats gekündigt werden. Hierzu gehören – praktischerweise – die Mitglieder des Betriebsrats selbst, aber auch die Mitglieder der Jugend- und Auszubildendenvertretung und des Wahlvorstands. Sogar bloße Wahlbewerber, die überhaupt noch keinen Posten innehaben, genießen erhöhten Kündigungsschutz. Ordentliche Kündigungen all diesen Personen gegenüber sind von vornherein unwirksam. Und außerordentliche Kündigungen sind nur mit Zustimmung des Betriebsrats möglich. Auf diese Weise kann der Betriebsrat also zum Beispiel über die Zulässigkeit einer verhaltensbedingten Kündigung seiner eigenen Mitarbeiter bestimmen. Nicht selten erlebt man es daher, dass bestimmte Arbeitnehmer, die akut von der Kündigung bedroht sind, noch schnell in den Betriebsrat gewählt werden. Von dem Moment an, wo sie auf dem Wahlzettel stehen, ist ihr Arbeitsplatz deutlich sicherer geworden.

Bei allen anderen Arbeitnehmern jedoch muss der Betriebsrat der Kündigung nicht zustimmen, damit sie wirksam ist. Er hat allerdings die Möglichkeit, einer ordentlichen Kündigung zu widersprechen, wenn er beispielsweise meint, dass sie nicht sozial gerechtfertigt sei oder der Gekündigte an anderer Stelle im Unternehmen weiter arbeiten könne. Wenn der Arbeitnehmer nun gegen die Kündigung klagt, darf er so lange im Betrieb bleiben, bis das Klageverfahren vor Gericht abgeschlossen ist. Und das kann natürlich dauern.

Der Arbeitgeber hat in einem solchen Fall nur noch die Möglichkeit, bei Gericht eine einstweilige Verfügung zu beantragen, die es ihm gestattet, den gekündigten Arbeitnehmer bis zum Abschluss des Klageverfahrens erst einmal nicht weiter zu beschäftigen. Die Hürden für eine solche einstweilige Verfügung sind jedoch recht hoch.

Unter dem Strich heißt das: Die Betriebsräte haben bei Kündigungen tatsächlich ein gewichtiges Wort mitzureden. Ganz so allmächtig, wie viele es glauben, sind sie jedoch nicht.

Bei Interesse siehe hierzu:
§ 15 KSchG (Kündigungsschutzgesetz), »Unzulässigkeit der Kündigung«
§ 102 Abs. 2, 3, 5 BetrVG (Betriebsverfassungsgesetz), »Mitbestimmung bei Kündigungen«
§ 103 BetrVG, »Außerordentliche Kündigung und Versetzung in besonderen Fällen«

Gericht und Polizei

Anrede des Richters

Irrtum:
Die korrekte Anrede für Richter lautet »Euer Ehren«.

Richtig ist:
Richter sollten im Zweifel »Herr/Frau Vorsitzende/-r« genannt werden.

In England weiß man offensichtlich noch, was sich gehört. Richter müssen dort zwar kein vollständiges Jurastudium absolviert haben.[5] Dennoch dürfen sie schicke weiße Perücken tragen und müssen mit »Euer Ehren« (»Your Honour«) angesprochen werden. Auch in den USA ist diese Anrede für Richter üblich.

Nun sind amerikanische Filme und Fernsehserien in Deutschland so allgegenwärtig, dass viele Menschen daraus ihr »Fachwissen« beziehen. Manch einer erntet mit der Anrede »Euer Ehren« daher Lacherfolge in deutschen Gerichtssälen, vor allem, wenn er sie mit dem Ausruf →*»Einspruch!«* verbindet.

Die deutsche Richterschaft hätte gegen die Einführung des Titels »Euer Ehren« vermutlich keine prinzipiellen Einwände. Bisher bleibt er jedoch den Kollegen in England und den USA vorbehalten. In Deutschland ist er nicht üblich.

Häufig benutzt wird auch die Anrede »Herr Richter« bzw. »Frau Richterin«. Falsch sind diese Bezeichnungen natürlich nicht. Denn bei der Person, der man gegenübersitzt, handelt es sich ja in der Tat um einen Richter oder eine Richterin. Wer »Herr Richter« sagt, müsste dann allerdings konsequenterweise auch Lehrer mit »Herr Oberstudienrat« und Metzgereiangestellte mit »Frau Fleischereifachverkäuferin« ansprechen. Wer so etwas mag, kann im nächsten Österreichurlaub ja schon mal üben.

Schließlich gibt es noch die Bezeichnung »Hohes Gericht«. Ihre Verwendung sollte allerdings den Strafverteidigern und Staatsanwälten in ihren Plädoyers vorbehalten bleiben. In anderen Zusammenhängen wirkt auch dieser Ausdruck etwas zu dick aufgetragen.

Was ist also die richtige Anrede? Sollte man den Richter vielleicht einfach mit seinem Namen ansprechen? – Nein, sicher nicht, denn das klänge wiederum zu vertraulich. Mit irgendeinem Bürger »Herr Müller« hat man es schließlich nicht zu tun. Das Gericht ist ein staatliches Organ der Rechtspflege. Auch wenn es wie beschrieben nicht gerade »Euer Ehren« sein muss, eine respektvolle Anrede sollte in jedem Fall gewählt werden.

Wer es richtig machen möchte, sollte folgende Regeln beachten: Einzelne Richter nennt man im Zweifel am besten »Herr Vorsitzender« bzw. »Frau Vorsitzende«. Sitzt man dagegen mehreren Richtern gegenüber, dann kommt dieser Titel nur dem verhandlungsleitenden Richter in der Mitte der Richterbank zu. Bei den links und rechts von ihm sitzenden Personen wird es etwas komplizierter. Sie können ganz unterschiedliche Funktionen haben. Es muss sich bei ihnen nicht einmal um Richter handeln. Wenn man genau weiß, welche Funktion sie wahrnehmen (z. B. Beisitzer, Berichterstatter, Schöffe, Referendar oder Protokollbeamter), kann man sie mit dieser Bezeichnung ansprechen. Weiß man es nicht, sollte man ganz darauf verzichten, sie mit irgendwelchen Titeln anzusprechen.

Anruf frei bei Festnahme

Irrtum:
Wer festgenommen wird, hat bei der Polizei einen Anruf frei.

Richtig ist:
Es gibt keinen Anspruch darauf, nach einer Festnahme genau ein Mal ein Telefon der Polizei für einen eigenen Anruf bei einer beliebigen Person zu nutzen.

Polizisten erleben mitunter, dass festgenommene Tatverdächtige sich selbstbewusst vor ihnen aufbauen und ihnen im Brustton der Überzeugung verkünden, dass sie über ihre Rechte ganz genau informiert seien. Sehr gerne behaupten sie zum Beispiel, dass sie auf der Polizeiwache nun genau *einen* Anruf bei einer Person ihrer Wahl frei hätten. Der Beamte möge ihnen daher jetzt auf der Stelle ein Telefon zur Verfügung stellen.

Beschuldigte mit solch profunden Kenntnissen des deutschen Strafprozessrechts werden statt eines Telefons wohl zunächst einmal eine Belehrung darüber erhalten, welche Rechte sie in Wirklichkeit haben – und welche Rechte sie vor allem *nicht* haben. Ein Beschuldigter kann nämlich keineswegs verlangen, ohne triftigen Grund irgendeine beliebige Person seiner Wahl anzurufen. Das leuchtet ein. Warum sollte man einem Straftatverdächtigen das Privileg gewähren, sich auf Staatskosten bei seiner Tante in Australien zu erkundigen, ob sie ihm Geld leihen könnte oder wie das Wetter in Melbourne ist? Hinzu kommt, dass die Polizei nach Möglichkeit verhindern muss, dass der Beschuldigte irgendwelche Komplizen anruft, um sie zu warnen. Ein Festgenommener hat daher lediglich das gesetzlich verbriefte Recht, jederzeit einen Rechtsanwalt zu Rate zu ziehen. Ein dringender Grund, die Telefone der Polizei für Anrufe bei irgendwelchen anderen Personen zu benutzen, wird dagegen meist nicht bestehen.

Ein weiteres ebenso unsinniges Gerücht ist die angebliche Regel, nach der der Beschuldigte nur ein einziges Telefonat führen darf. Welchen Sinn sollte es auch machen, einem Beschuldigten nur genau *einen* Kontaktaufnahmeversuch und auf gar keinen Fall einen zweiten zuzugestehen? Wenn es einen gewichtigen Grund dafür gibt, einem Beschuldigten ein Telefongespräch zu gestatten, dann verliert dieser Grund nicht pauschal dadurch an Wichtigkeit, dass der Verdächtige schon einen Anruf »verbraucht« hat. Wenn also zum Beispiel der langjährige Hausanwalt nicht erreichbar ist, spricht nichts dagegen, dass der Beschuldigte in einem zweiten Telefonat versucht, mit einem anderen Verteidiger Kontakt aufzunehmen.

Schließlich und endlich hat der Beschuldigte nicht unbedingt das Recht, selbst zum Telefonhörer zu greifen. Der Polizeibeamte kann für ihn die angegebene Nummer wählen und das Telefon anschließend herüberreichen. Denn so kann er zum Beispiel kontrollieren, ob der Beschuldigte tatsächlich seinen Anwalt anruft oder nicht doch einen Komplizen.

Wie so viele Irrtümer ist wohl auch der Irrglaube von dem »einen freien Anruf« durch den Konsum amerikanischer Filme und Fernsehserien zustande gekommen. Denn dort ist dieses dramatische Element bei der Darstellung von Festnahmesituationen sehr beliebt.

Die Praxis sieht jedoch auch in den USA zum Teil anders aus. Beim New York Police Department (NYPD) zum Beispiel hat ein Beschuldigter das Recht auf nicht nur einen, sondern immerhin drei Anrufe. Kostenlos sind allerdings nur Ortsgespräche. Ferngespräche außerhalb von New York muss der Festgenommene selbst bezahlen. Außerdem sollen die Telefonate auf Englisch geführt werden. Spricht der Festgenommene kein Englisch, so wird ein Übersetzer hinzugezogen, damit der Polizeibeamte versteht, was der Festgenommene sagt.

Bei Interesse siehe hierzu:
§ 136 StPO (Strafprozessordnung), »Erste Vernehmung«
§ 137 StPO, »Wahl eines Verteidigers«

Aushandeln von Strafen

Irrtum:
In einem Strafprozess können Verteidigung, Staatsanwalt und Gericht die Strafe aushandeln.

Richtig ist:
Das Aushandeln von Strafen ist in Deutschland nur in sehr engen Grenzen möglich.

In den USA sind Absprachen zwischen der Staatsanwaltschaft und den Anwälten eines Angeklagten absolut üblich. Sie laufen ungefähr nach diesem Muster ab: Der Verteidiger überbringt seinem Mandanten die Nachricht, mit welcher Bestrafung er zu rechnen hätte, wenn es zu einem langwierigen Prozess käme. Dann teilt er ihm mit, wie hoch die Strafe ausfällt, wenn er sofort gesteht und »auf schuldig plädiert« – nämlich deutlich niedriger.

Über 90% aller Verurteilungen in den USA kommen auf diese Weise zustande. Der Angeklagte bekennt sich »freiwillig« schuldig und erhält dafür eine deutlich geringere

Strafe. Zu einem komplizierten und teuren Prozess kommt es durch diesen Kuhhandel gar nicht erst.

In Deutschland kommen Absprachen zwischen Verteidigung, Staatsanwaltschaft und Gericht zwar auch vor; sie sind aber nur in engen Grenzen zulässig. So kann vereinbart werden, dass die Staatsanwaltschaft das Verfahren einstellt, wenn der Beschuldigte bestimmte Auflagen erfüllt. In Betracht kommen dabei zum Beispiel Zahlungen an gemeinnützige Organisationen oder an das Tatopfer. Es ist auch möglich, dem Angeklagten eine Strafobergrenze in Aussicht zu stellen, falls er gesteht. Viel mehr kann jedoch nicht vereinbart werden. Vor allem kann und darf das Gericht keine bestimmte Strafe zusagen. Wenn das Gericht Zweifel daran hat, dass der Angeklagte die Tat tatsächlich begangen hat, darf es sich auch nicht einfach auf dessen Geständnis verlassen.[6]

Diese gravierenden Unterschiede zum US-Rechtssystem haben folgenden Grund: In den USA ist ein Strafprozess vergleichbar mit einem Rechtsstreit zwischen Staatsanwaltschaft und Verteidigung. Der Staatsanwalt trägt belastendes Material zusammen, der Verteidiger entlastendes. Der Richter hört sich nur an, was die beiden streitenden Parteien ihm zu erzählen haben. Er selbst stellt keine eigenen Ermittlungen an. Wenn er sich ein Urteil gebildet hat, fällt eine Entscheidung – es sei denn, die Parteien einigen sich schon vorher, indem der Angeklagte auf »schuldig plädiert«. Die Schuldfrage steht also zur Disposition von Staatsanwaltschaft und Verteidigung.

In Deutschland ist dies anders. Strafrichter haben hierzulande eine viel stärkere und verantwortlichere Stellung als in den USA. Sie sind nicht nur Zuschauer eines Streits zwischen Staatsanwaltschaft und Verteidigung, sondern leiten das Gerichtsverfahren und auch die mündliche Verhandlung vielmehr selbst, denn in Deutschland muss das Gericht von sich aus klären, ob der Angeklagte schuldig ist. Es darf sich nicht – wie in den USA – mit dem Beweismaterial begnügen, das ihm die beiden Seiten präsentieren, sondern es muss bei Bedarf auch selbst Ermittlungen anstellen, um die Wahrheit herauszufinden.

Auch die Staatsanwaltschaft ist in Deutschland nicht so einseitig tätig wie in den USA. Auch sie ist zur Objektivität verpflichtet und muss sowohl belastendes als auch entlastendes Material über den Angeklagten zusammentragen und berücksichtigen.

Anders als in den USA kann ein Strafverfahren in Deutschland deshalb kein Geschäft zwischen Staatsanwaltschaft und Verteidigung werden. Es ist nicht zu Ende, wenn sich Staatsanwalt und Angeklagter einigen und beide »auf schuldig plädieren«. Aus diesem Grund gibt es hierzulande auch gar keine Plädoyers hinsichtlich der Grundfrage »schuldig oder nicht schuldig«. Denn es geht im Kern des Prozesses nicht darum, ob ein Angeklagter sich selbst für schuldig *hält* oder nicht, sondern darum, ob er auch tatsächlich schuldig *ist*.

Die Prozesse vor dem UN-Kriegsverbrechertribunal in Den Haag werden übrigens nach der angloamerikanischen Rechtstradition geführt. Als Jurist mit kontinentaleuropäischer Ausbildung verweigerte der frühere jugoslawische Diktator Slobodan Milošević eine Antwort auf die Frage des Gerichts, ob er auf »schuldig« oder »nicht schuldig« plädiere. Er entgegnete nur: *»That's your problem!«* – »Das ist Ihr Problem!« Und vor einem nationalen Gericht mit kontinentaleuropäischer Rechtstradition hätte er mit dieser Feststellung in der Tat vollkommen Recht gehabt!

Bei Interesse siehe hierzu:
§ 153 a StPO (Strafprozessordnung), »Einstellung des Verfahrens bei Erfüllung von Auflagen und Weisungen«

Aussage gegen Aussage

Irrtum:
Wenn »Aussage gegen Aussage« steht, wird der Angeklagte freigesprochen.

Richtig ist:
Der Angeklagte wird auch bei »Aussage gegen Aussage« verurteilt, wenn das Gericht ihm nicht glaubt.

In vielen Fällen gibt es für eine Straftat nur einen Zeugen, zum Beispiel das Opfer selbst. Vor Gericht steht dann »Aussage gegen Aussage«: Der Angeklagte beteuert seine Unschuld, der Zeuge belastet ihn.

Vielfach wird angenommen, dass in einer solchen Situation automatisch der Grundsatz »In dubio pro reo« (Im Zweifel für den Angeklagten) eingreift. Wenn »Aussage gegen Aussage« stehe, so glauben viele, könne man dem Angeklagten nichts nachweisen, so dass das Gericht ihn freisprechen müsse.

Träfe diese Annahme zu, dann müssten sehr viele Straftaten ungesühnt bleiben. Denn oft ist die Zeugenaussage des Opfers das einzig brauchbare Beweismittel. Im Strafprozess gilt jedoch der »Grundsatz der freien Beweiswürdigung«. Das Gericht kann und muss auch in einer Situation »Aussage gegen Aussage« nach seiner freien Überzeugung entscheiden. Es ist nicht an starre Beweisregeln gebunden.

Wenn das Opfer den Täter also zweifelsfrei identifiziert

und eine in sich schlüssige und glaubhafte Zeugenaussage macht, dann wird das Gericht dieser Aussage unter Umständen glauben, auch wenn der Angeklagte die Tat bestreitet. Ein Zweifel, der sich zugunsten des Angeklagten auswirken könnte, besteht in diesem Fall gar nicht. Das Gericht wird den Angeklagten verurteilen, obwohl »Aussage gegen Aussage« steht.

Nur wenn das Gericht wirklich Zweifel an der Täterschaft des Angeklagten hat, wird es ihn entsprechend dem Grundsatz »In dubio pro reo« freisprechen.

Bei Interesse siehe hierzu:
§ 261 StPO (Strafprozessordnung), »Freie Beweiswürdigung«

Berufung und Revision

Irrtum:
Berufung und Revision sind das Gleiche.

Richtig ist:
In der Revision werden nur Rechtsfragen geprüft, in der Berufung auch Tatsachen.

Die Begriffe Revision und Berufung werden im allgemeinen Sprachgebrauch oft synonym verwandt. Wer ausdrücken will, dass er gegen ein gerichtliches Urteil in die nächste Instanz zieht, unterscheidet in der Regel nicht zwischen Berufung und Revision. Dabei sind die Unterschiede zwischen diesen beiden Rechtsmitteln groß.

Mit der Berufung kann in der nächsthöheren Instanz noch einmal der gesamte Tatsachenstoff überprüft werden, der dem Urteil zugrunde lag. Es wird also zum Beispiel noch einmal ermittelt, was am Tatort eigentlich geschehen ist. Die Zeugen der Straftat können zu diesem Zweck erneut vernommen werden. Wenn sich diese nun sicher sind, dass der in erster Instanz verurteilte Angeklagte doch nicht der Täter ist, wird dessen Verurteilung möglicherweise aufgehoben.

In der Revision überprüft das Gericht dagegen nicht noch einmal die *tatsächlichen Umstände* der Tat. Es gibt also keine neue Beweisaufnahme. Die Zeugen können nicht noch einmal zur Tat vernommen werden. Das Gericht nimmt die Zeugenaussagen vielmehr hin und prüft lediglich, ob die Vorinstanz das *Recht* richtig angewandt hat. Wenn das erstinstanzliche Urteil auf Verfahrensfehlern beruhte oder sonstige Rechtsnormen nicht oder falsch angewandt wurden, kann das Urteil in der Revisionsinstanz aufgehoben werden.

Bei Interesse siehe hierzu:
§ 511 ZPO (Zivilprozessordnung), »Statthaftigkeit der Berufung«
§ 513 ZPO, »Berufungsgründe«
§ 337 StPO (Strafprozessordnung), »Revisionsgründe«

Bewegungsdrang bei Rechtsanwälten

Irrtum:
Rechtsanwälte laufen in Gerichtsverhandlungen ständig im Saal auf und ab.

Richtig ist:
In Deutschland bleiben Rechtsanwälte während der Verhandlung in aller Regel ruhig an ihrem Tisch sitzen.

»Keine weiteren Fragen. – Ihr Zeuge, Herr Verteidiger.« Kaum hat der Staatsanwalt diese Worte gesprochen, springt der Verteidiger des Angeklagten auf und beginnt eifrig im Gerichtssaal auf und ab zu laufen. Es ist nun an ihm, den Zeugen ins →*Kreuzverhör* zu nehmen. Mal geht er auf den Zeugen zu, lehnt sich an sein Pult und stellt ihm Auge in Auge bohrende Fragen zum Tatgeschehen. Dann wieder geht er zur Bank der →*Geschworenen*, zeigt ihnen mit großer Geste irgendwelche Beweisstücke oder startet gar eine Powerpoint-Präsentation.

Offenbar bleiben amerikanische Anwälte bei ihrer Arbeit gerne in Bewegung. Und da auch das Fernsehen lieber bewegte als stehende Bilder zeigt, ist das Showelement der im Gerichtssaal herumlaufenden Rechtsanwälte auch in deutschen Film- und Fernsehproduktionen sehr beliebt. Wie so viele Details aus dem amerikanischen (Fernseh-) Prozessalltag findet jedoch auch der Bewegungsdrang von US-Anwälten in der deutschen Gerichtsrealität kein wahrheitsgemäßes Pendant.

Deutsche Rechtsanwälte bleiben während einer Gerichtsverhandlung vielmehr in aller Regel ruhig und unspektakulär hinter ihrer Bank sitzen. Dort können sie jederzeit in ihrer Prozessakte blättern, mit ihrem Mandanten sprechen oder ihn sanft stoppen, wenn er anfängt, sich um Kopf und Kragen zu reden. Dass sie einmal aufstehen und der Gegenseite etwa ein Dokument herüberreichen, mag vorkommen. Danach setzen sie sich aber auch gleich wieder hin. Denn Anwälte haben im Allgemeinen ganz einfach keine Veranlassung, im Gerichtssaal auf und ab zu laufen.

Nur der Vollständigkeit halber sei zum Eingangsbeispiel noch gesagt, dass es in Deutschland, anders als in den USA, natürlich auch weder ein Kreuzverhör noch Geschworene und in aller Regel auch keine Powerpoint-Präsentationen gibt. Es ist jedoch nicht unwahrscheinlich, dass sich der deutsche Gerichtsalltag jedenfalls im letzten Punkt in Zukunft der US-Praxis annähern wird. Denn technische Hilfsmittel können einen anwaltlichen Vortrag durchaus plastischer und damit wirkungsvoller machen.

Durchsuchungsbefehl nötig?

Irrtum:
Polizisten brauchen immer einen »Durchsuchungsbefehl«, wenn sie eine Wohnung durchsuchen wollen.

Richtig ist:
Bei Gefahr im Verzug kann die Polizei Wohnungen auch ohne Durchsuchungsanordnung betreten und durchsuchen.

»Haben Sie überhaupt einen Durchsuchungsbefehl?« Diesen aus Krimis bekannten Satz hören auch echte Polizisten nicht selten, wenn sie eine Wohnung durchsuchen wollen, um dort zum Beispiel nach einem flüchtigen Straftäter zu suchen. Doch brauchen sie in solchen Fällen wirklich einen »Durchsuchungsbefehl«?

Die Antwort findet sich im Grundgesetz (GG). Artikel 13 GG schützt ein wichtiges Grundrecht: die Unverletzlichkeit der Wohnung. Niemand soll befürchten müssen, dass staatliche Organe seine Wohnung ohne triftigen Grund durchsuchen. Deshalb sieht Artikel 13 GG vor, dass Durchsuchungen nur durch einen Richter angeordnet werden dürfen. Die Betonung liegt dabei auf »angeordnet«. Richter erteilen keine Befehle und daher auch keine

»Durchsuchungsbefehle«, sondern »Durchsuchungsanordnungen«.

So weit ist die Rechtslage den meisten im Wesentlichen noch bekannt. Viel weniger bekannt ist aber eine praktisch sehr bedeutsame Ausnahme von der Regel, dass nur Richter Wohnungsdurchsuchungen anordnen dürfen. Bei →*»Gefahr im Verzug«* haben auch Staatsanwaltschaft und Polizei das Recht, Wohnungen zu durchsuchen. Flieht zum Beispiel ein Bankräuber vor der Polizei in eine Wohnung, so muss die Polizei natürlich nicht erst eine richterliche Durchsuchungsanordnung beantragen, bevor sie ihn dort herausholen darf. Es liegt vielmehr »Gefahr im Verzug« vor. Denn bis der Richter die Anordnung unterschrieben hat, ist der Täter möglicherweise längst über alle Berge oder hat Maßnahmen getroffen, um seine Täterschaft zu vertuschen.

Die berühmte Frage nach dem Durchsuchungsbefehl hat in vielen Fällen also keine Berechtigung. Bei »Gefahr in Verzug« dürfen Wohnungen auch ohne richterliche Anordnung betreten und durchsucht werden.

Bei Interesse siehe hierzu:
Art. 13 GG (Grundgesetz), »Unverletzlichkeit der Wohnung«
§ 105 StPO (Strafprozessordnung), »Anordnung und Ausführung von Durchsuchungen«

Einspruch!

Irrtum:
Rechtsanwälte erheben in Gerichtsverhandlungen häufig und lautstark »Einspruch!«.

Richtig ist:
In deutschen Gerichtsverhandlungen gibt es keinen »Einspruch!«.

Rechtsanwälte in amerikanischen Krimis erheben Einspruch, wenn sie mit einer Frage an den Zeugen nicht einverstanden sind. »Einspruch, Euer Ehren!«, rufen sie dann und rügen, dass die gerade gestellte Frage nicht zulässig sei. Unzulässig sind nach amerikanischem Recht zum Beispiel Suggestivfragen oder Fragen, die nichts zur Sache tun. Der Richter antwortet in diesen Fällen dann entweder »Einspruch abgelehnt« oder »Einspruch angenommen«.

Auch in deutschen Film- und Fernsehproduktionen ist die Übersetzung des englischen »Objection, your honour« sehr beliebt. Gerne legen Drehbuchautoren diese Worte Schauspielern in den Mund, die deutsche Strafverteidiger oder Staatsanwälte darstellen. In der deutschen Gerichtsrealität gibt es ein solches prozessuales Mittel des »Einspruchs« jedoch gar nicht. Der Verteidiger hat nur die Möglichkeit, den Staatsanwalt schlicht zu unterbrechen, wenn er meint, eine Frage an den Angeklagten oder Zeugen gehöre nicht zur Sache. Dann kann auch ein deutsches Gericht solch unpassende Fragen zurückweisen. Ein Verteidiger sollte es sich allerdings gut überlegen, ob er den Staatsanwalt einfach unterbricht. Denn wenn die entsprechende Frage eindeutig zulässig ist, dann erweist er seinem Mandanten keinen Dienst, sondern verärgert durch sein Verhalten höchstens das Gericht.

Bei Interesse siehe hierzu:
§ 241 StPO (Strafprozessordnung), »Zurückweisung von Fragen«
§ 242 StPO, »Zweifel über Zulässigkeit von Fragen«

Festnahmerecht bei Straftaten

Irrtum:
Nur die Polizei hat ein Festnahmerecht.

Richtig ist:
Jedermann darf Tatverdächtige auf frischer Tat festnehmen.

Vielen Bürgern ist nicht bekannt, dass nicht nur die Polizei, sondern jedermann das Recht hat, Tatverdächtige auf frischer Tat vorläufig festzunehmen.

Wer zum Beispiel einen Ladendieb beobachtet, darf diesen – notfalls auch unter Anwendung von Gewalt – festnehmen, fesseln und einsperren, wenn nur so die Identität des Täters festgestellt werden kann oder wenn nur so verhindert werden kann, dass er flieht. Eine Strafanzeige wegen Freiheitsberaubung oder Nötigung muss in einem solchen Fall nicht befürchtet werden. Eine anschließende körperliche Durchsuchung zur Identitätsfeststellung darf allerdings nur die Polizei vornehmen. Sie sollte in jedem Fall so schnell wie möglich informiert werden.

Das Festnahmerecht für jedermann gilt jedoch nur, wenn der Täter auf frischer Tat ertappt oder verfolgt wird. Es ist daher nicht erlaubt, den Taschendieb festzunehmen, den man ein Jahr nach der Tat zufällig in der Straßenbahn wieder trifft. Denn der Diebstahl ist dann nicht mehr »frisch«. Der Bestohlene hätte in einem solchen Fall nur die Möglichkeit, den Täter zu verfolgen und die Polizei zu alarmieren.

Bei Interesse siehe hierzu:
§ 127 StPO (Strafprozessordnung), »Vorläufige Festnahme«

Gefahr im Verzug

Irrtum:
»Gefahr im Verzug« bedeutet so viel wie »Gefahr im Anzug«.

Richtig ist:
»Gefahr im Verzug« ist die Gefahr, die droht, wenn weiterer Verzug eintritt.

Der juristische Fachterminus »Gefahr im Verzug« wird umgangssprachlich im Allgemeinen falsch verwendet. Die meisten verstehen den Satz »Es ist Gefahr im Verzug« in etwa gleichbedeutend mit: »Gefahr ist im Anzug« oder: »Gefahr zieht heran«.

Tatsächlich ist mit »Gefahr im Verzug« jedoch die Gefahr gemeint, die im (zeitlichen) Verzug begründet liegt. Einfacher ausgedrückt: Wenn noch mehr Zeit verstreicht und nicht sofort gehandelt wird, besteht die Gefahr eines unmittelbar bevorstehenden Schadenseintritts. Bei Gefahr im Verzug darf die Polizei zum Beispiel auch ohne richterliche Anordnung Wohnungen durchsuchen oder Gegenstände beschlagnahmen (*→Durchsuchungsbefehl)*. Ist also beispielsweise zu befürchten, dass der geflohene Bankräuber in seiner Wohnung Beweismittel vernichtet, darf sie die Wohnung sofort stürmen und durchsuchen. Sie muss nicht erst eine richterliche Anordnung einholen, wenn dies zu viel Zeit beanspruchen würde.

Bei Interesse siehe hierzu z. B.:
§ 98 StPO (Strafprozessordnung), »Anordnung der Beschlagnahme«
§ 104 StPO, »Nächtliche Hausdurchsuchung«

Geschworene

Irrtum:
Im Strafprozess gibt es Geschworene.

Richtig ist:
Geschworene gab es in Deutschland nur zwischen 1848 und 1924.

Zu den großen Klassikern der Filmgeschichte gehört sicher der Hollywoodstreifen »Die 12 Geschworenen« mit dem jungen Henry Fonda in der Hauptrolle. 12 Männer müssen einstimmig darüber befinden, ob der Angeklagte von einem amerikanischen Gericht des Mordes an seinem Vater schuldig zu sprechen ist. Nachdem zunächst alle außer Fonda für »schuldig« sind, kippt einer nach dem anderen um, bis schließlich das einstimmige Urteil »nicht schuldig« lautet.

Wer von einem Strafprozess vor einem deutschen Schwurgericht ähnlich dramatische Szenen erwartet, wird enttäuscht werden. Schwurgerichte gibt es zwar noch: Sie sind zuständig für die Verhandlung von Kapitalverbrechen wie Mord, Totschlag, Körperverletzung mit Todesfolge oder Geiselnahme mit Todesfolge. Der Name »Schwurgericht« ist heute jedoch etwas irreführend. Denn »Geschworene« findet man dort heute nicht mehr.

Zwischen 1848 und 1924 gab es an deutschen Schwurgerichten, ähnlich wie in England und den USA, tatsächlich einmal Geschworene. Sie allein hatten über die Schuld des Angeklagten zu befinden. Auch heute wirken in vielen Strafprozessen – nicht nur bei einem Schwurgericht – immer noch Laienrichter mit. Diese heißen jedoch Schöffen und können nicht mehr unabhängig von einem oder mehreren Berufsrichtern über Schuld oder Unschuld des Angeklagten entscheiden. Anders als die 12 Geschworenen sitzen sie dafür nicht nur als passive Zuschauer im Gerichtssaal, sondern haben grundsätzlich die gleichen Rechte wie Berufsrichter. Sie können dem Angeklagten zum Beispiel Fragen stellen und so die Verhandlung aktiv mitgestalten.

Bei Interesse siehe hierzu:
§ 30 GVG (Gerichtsverfassungsgesetz), »Befugnisse der Schöffen«
§ 240 Abs.2 StPO (Strafprozessordnung), »Fragerecht«

Hammer auf dem Richterpult

Irrtum:
Richter haben einen Hammer, mit dem sie auf ihr Pult schlagen.

Richtig ist:
»Richterhämmer« sind in Deutschland nicht üblich.

In amerikanischen Filmen haben Richter immer einen kleinen Holzhammer, mit dem sie auf ihr Pult schlagen und Dinge rufen wie: »Ruhe – oder ich lasse den Saal räumen!«

Selbst in deutschen Gerichtsshows konnte man vereinzelt Richter sehen, die sich dieses Utensils bedienten. Die effektvollen Hämmerchen dürften ihnen wohl von ihrer jeweiligen Fernseh-Produktionsfirma aufgenötigt worden sein. Denn dass sie auch in ihrem wirklichen Leben als echte Richter in echten Gerichtssälen mit Hämmern auf Richterbänke einschlagen, darf bezweifelt werden.

Handwerker und Auktionatoren mögen hierzulande Hämmer benutzen. »Richterhämmer« dagegen sind zwar sicherlich eine sehr praktische Erfindung. In Deutschland sind sie aber genauso wenig üblich wie etwa hölzerne Namensschildchen am Richterpult – ein weiteres, zweifellos ebenso nützliches Detail, das sich die Macher deutscher Gerichtsshows aus amerikanischen Kriminalfilmen abgeguckt haben. Da wirkt es geradezu tröstlich, dass man wenigstens noch nicht auf die Idee gekommen ist, deutschen Fernsehrichtern lange weiße Lockenperücken aufzusetzen.

Der Hammer von Fernsehrichterin Barbara Salesch wurde mittlerweile übrigens für einen guten Zweck versteigert.[7] Ein neues Hämmerchen hat sie danach offenbar nicht wieder angefordert.

Kreuzverhör

Irrtum:
Zeugen müssen vor Gericht ins Kreuzverhör zwischen Staatsanwalt und Verteidigung.

Richtig ist:
Kreuzverhöre kommen in deutschen Strafprozessen praktisch nicht vor.

Ein weiteres beliebtes Showelement, das sich deutsche Drehbuchautoren gern aus amerikanischen Filmen abgucken, ist das »Kreuzverhör« im Strafprozess: Der Zeuge wird nacheinander von Staatsanwalt und Verteidigung verhört. Dabei versucht in der Regel eine der beiden Seiten, ihn in Widersprüche zu verwickeln und so seine Glaubwürdigkeit zu erschüttern.

Wer in die deutsche Strafprozessordnung blickt, wird einen § 239 StPO finden, der die Möglichkeit von Kreuzverhören auch in deutschen Strafprozessen vorsieht. In der Praxis hat sich diese Vorschrift jedoch nicht durchgesetzt. Kreuzverhöre kommen im deutschen Prozessalltag nicht vor. Sie passen schlicht nicht in die Struktur des deutschen Strafprozesses.[8] Denn anders als in den USA sind Strafprozesse in Deutschland keine Auseinandersetzung zwischen Staatsanwaltschaft und Verteidigung (→*Aushandeln von Strafen*). Die Prozessleitung liegt vielmehr allein beim Richter. Er hört den Prozessbeteiligten nicht nur passiv zu, sondern muss selbst herausfinden, ob der Angeklagte schuldig ist oder nicht. Deshalb ist auch die Zeugenvernehmung in Deutschland Sache des Gerichts.

In der Praxis kommt es höchstens vor, dass Staatsanwaltschaft und Verteidigung dem Zeugen nach der Vernehmung durch den Richter auch noch einige Fragen stellen dürfen. Ein regelrechtes Kreuzverhör gibt es dagegen nicht. Und Zeugen unter 16 Jahren dürfen nur ausnahmsweise von Staatsanwaltschaft oder Verteidigung direkt befragt werden. In der Regel müssen diese ihre Fragen dem Gericht mitteilen, der Richter selbst stellt sie dann dem minderjährigen Zeugen.

Bei Interesse siehe hierzu:
§ 239 StPO (Strafprozessordnung), »Kreuzverhör«
§ 241 a StPO, »Vernehmung von Zeugen«

Miranda-Warnung

Irrtum:
Wer verhaftet wird, dem muss der Polizist seine verfassungsgemäßen Rechte vorlesen.

Richtig ist:
Die so genannte Miranda-Warnung gibt es nur in den USA.

Jeder kennt diese Szene aus unzähligen amerikanischen Filmen: Der Verbrecher liegt auf dem Kofferraumdeckel des Fluchtautos, und der Polizist, der ihm gerade die Handschellen anlegt, betet ihm seine verfassungsmäßigen Rechte vor – die so genannte Miranda-Warnung:

> *»Sie haben das Recht, zu schweigen. Alles, was Sie sagen, kann und wird vor Gericht gegen Sie verwendet werden. Sie haben das Recht, mit einem Rechtsanwalt zu sprechen und einen Rechtsanwalt zu jeder Befragung hinzuzuziehen. Wenn Sie sich keinen Rechtsanwalt leisten können, wird Ihnen ein Rechtsanwalt auf Staatskosten gestellt. Haben Sie verstanden?«*

Weil diese Szene so schön effektvoll ist, kann man manchmal auch in deutschen Krimis erleben, wie Polizisten einen Festgenommenen darüber aufklären, dass alles, was er nun sage, vor Gericht gegen ihn verwendet werden könne. Wer jedoch im wahren Leben schon einmal festgenommen wurde, wird enttäuscht festgestellt haben, dass man als Tatverdächtiger hierzulande keine derart spektakuläre Show geboten bekommt.

Auch deutsche Polizisten müssen einen Tatverdächtigen

über seine Rechte belehren, bevor sie ihn das erste Mal vernehmen. Sie müssen ihm sagen, welche Tat ihm zur Last gelegt wird; dass es ihm freisteht, ob er sich zu der Sache äußert, und dass er einen Strafverteidiger hinzuziehen darf. Da die Vernehmung aber in der Regel erst auf der Wache stattfindet, besteht kein Grund, ihn hierüber schon bei der Festnahme aufzuklären. Auch lesen deutsche Polizisten dem Beschuldigten nicht irgendeinen standardisierten Spruch nach Art der Miranda-Warnung vor. Sie haben vielmehr die Freiheit, mit welchen Worten sie ihn belehren.

In den USA wird die Miranda-Warnung dagegen seit 1966 jedem Tatverdächtigen vor der Festnahme in meist sehr ähnlichem Wortlaut vorgetragen. Sie ist benannt nach Ernesto Miranda, einem mexikanischen Einwanderer, der im Jahre 1963 wegen der Entführung und Vergewaltigung einer jungen Frau festgenommen wurde. Er gestand das Verbrechen in der polizeilichen Vernehmung, ohne dass man ihm zuvor gesagt hatte, dass er schweigen und einen Rechtsanwalt kontaktieren dürfe. Ernesto Miranda wurde aufgrund seines Geständnisses von einem Gericht in Phoenix/Arizona zu 20 Jahren Gefängnis verurteilt.

Mirandas Strafverteidiger zog gegen dieses Urteil bis vor das höchste Gericht der USA, das US Supreme Court. Er war der Auffassung, das Geständnis seines Mandanten hätte vor Gericht nicht verwertet werden dürfen. Denn – so argumentierte er – alle verfassungsmäßigen Rechte nützten einem Bürger nichts, wenn er sie nicht kenne und nicht auf sie hingewiesen werde. Das Supreme Court sah es genauso. Im Jahre 1966 hob es die Verurteilung auf und verwies den Fall zur erneuten Verhandlung zurück an die erste Instanz.

Dort durfte das Geständnis nicht mehr als Beweismittel für die Verurteilung verwertet werden. Viel genützt hat dies dem Angeklagten letztlich allerdings nicht. Denn er hatte unvorsichtigerweise seiner Exfreundin von der Tat erzählt. Aufgrund ihrer Zeugenaussage und anderer Beweismittel verurteilte ihn das Gericht erneut – diesmal zu einer 11-jährigen Gefängnisstrafe.

Ernesto Miranda wurde 1972 auf Bewährung entlassen und vier Jahre später in einer Bar im Streit erstochen. Die Polizei las dem mutmaßlichen Täter selbstverständlich die Miranda-Warnung vor. Der Verdächtige entschied sich daraufhin, zu dem Tatvorwurf zu schweigen. Da man ihm die Tat ohne Geständnis nicht nachweisen konnte, musste er wieder auf freien Fuß gesetzt werden. Weder er noch irgendjemand anders wurde jemals wegen der Tötung von Ernesto Miranda verurteilt.

Bei Interesse siehe hierzu:
§ 136 StPO (Strafprozessordnung), »Erste Vernehmung«

Pflichtverteidiger

Irrtum:
Wer sich keinen Strafverteidiger leisten kann, bekommt einen Pflichtverteidiger.

Richtig ist:
Ob einem Beschuldigten ein Pflichtverteidiger gestellt wird oder nicht, hängt nicht davon ab, ob er sich einen Wahlverteidiger leisten könnte.

Vielfach wird angenommen, dass jeder Beschuldigte in einem Strafverfahren einen Pflichtverteidiger gestellt bekommt, wenn er kein Geld für einen eigenen Anwalt hat. Diese Vermutung ist gleich in zweierlei Hinsicht falsch:

Zum Ersten ist es völlig gleichgültig, ob ein Beschuldigter sich einen Verteidiger leisten kann oder nicht. Auch Multimillionäre erhalten einen Pflichtverteidiger, wenn sie – aus welchen Gründen auch immer – selbst keinen Anwalt beauftragen und ein Fall der so genannten notwendigen Verteidigung vorliegt.

Umgekehrt haben selbst vollkommen mittellose Beschuldigte nur dann Anspruch auf einen Pflichtverteidiger, wenn ein Fall der »notwendigen Verteidigung« gegeben ist.

Eine »notwendige Verteidigung« liegt zum Beispiel vor, wenn dem Beschuldigten nicht nur ein *Vergehen,* sondern ein härter zu bestrafendes *Verbrechen* vorgeworfen wird. Auch wenn wegen der Tat ein Berufsverbot auf dem Spiel steht oder der Beschuldigte zur Begutachtung in der Psychiatrie untergebracht werden soll, muss ein Pflichtverteidiger bestellt werden. In anderen Fällen, in denen der Beschuldigte sich nicht selbst verteidigen kann, steht es im Ermessen des Gerichts, ob ein Pflichtverteidiger bestellt wird oder nicht.

Einen Pflichtverteidiger bekommt also nicht derjenige, der sich keinen Verteidiger nach seiner Wahl leisten kann, sondern derjenige, der ihn wirklich braucht, weil für ihn im Strafverfahren eine Menge auf dem Spiel steht. Wer zum ersten Mal in seinem Leben wegen wiederholter Beförderungserschleichung (→ *Schwarzfahren strafbar?)* angeklagt wird, braucht sich deshalb in aller Regel keine Hoffnung auf einen kostenlosen Pflichtverteidiger machen – auch wenn er noch so verarmt ist.

Bei Interesse siehe hierzu:
§ 140 StPO (Strafprozessordnung), »Notwendige Verteidigung«
§ 141 StPO, »Bestellung eines Verteidigers«

Polizeimütze und hoheitliche Befugnisse

Irrtum:
Ohne ihre Mütze sind Polizisten nicht im Dienst und haben keine hoheitlichen Befugnisse.

Richtig ist:
Polizisten dürfen ohne Mütze genauso viel wie mit Mütze.

Vermeintlich besonders gut informierte Bürger belehren Polizeibeamte mitunter darüber, dass sie ihnen keine Vorschriften machen dürften, solange sie nicht ihre Polizeimütze trügen. Denn ohne Mütze seien sie nicht im Dienst.

Natürlich ist das blanker Unsinn. Der Staat verleiht polizeiliche Befugnisse an Beamte und nicht an deren Mützen. Ob ein Polizist seine Mütze trägt oder nicht, ist daher völlig gleichgültig. Er hat mit oder ohne Kopfbedeckung immer die gleichen Rechte.

Wie die Legende von der Polizeimütze als Träger hoheitlicher Befugnisse entstanden ist, lässt sich nur schwer klären. Soweit ersichtlich, gab es in der deutschen Rechtsgeschichte niemals eine Regelung, wonach Polizisten ohne ihre Mütze rechtlos sind. Möglicherweise ist auch dieses Gerücht aus den USA übernommen worden. Ein Verkehrssünder aus Ohio ist jedenfalls einmal auf die Idee gekommen, gerichtlich gegen einen Strafzettel wegen zu schnellen Fahrens vorzugehen mit der Begründung, der Verkehrspolizist habe keine Mütze und damit keine ordnungsgemäße Uniform getragen. Zwar sind amerikanische Verkehrspolizisten aus Sicherheitsgründen tatsächlich angehalten, im Dienst eine klar erkennbare Uniform zu tragen. Aber auch ohne Mütze sind sie immer noch unschwer als solche zu erkennen. Der Temposünder blieb mit seiner Klage daher erfolglos. Er musste den Strafzettel bezahlen.[9]

Zeugenaussagen und ihr Wert

Irrtum:
Zeugenaussagen von Verwandten sind nichts wert und man braucht drei Zeugen, um die Aussage eines Polizisten aufzuwiegen.

Richtig ist:
Zeugenaussagen werden nicht pauschal nach der Person des Zeugen bewertet.

Häufig wird angenommen, die Zeugenaussage der Ehefrau auf dem Beifahrersitz nach einem Unfall sei nichts wert. Denn es sei mit Sicherheit anzunehmen, dass sie zugunsten ihres Mannes lügen werde. Und manche denken, um die Aussage eines Polizeibeamten aufzuwiegen, brauche man mindestens drei Zeugenaussagen von »normalsterblichen« Bürgern. Ansonsten habe man von vornherein keine Chance.

Natürlich ist es nicht so, dass der Wert einer Zeugenaussage von pauschalen Kriterien abhängt, wie zum Beispiel dem Verwandtschaftsgrad zu einer der Prozessparteien oder gar der beruflichen Stellung des Zeugen. Denn weshalb sollten Aussagen von Verwandten von vornherein weniger glaubwürdig sein als Aussagen anderer Zeugen? Auch Verwandte sind schließlich verpflichtet, als Zeugen vor Gericht die Wahrheit zu sagen. Tun sie es nicht, machen sie sich genauso strafbar wie jeder andere lügende

Zeuge auch. Und selbstverständlich gibt es auch keinen Grund, der Aussage eines Polizeibeamten grundsätzlich dreimal mehr Glauben zu schenken als der Aussage eines Nichtpolizisten. Denn ein Mensch gewinnt durch seine Aufnahme in den Polizeidienst nicht automatisch eine höhere Glaubwürdigkeit, schon gar keine exakt dreimal höhere.

Vor Gericht gilt der »Grundsatz der freien Beweiswürdigung«. Der Richter ist nicht an irgendwelche formalen Rechenspielchen gebunden. Er kann und muss sich sein Urteil vielmehr unter Berücksichtigung des gesamten Inhalts der Gerichtsverhandlung bilden.

Dazu gehört, dass er die Zeugen nicht von vornherein in vorgefertigte Schubladen einsortiert, sondern sich jeden Einzelfall genau ansieht. Und im Einzelfall kann es natürlich auch einmal vorkommen, dass ein Polizist einen glaubwürdigeren Eindruck macht als andere Zeugen. Wenn die Gattin des Unfallverursachers zum Beispiel ständig und offensichtlich darum bemüht ist, ihren Mann reinzuwaschen, dann wird der Richter eher dazu neigen, der Aussage eines Polizisten zu glauben, der das Geschehen ebenfalls beobachtet hat und es viel neutraler schildert. Ein Automatismus ist das aber keineswegs. Wenn die Ehefrau eine in sich stimmige, neutrale Aussage macht, dann kann es genauso gut sein, dass der Richter nicht dem Polizisten glaubt, sondern ihr.

Bei Interesse siehe hierzu:
§ 286 ZPO (Zivilprozessordnung), »Freie Beweiswürdigung«
§ 261 StPO (Strafprozessordnung), »Freie Beweiswürdigung«

Zeugnisverweigerungsrecht

Irrtum:
Zeugenaussagen sind freiwillig. Man muss sich seine Zeugen daher suchen.

Richtig ist:
Zeugen müssen vor Gericht aussagen, sofern sie kein Zeugnisverweigerungsrecht haben.

Wenn ein Unfall passiert ist, werden die umstehenden Zeugen von den Beteiligten oft höflich gefragt, ob sie gegebenenfalls bereit wären, in einem späteren Verfahren auszusagen, was sie gesehen haben. Denn fälschlich gehen viele davon aus, Zeugenaussagen seien eine freiwillige Angelegenheit.

Solange lediglich die Polizei den Zeugen befragt, trifft dies sogar weitgehend zu. Denn gegenüber der Polizei muss man in der Regel nur Name, Geburtsdatum, Geburtsort, Wohnort und Staatsangehörigkeit angeben. Weitere Aussagen darf man in den meisten Fällen verweigern.

Vor Gericht sieht es jedoch schon ganz anders aus. Jede Partei in einem Gerichtsverfahren kann beantragen, dass bestimmte Personen als Zeugen gehört werden. Wenn das Gericht dem Antrag folgt und den Zeugen vor Gericht lädt, dann muss er dort auch erscheinen und eine vollständige und wahrheitsgemäße Zeugenaussage machen. Nur wer sich auf ein Aussage- oder Zeugnisverweigerungsrecht berufen kann, darf schweigen. Das gilt in Zivilprozessen genauso wie in Strafprozessen.

Ein Zeugnisverweigerungsrecht hat zum Beispiel, wer mit einer der Parteien verwandt oder verschwägert ist. Die übliche Frage des Richters vor einer Zeugenbefragung:

»Sind Sie mit einer der Parteien verwandt oder verschwägert?« ist wohl jedem geläufig. Wer sie bejaht, wird vom Gericht belehrt, dass er nicht verpflichtet ist, eine Zeugenaussage zu machen.

Zeugnisverweigerungsrechte bestehen außerdem für bestimmte Berufsgruppen. Bei Ärzten und Rechtsanwälten gilt dies zum Beispiel für Patienten- bzw. Mandantengeheimnisse.

Außerdem darf man die Aussage verweigern, wenn man sich oder einen nahen Angehörigen ansonsten der Gefahr aussetzen würde, wegen einer Straftat oder Ordnungswidrigkeit verfolgt zu werden.

Für unser Beispiel mit dem Verkehrsunfall bedeutet all das: Es ist zwar sicher höflicher, einen Unfallzeugen freundlich darum zu bitten, sich für eine Zeugenaussage bereitzuhalten; in den meisten Fällen wird man auch nur so überhaupt seinen Namen und seine Adresse ermitteln können. Rechtlich notwendig ist das Einverständnis des Zeugen jedoch nicht. Jeder, der einen Beitrag zur Aufklärung des Unfalls leisten kann, muss vor Gericht erscheinen, wenn eine der Prozessparteien dies beantragt und das Gericht ihn lädt. Der Zeuge kann die Aussage nur verweigern, wenn eine der oben genannten Ausnahmen vorliegt.

Bei Interesse siehe hierzu:
§ 383 ZPO (Zivilprozessordnung), »Zeugnisverweigerung aus persönlichen Gründen«
§ 384 ZPO, »Zeugnisverweigerung aus sachlichen Gründen«
§ 52 StPO (Strafprozessordnung), »Zeugnisverweigerungsrecht aus persönlichen Gründen«
§ 53 StPO, »Zeugnisverweigerungsrecht aus beruflichen Gründen«

§ 55 StPO, »Aussageverweigerungsrecht«
Polizeigesetze der Länder, z. B. § 9 PolG NW, »Befragung, Auskunftspflicht«

Medien und geistiges Eigentum

Ebay I: Bewertungskommentare

Irrtum:
In Deutschland herrscht Meinungsfreiheit. Deshalb darf ich in Ebay-Bewertungen hineinschreiben, was ich will.

Richtig ist:
Auch Ebay-Bewertungen dürfen nicht beleidigend oder falsch sein.

Wer beim Internet-Auktionshaus Ebay etwas gekauft oder verkauft hat, hat anschließend die Möglichkeit, seinen Auktionspartner zu bewerten. Die Bewertungskommentare werden auf der Ebay-Internetseite veröffentlicht. Sie können von jedem gelesen werden, der bei späteren Auktionen auf den gleichen Käufer oder Verkäufer trifft. Dessen Seriosität lässt sich auf diese Weise zuverlässiger beurteilen.

Die Bewertungen beschränken sich üblicherweise auf knappe Kommentare wie »Danke, alles o.k.«, »Top-Ebayer, jederzeit wieder« oder »Super-Ware, schnelle Lieferung. So macht Ebay Spaß!«. Manch unzufriedener Kunde zieht jedoch auch richtig vom Leder und lässt seinen Emotionen freien Lauf. Der Vertragspartner wird als Betrüger beschimpft, die ersteigerte Ware als unbrauchbarer Schrott bezeichnet, und es werden allerlei Behauptungen aufgestellt, die diese Bewertungen untermauern sollen. Schließlich herrscht in Deutschland ja Meinungsfreiheit, denkt sich der Kunde und glaubt, bei seinen Kommentaren keinerlei Beschränkungen zu unterliegen. Hier irrt er jedoch. Denn die Freiheit des Wortes endet bei beleidigenden Äußerungen und vor allem bei unwahren Tatsachenbehauptungen. Vulgäre Beleidigungen entfernt Ebay selbst und können außerdem strafrechtlich geahndet werden. Unwahre Tatsachenbehauptungen entfernt Ebay, wenn eine vollstreckbare gerichtliche Entscheidung die weitere Verbreitung der falschen Behauptung untersagt.

Wer also zum Beispiel behauptet, dass das ersteigerte Radio nicht funktioniert und erst zwei Monate nach Bezahlung geliefert wurde, der sollte sicher sein, dass diese Behauptungen stimmen. Wenn sich nachträglich herausstellt, dass der Käufer lediglich vergessen hatte, Batterien in das Radio einzulegen, dann darf er seine Behauptung nicht wiederholen. Das Gleiche gilt, wenn er die Ware in Wahrheit nicht erst zwei Monate nach Bezahlung, sondern schon unmittelbar danach erhalten hat.

Der Käufer läuft in einer solchen Situation Gefahr, eine anwaltliche Abmahnung des Verkäufers zu kassieren. Die Anwaltskosten von möglicherweise mehr als 1 000,– € muss der Käufer tragen. Weigert er sich auch jetzt noch, eine Unterlassungserklärung abzugeben und Ebay um die Entfernung der falschen Bewertung zu bitten, kann der Verkäufer innerhalb weniger Tage bei Gericht eine einstweilige Verfügung erwirken. Der Käufer darf die Aussage anschließend vorläufig nicht weiter verbreiten. Ebay wird diese richterliche Entscheidung befolgen und die negative Bewertung entfernen. Die Kosten des Gerichtsverfahrens muss der unvorsichtige Käufer tragen, wenn sich herausstellt, dass seine Behauptungen tatsächlich falsch waren. Möglicherweise muss er sogar den weiteren Schaden ersetzen, der dem Verkäufer durch die falsche Bewertung entsteht. Ein Ebay-»Powerseller«, der nach einer falschen Bewertung beweisen kann, dass er hierdurch Umsatzeinbußen hatte, kann unter Umständen verlangen, dass ihm die Mindereinnahmen ersetzt werden. In der Praxis wird es sicher nicht ganz leicht sein, den Ursachenzusammenhang zwischen der schlechten Bewertung und dem Umsatzeinbruch zu beweisen und die Schadenshöhe genau zu beziffern. Ausgeschlossen ist eine solche Beweisführung aber sicher nicht.

Bei Interesse siehe hierzu:
§ 824 BGB (Bürgerliches Gesetzbuch), »Kreditgefährdung«
§ 185 StGB (Strafgesetzbuch), »Beleidigung«

Ebay II: »Das neue EU-Recht«

Irrtum:
Die Standard-Haftungsausschlussklausel für Gebrauchtartikel ist wegen »des neuen EU-Rechts« notwendig geworden.

Richtig ist:
Die Standard-Haftungsausschlussklausel bei Ebay-Auktionen ist juristischer Unsinn.

Den folgenden Haftungsausschlusstext findet man – manchmal in leicht abgewandelter Form – bei jeder zweiten Ebay-Auktion. Die Verkäufer vergießen in einem entschuldigenden Begleittext in der Regel zahlreiche Krokodilstränen und behaupten, dass »das neue EU-Recht« sie leider, leider zu diesem Disclaimer zwinge:

»Der Artikel wird ›so wie er ist‹ von Privat verkauft. Dies bedeutet: Mit der Abgabe eines Gebotes erklären Sie sich aus-

drücklich damit einverstanden, auf die Ihnen gesetzlich zustehende Garantie bei Gebrauchtwaren völlig zu verzichten. Bieten Sie nicht, wenn Sie mit diesen Regeln nicht einverstanden sind. Wundern Sie sich bitte nicht über diesen Disclaimer, aber er wird schon in kurzer Zeit so oder so ähnlich bei jedem Ebay-Angebot stehen! Denn das neue EU-Recht sieht eine einjährige Garantie bei Gebrauchtwaren vor.«

Jeder Jurist, der einen solch hanebüchenen Unsinn liest, bekommt Zahnschmerzen. Leider hat sich dennoch die Prophezeiung im vorletzten Satz dieses so genannten »Disclaimers« bewahrheitet. Irgendein Rechtslaie, der irgendwo einmal etwas von Änderungen im Kaufrecht gehört hat, muss ihn sich eines Tages ausgedacht und ins Netz gestellt haben. Und weil er so toll juristisch klingt, schreiben ihn seither alle voneinander ab. Man weiß gar nicht, wo man anfangen soll, das Wirrwarr von juristischen Absurditäten auseinander zu nehmen, das in dem beliebten Sprüchlein von dem angeblichen neuen EU-Recht steckt. Darum in aller Kürze:

Schon immer hafteten auch Privatverkäufer für die Mängel von Waren, egal ob sie neu oder gebraucht sind. Und schon immer war es aus ihrer Sicht daher sinnvoll, wenn sie diese Haftung ausschlossen. Eine spezielle »gesetzliche Garantie bei Gebrauchtwaren« gibt es jedoch ebenso wenig wie ein »neues EU-Recht«, das hieran irgendetwas geändert hätte. Das deutsche Kaufrecht wird im Übrigen ohnehin nicht durch EU-Richtlinien geregelt, sondern immer noch durch das deutsche Bürgerliche Gesetzbuch (BGB). Wie kam der Erfinder des Disclaimers also auf die Geschichte von dem ominösen neuen EU-Recht, das Privatverkäufern von Gebrauchtartikeln jetzt angeblich solche Schwierigkeiten macht?

Wahrscheinlich hat er die EU-Verbrauchsgüterkauf-Richtlinie von 1999 missverstanden. Ihre Vorgaben wurden im Jahre 2002 tatsächlich in das BGB übernommen. Und sie hatte in der Tat etwas mit dem Thema Gewährleistung beim Kauf zu tun. Das war es dann aber auch schon. Denn ihre hier relevanten Neuregelungen galten gerade nicht für den Verkauf von Privat an Privat, sondern nur für den Verkauf von Unternehmern an Verbraucher. Und sie gewährten auch keineswegs eine einjährige »Garantie« für Gebrauchtartikel (→*Gewährleistung* und Garantie). Zusammengefasst bedeutet das:

Für den Verkauf von Privat an Privat hat sich in den hier interessierenden Fragen nicht das Geringste geändert. Das ganze Gerede von dem neuen EU-Recht und dem vermeintlich notwendig gewordenen Disclaimer ist nichts als irreführender Theaterdonner, der nur ein Ziel hat: Mit pseudo-juristischen Argumenten soll dem Ebay-Bieter ein schon immer üblicher Haftungsausschluss als angeblich ganz neue rechtliche Notwendigkeit verkauft werden. Seriöse Anbieter beteiligen sich nicht an solchen Spielchen. Anstatt die Käufer mit überflüssigem Geschwätz für dumm zu verkaufen, sollten private Ebay-Verkäufer ganz einfach unkommentiert folgenden, schlichten Satz in ihr Angebot aufnehmen: »Der Verkauf erfolgt unter Ausschluss jeglicher Gewährleistung.« Damit ist alles Notwendige gesagt.

(Übrigens: Im Zusammenhang mit dieser Auskunft und allen anderen Auskünften in diesem Buch müssen Autor und Verlag selbstverständlich leider, leider jegliche Haftung ausschließen …)

Bei Interesse siehe hierzu:
§ 437 BGB (Bürgerliches Gesetzbuch), »Rechte des Käufers bei Mängeln«

§ 439 BGB, »Nacherfüllung«
§ 440 BGB, »Besondere Bestimmungen für Rücktritt und Schadensersatz«
§ 441 BGB, »Minderung«
§ 444 BGB, »Haftungsausschluss«

Ebay III: Gewährleistungsausschluss

Irrtum:
Wenn ich bei meinem privaten Ebay-Verkauf die Gewährleistung ausschließe, muss ich für Mängel der Ware nicht mehr haften.

Richtig ist:
Ein Haftungsausschluss für arglistig verschwiegene Mängel und für garantierte Eigenschaften der Ebay-Ware ist nicht möglich.

Im vorangegangenen Kapitel wurde empfohlen, dass private Ebay-Verkäufer in ihr Angebot den Satz aufnehmen: »Der Verkauf erfolgt unter Ausschluss jeglicher Gewährleistung.« Diese Empfehlung gilt übrigens nicht nur für Ebay-Auktionen, sondern für alle Privatverkäufe. Tatsächlich finden sich ähnliche Haftungsausschlussklauseln in den Bedingungen zahlreicher Ebay-Auktionen.

Die Klausel schützt den Verkäufer wirksam vor vielen Reklamationen. Wer jedoch glaubt, sie komme einem völligen Freibrief für private Verkäufer gleich, dem Auktionspartner ungestraft jeglichen Schund anzudrehen, der irrt sich gewaltig.

Der Verkäufer kann sich zum Ersten nicht auf einen Haftungsausschluss berufen, wenn er einen Mangel arglistig verschwiegen hat. Wer also genau weiß, dass das verkaufte Radio nicht funktioniert, darf diese Tatsache nicht für sich behalten. Er muss darüber aufklären.

Ein Haftungsausschluss ist zum Zweiten auch dann unwirksam, wenn der Verkäufer eine Garantie für eine bestimmte Eigenschaft übernommen hat. Wer ausdrücklich die Gewähr dafür übernimmt, dass das verkaufte Radio neu ist (zum Beispiel: »garantierte Neuware«), kann sich natürlich nicht auf eine Haftungsausschlussklausel berufen, wenn sich später herausstellt, dass das Radio in Wahrheit gebraucht ist. Dabei spielt es keine Rolle, ob der Verkäufer wusste, dass das Radio nicht mehr neu war oder nicht.

In Fällen wie den oben beschriebenen muss der Käufer sich nicht auf die Haftungsausschlussklausel verweisen lassen. Er kann verlangen, dass das gebrauchte Radio gegen ein neues ausgetauscht wird. Bei einem defekten Gerät hat er die Wahl zwischen Reparatur und Neulieferung. Ist eine Nachbesserung durch Reparatur oder Neulieferung nicht möglich oder scheitern zwei solche Versuche, kann der Käufer einen angemessenen Teil des Kaufpreises zurückfordern oder ganz vom Kauf zurücktreten.

Für den Verkäufer bedeutet das: Er sollte zwar unbedingt eine Haftungsausschlussklausel verwenden, darf sich aber nicht darauf verlassen, dass sie völligen Schutz vor Reklamationen bietet. Vielmehr sollte er zusätzlich umfassend über alle bekannten Mängel der Auktionsware aufklären und sich mit Garantieerklärungen zurückhalten. Nur dann kann die Haftungsausschlussklausel ihre volle Wirkung entfalten.

Bei Interesse siehe hierzu:
§ 437 BGB (Bürgerliches Gesetzbuch), »Rechte des Käufers bei Mängeln«

§ 439 BGB, »Nacherfüllung«
§ 440 BGB, »Besondere Bestimmungen für Rücktritt und Schadensersatz«
§ 441 BGB, »Minderung«
§ 444 BGB, »Haftungsausschluss«

Firmennamenschutz

Irrtum:
Wenn die Industrie- und Handelskammer einen neuen Firmennamen geprüft und für zulässig erklärt hat, darf man ihn benutzen.

Richtig ist:
Auch wenn die IHK einen Firmennamen für zulässig erklärt, ist er in vielen Fällen unzulässig.

Bevor ein neues Unternehmen ins Handelsregister eingetragen werden kann, prüft die örtliche Industrie- und Handelskammer (IHK) auf Antrag, ob der Firmenname zulässig ist. Nachdem die IHK den Namen freigegeben hat und die Firma ins Handelsregister eingetragen wurde, müssen viele Unternehmen dennoch unangenehme Erfahrungen wie diese machen:

Eines Tages – unter Umständen noch Jahre nach der Firmengründung – flattert plötzlich eine Abmahnung ins Haus. Absender ist ein fremdes Unternehmen, das einen ähnlichen Namen hat oder über eine ähnliche Markeneintragung verfügt. Das abgemahnte Unternehmen wird aufgefordert, die Verwendung des bisherigen Firmennamens sofort einzustellen. Außerdem soll es die Kosten des anwaltlichen Abmahnschreibens (nicht selten 1000 bis

2000 €) übernehmen und sich zur Zahlung von Schadensersatz und hohen Vertragsstrafen verpflichten.

Falls der abgemahnte Unternehmer diese »Unterlassungs- und Verpflichtungserklärung« nicht vollständig abgibt, ist es möglich, dass ihm innerhalb weniger Tage eine einstweilige Verfügung zugestellt wird. Darin wird ihm die weitere Nutzung des Firmennamens mit sofortiger Wirkung gerichtlich verboten.

Das Unternehmen ist dann gezwungen, sich innerhalb kürzester Zeit einen neuen Firmennamen, neues Briefpapier, neue Visitenkarten, neue Domainnamen und einen neuen Internetauftritt zu verschaffen. Produkte, auf die der alte Firmenname aufgedruckt ist, dürfen nicht mehr verkauft werden. Der neue Firmenname muss im Markt erst wieder bekannt gemacht werden.

Das geschilderte Szenario ist kein unrealistisches Schreckensgemälde, sondern ein ganz alltäglicher Fall vor deutschen Gerichten. Als Anwalt für Markenrecht hört man immer wieder die Klagen abgemahnter Unternehmen, die sich wundern, weshalb sie ihren Firmennamen nicht weiter benutzen dürfen, obwohl die IHK ihn doch freigegeben hatte. Diese Unternehmen übersehen, dass die IHK die Zulässigkeit des Firmennamens nur sehr eingeschränkt prüft. Die IHK sucht ausschließlich nach identischen Firmennamen im gleichen IHK-Bezirk. Sie prüft dagegen *keine*

- lediglich ähnlichen Namen;
- verwechslungsfähigen Markeneintragungen;
- Firmennamen in anderen IHK-Bezirken;
- Verstöße gegen das Markengesetz und das UWG (Gesetz gegen den unlauteren Wettbewerb) durch den gewählten Namen.

Obwohl die IHK darauf hinweist, dass ihre Zulässigkeitsprüfungen nicht im Entferntesten ausreichen, laufen vor allem junge Unternehmen immer wieder in diese Falle. Besonders beliebt ist bei ihnen der entschuldigende Hinweis, dass sie natürlich auch selbst über Internetsuchmaschinen recherchiert hätten, ob es die gewünschte Bezeichnung nicht schon gäbe. Dabei sei ihnen aber nichts aufgefallen.

Das mag sein und dafür gibt es auch zwei ganz einfache Erklärungen: Erstens findet man mit Google & Co. bei weitem nicht alle problematischen fremden Kennzeichnungen; zweitens ist ein Laie meist überhaupt nicht in der Lage, zu beurteilen, welche Titel, Marken-, Firmen- oder Domainnamen ihm Ärger machen könnten.

Auf das Markenrecht spezialisierte Anwälte benötigen umfangreiche Datenbanken, Software und vor allem viel Erfahrung, um problematische Kennzeichnungen Dritter aufzuspüren. Sie können den Firmengründer auch beraten, wie er seinen eigenen Firmennamen am wirkungsvollsten schützt. Denn jeder Unternehmer hat natürlich auch umgekehrt ein Interesse daran, dass seine eigenen Firmennamenrechte nicht eines Tages von anderen verletzt werden.

Wer ein Unternehmen gründet, dem sei daher dringend empfohlen, die geplanten Firmen- und Produktbezeichnungen rechtlich überprüfen zu lassen. Möglicherweise erspart er sich so viel Zeit, Ärger und Geld.

Bei Interesse siehe hierzu:
§ 18 HGB (Handelsgesetzbuch), »Firma des Kaufmanns«
§ 30 HGB, »Unterscheidbarkeit«
§ 14 MarkenG (Markengesetz), »Ausschließliches Recht des Inhabers einer Marke«
§ 15 MarkenG, »Ausschließliches Recht des Inhabers einer geschäftlichen Bezeichnung«

§ 1 UWG (Gesetz gegen den unlauteren Wettbewerb), »Generalklausel«
§ 3 UWG, »Irreführende Angaben«

GEZ und ihre Rechte

Irrtum:
Die GEZ darf in Wohnungen nach nicht angemeldeten Fernsehern und Radios suchen.

Richtig ist:
GEZ-Mitarbeiter dürfen gegen den Willen der Bewohner keine Wohnungen betreten.

Die Gebühreneinzugszentrale der öffentlich-rechtlichen Rundfunkanstalten in Köln, kurz GEZ, umranken viele Gerüchte. Viele halten die Herrschaften, die an Haustüren klingeln und sich nach nicht angemeldeten Radios und Fernsehern erkundigen, für eine Art Ersatzpolizisten, die bei Bedarf jederzeit das Recht haben, Wohnungen nach solchen Geräten zu durchsuchen. Einschüchternde »Werbe«-Spots der GEZ unterstützen diese Fehlvorstellungen geradezu.

Die wirklichen Rechte der GEZ bzw. der Landesrundfunkanstalten, für die sie arbeitet, sind klar geregelt: Solange aus Sicht der GEZ keinerlei Anhaltspunkte dafür vorliegen, dass jemand ein Radio oder einen Fernseher besitzt, hat sie bzw. die zuständige Landesrundfunkanstalt überhaupt keine Rechte gegenüber dem Bürger. Er darf sämtliche Briefe der GEZ ignorieren und muss natürlich auch keine GEZ-Kontrolleure in seine Wohnung lassen.

Etwas anders verhält es sich, wenn tatsächliche Hinweise

dafür vorliegen, dass jemand ein nicht angemeldetes Radio- oder Fernsehgerät besitzt. In diesem Fall hat die Landesrundfunkanstalt einen Auskunftsanspruch gegen den Betreffenden und sogar gegen alle weiteren Personen, die mit ihm zusammenleben. Die Auskunft kann durch Zwangsgelder erzwungen werden. Auch bei den zuständigen Meldebehörden kann die Landesrundfunkanstalt unter bestimmten Umständen Auskünfte über den möglichen »Schwarzseher« einholen. Sie kann Auskunft über alle Tatsachen verlangen, die die Gebührenpflicht betreffen. Bei Abmeldung eines Rundfunkgerätes können die Landesrundfunkanstalten zusätzlich verlangen, dass ihnen der Grund der Abmeldung (zum Beispiel Haushaltsauflösung) genannt wird.

Ein fiktives Beispiel soll die Rechte der GEZ und die Pflichten der Verbraucher demonstrieren: Herr Schmitz aus Köln hat keinen Fernseher angemeldet. Solange der GEZ keine Anhaltspunkte dafür vorliegen, dass er ein Fernsehgerät besitzt, braucht er nichts zu befürchten. Eines Tages nimmt Herr Schmitz jedoch an einem Telefonquiz einer *WDR*-Fernsehsendung teil. Ein gut informierter GEZ-Mitarbeiter besucht Herrn Schmitz kurz darauf »zufällig« im Auftrag des *WDR* als der zuständigen Landesrundfunkanstalt. Vor dem Haus quillen Fernsehzeitschriften aus einem Mülleimer. Auf dem Deckel des Mülleimers steht »Schmitz, 3. Stock«. Aus Schmitzens Wohnung ertönt laut und vernehmlich die Titelmelodie der Tagesschau. Herr Schmitz bestreitet gegenüber dem misstrauisch gewordenen GEZ-Mann nichtsdestotrotz, einen Fernseher zu besitzen oder jemals besessen zu haben, und lässt ihn nicht in die Wohnung.

Und das ist sein gutes Recht! Denn der GEZ-Mitarbeiter hat grundsätzlich die gleichen Rechte (nämlich gar keine) wie jeder andere Passant, der an fremden Türen klingelt, nach unangemeldeten Fernsehern fragt und allen Ernstes auch noch Einlass in die Wohnung verlangt, um überprüfen zu können, ob die Antwort stimmt.

Der GEZ-Mann hat also keinen Anspruch darauf, die Wohnung nach einem nicht angemeldeten Fernseher zu durchsuchen. Er kann lediglich dem *WDR* die Beobachtungen schildern, die er gemacht hat. Der *WDR* kann nun seinerseits genauere Auskünfte darüber verlangen, wie sich die Feststellungen des GEZ-Außendienstmitarbeiters erklären lassen. Herr Schmitz ist verpflichtet, diese Anfrage wahrheitsgemäß zu beantworten. Denn man wird nicht bestreiten können, dass gewisse »tatsächliche Anhaltspunkte« dafür vorliegen, dass er einen unangemeldeten Fernseher besitzt.

Wenn Herr Schmitz die Anfrage wahrheitswidrig beantwortet, macht er sich wegen Betrugs oder versuchten Betrugs strafbar. Der *WDR* könnte Strafanzeige erstatten, und es könnte – jedenfalls theoretisch – ein richterlicher Durchsuchungsbeschluss für die Wohnung von Herrn Schmitz ergehen. In der Praxis kommt es nach Auskunft von Ermittlungsrichtern jedoch so gut wie nie vor, dass die Durchsuchung der Wohnung eines möglichen Rundfunkgebührenbetrügers überhaupt beantragt wird.

Die rechtlichen Möglichkeiten der GEZ, unangemeldeten Fernsehern und Radios auf die Spur zu kommen, sind also sehr gering. Und auch mit einem Ammenmärchen, das sich seit Jahrzehnten hartnäckig hält, sollte ein für alle Mal aufgeräumt werden: Die GEZ besitzt natürlich *keine* Peilwagen, mit denen sie unangemeldete Fernseher und Radios aufspüren kann. Peilwagen gibt es und jeder hat sie vermutlich schon einmal gesehen. Sie gehören jedoch nicht der GEZ, sondern der Bundesnetzagentur (BNetzA). Und sie haben auch nicht die Aufgabe, unangemeldete Rundfunkgeräte aufzuspüren, sondern Störquellen, die Funkstörungen verursachen.

Bei Interesse siehe hierzu:
§ 3 RGebStV (Rundfunkgebührenstaatsvertrag), »Anzeigepflicht«
§ 4 RGebStV, »Beginn und Ende der Gebührenpflicht, Zahlungsweise, Auskunftsrecht«
§ 263 StGB (Strafgesetzbuch), »Betrug«

Haftungsausschluss für Links

> **Irrtum:**
> *Wer einen Haftungsausschluss (Disclaimer) benutzt, muss nicht für die Inhalte verlinkter Internetseiten haften.*
>
> **Richtig ist:**
> *Es gibt keinen umfassenden Schutz durch die im Internet üblichen Standard-Disclaimer.*

Ein ebenso beliebter wie sinnfreier »Haftungsausschluss«-Text, den irgendjemand einmal zusammengebastelt und ins Internet gestellt hat und den seitdem alle voneinander abschreiben, lautet etwa so:

> *»Das Landgericht Hamburg hat mit Urteil vom 12. 05. 1998 entschieden, dass man durch die Anbringung eines Links die Inhalte der gelinkten Seite mit zu verantworten hat. Dies kann laut LG Hamburg nur dadurch verhindert werden, dass man sich ausdrücklich*

von diesen Inhalten distanziert. Wir distanzieren uns ausdrücklich von allen Inhalten aller gelinkten Seiten auf dieser gesamten Website.«

Vermutlich hunderttausende deutscher Internetseitenbetreiber hoffen, durch diesen pseudo-juristischen Spruch einer Haftung für jegliche Inhalte verlinkter Internetseiten zu entgehen. Dabei hat das Landgericht Hamburg in dem viel zitierten Urteil vom 12. 05. 1998 einen ganz ähnlichen Spruch gerade für *nicht* ausreichend betrachtet und den Website-Betreiber *trotz* seines Disclaimers verurteilt.

Zwar ist die Rechtsprechung zur Frage der Haftung für Links noch in Bewegung. Auch eine umfassende gesetzliche Regelung fehlt noch. Klar ist jedoch, dass man sich nicht durch einen simplen Standardtext wie den oben abgedruckten von jeglicher Haftung zum Beispiel für rechtswidrige Inhalte verlinkter Seiten distanzieren kann. Ein Disclaimer ist also kein allmächtiges »virtuelles Amulett«, das einen Website-Betreiber vor den bösen Konsequenzen beispielsweise einer ins Netz gestellten politisch extremistischen oder kinderpornographischen Linksammlung schützen kann.

Was aber kann man dann tun, um einer Haftung für seine Linksammlung zu entgehen? Man sollte auf jeden Fall folgende Regeln beachten:

- Internetseiten mit rechtlich problematischen Inhalten nicht verlinken bzw. den Link sofort entfernen, wenn man von den Inhalten erfährt.
- Jeglichen Anschein vermeiden, dass man sich die Inhalte der verlinkten Seiten zu Eigen macht.
- Frame Linking (das Öffnen von Inhalten fremder Seiten in einem Rahmen auf der eigenen Website) vermeiden.

– Gegebenenfalls auf der eigenen Internetseite dezidiert begründen, warum man sich von bestimmten konkret benannten Inhalten einer bestimmten verlinkten Website ausdrücklich distanziert.

In Zweifelsfällen sollte man auf problematische Links entweder ganz verzichten oder sich Rat dazu einholen, wie der Internetauftritt rechtlich unbedenklich gestaltet werden kann. Diese Empfehlung gilt übrigens ganz generell. Denn vor allem auf gewerblichen Internetseiten lauern noch zahlreiche weitere Haftungsrisiken, die teure Abmahnungen nach sich ziehen können.

Bei Interesse siehe hierzu:
§ 8 TDG (Teledienstegesetz), »Verantwortlichkeit – Allgemeine Grundsätze«
§ 11 TDG, »Speicherung von Informationen«

Ideenschutz

Irrtum:
Ideen kann man sich schützen lassen.

Richtig ist:
Eine Idee an sich ist grundsätzlich frei.

Anwälte für das »Recht des geistigen Eigentums« werden häufig mit Anfragen von Mandanten konfrontiert, die sich »eine Idee schützen lassen« wollen. Dieser Wunsch ist verständlich. Er ist jedoch nicht ganz so einfach umzusetzen. Denn grundsätzlich gilt: Die Gedanken sind frei und Ideen sind rechtlich nicht zu schützen! Ideen – auch gute Geschäftsideen – können nicht ohne weiteres monopolisiert werden. Denn Wettbewerb funktioniert nur dann, wenn Ideen von anderen aufgegriffen und weiter verbessert werden können.

Von diesem Grundsatz gibt es nur zwei echte Ausnahmen: Patente und Gebrauchsmuster. Neue technische Ideen können als Erfindung unter bestimmten Voraussetzungen patentiert oder als Gebrauchsmuster geschützt werden – aber eben nur *technische* Ideen, die außerdem eine bestimmte, so genannte Erfindungshöhe erreichen müssen. Simple, nahe liegende Weiterentwicklungen von schon bekannten Erfindungen können ebenso wenig geschützt werden wie nichttechnische Ideen. Patente und Gebrauchsmuster sind aber auch die einzigen Rechte, die tatsächlich eine Idee an sich schützen. Ansonsten können nur bestimmte konkrete Ausdrucksformen von Ideen rechtlichen Schutz genießen. Das gilt zum Beispiel für Designs oder urheberrechtlich geschützte Werke wie Musik- oder Theaterstücke. Es gilt außerdem für Titel, Firmennamen oder Produktmarken, die man sich für bestimmte Waren und Dienstleistungen amtlich schützen lassen kann.

Der beste Ideenschutz ist jedoch immer noch strikte Geheimhaltung. Die Idee an sich oder das für ihre Umsetzung nötige Know-how sollten so lange und so umfassend wie möglich vertraulich behandelt werden. Hierbei helfen zum Beispiel Geheimhaltungsvereinbarungen mit Personen oder Firmen, denen man gewisse Informationen offenbaren muss.

Ein fiktives Beispiel soll zeigen, wie ein junges Unternehmen sich vor Nachahmern schützen kann: Zwei Journalisten haben eine Geschäftsidee. Sie gründen in verschiedenen deutschen Städten reine Lokalredaktionen. Die dort entstehenden Nachrichten verkaufen sie an große überregionale Tageszeitungen, die nicht überall in Deutschland Lokalredaktionen unterhalten können. Auf diese Weise soll man zum Beispiel in Bonn zukünftig eine überregionale Zeitung abonnieren können, die dennoch einen Bonner Lokalteil hat. Das Unternehmen nennen sie »ALN« (Agentur für lokale Nachrichten).

Die Geschäftsidee der beiden Unternehmer beruht nicht auf einer technischen Erfindung. Sie können sie also nicht patentieren lassen. Jeder andere darf daher ebenfalls eine Agentur gründen, die Lokalnachrichten herausbringt. Ein Schutz der Geschäftsidee an sich ist nicht möglich.

Um ihren Wettbewerbsvorsprung zu halten, sollten die beiden ihre Geschäftsidee also vor allem geheim halten. Vertrauliche Geschäftsunterlagen sollten sie als vertraulich kennzeichnen und Geheimhaltungsvereinbarungen mit Personen und Unternehmen schließen, mit denen sie zusammenarbeiten.

Außerdem sollten sie sich beim Deutschen Patent- und Markenamt eine Marke »ALN« für verschiedene Waren und Dienstleistungen eintragen lassen. Mit dieser Marke schützen sie den Namen ihres Unternehmens und der von ihnen angebotenen Produkte in ganz Deutschland. Kein Trittbrettfahrer darf dann in anderen Städten eine ähnliche Agentur mit gleichem oder ähnlichem Namen gründen.

Bei Interesse siehe hierzu:
§ 1 PatG (Patentgesetz), »Voraussetzungen der Erteilung«
§ 1 GebrMG (Gebrauchsmustergesetz), »Schutz als Gebrauchsmuster«
§ 1 MarkenG (Markengesetz), »Geschützte Marken und sonstige Kennzeichen«
§ 2 UrhG (Urheberrechtsgesetz), »Geschützte Werke«

§ 1 UWG (Gesetz gegen den unlauteren Wettbewerb), »Generalklausel«
§ 3 UWG, »Irreführende Angaben«
§ 17 UWG, »Verrat von Geschäfts- oder Betriebsgeheimnissen«
§ 18 UWG, »Verwertung von Vorlagen«

Impressumspflicht bei privaten Internetseiten

Irrtum:
»Private« Homepagebetreiber müssen auf ihrer Internetseite kein Impressum anbringen.

Richtig ist:
Jeder Homepagebetreiber sollte auf seiner Internetseite ein Impressum einstellen.

Der Irrtum, nur gewerbliche Anbieter, die mit ihrer Homepage Geld verdienen wollen, müssten ein Impressum auf ihre Seite einstellen, ist immer noch sehr weit verbreitet. Vielen privaten Homepagebetreibern ist überhaupt nicht klar, dass auch sie unbedingt ihre Postanschrift (kein Postfach!), ihre Telefonnummer sowie ihre E-Mail-Adresse auf der Internetseite angeben sollten. Zwar schreibt das Gesetz diese Informationspflichten nur für »geschäftsmäßige« Teledienste vor. Der Begriff der Geschäftsmäßigkeit wird jedoch sehr weit definiert. Einige Gerichte weiten den Begriff so aus, dass praktisch so gut wie jede private Homepage darunter fällt und somit impressumspflichtig ist.

Es spielt also keine Rolle, ob man über seine Homepage Waren verkauft oder man der weltweiten Internetgemeinde nur das Familienmeerschweinchen vorstellen möchte. Bevor nicht höchstrichterlich endgültig geklärt ist, wer auf seiner Internetseite ein Impressum anbringen muss und wer nicht, sollte vorsichtshalber jeder Internetseitenbetreiber der Impressumspflicht nachkommen. Wer dies nicht tut, riskiert kostenpflichtige Abmahnungen oder – zumindest theoretisch – sogar ein Bußgeldverfahren mit einer Geldbuße bis zu 50 000 €.

Bei Interesse siehe hierzu:
§ 6 TDG (Teledienstegesetz), »Allgemeine Informationspflichten«

Index

Irrtum:
Bücher und Filme, die auf dem Index stehen, sind verboten.

Richtig ist:
Indizierte Medien dürfen legal verkauft werden, es sei denn, ihre Verbreitung erfüllt außerdem einen Straftatbestand.

Der Film steht auf dem Index. Und deshalb ist er verboten. In etwa so stellt sich wohl die Mehrheit der Bevölkerung die Folgen einer Indizierung vor.

In Wirklichkeit ist es jedoch grundsätzlich vollkommen legal, ein Buch, einen Film oder ein Computerspiel anzubieten oder zu vertreiben, das auf dem so genannten Index steht. Die Indizierung kann die Verbreitung eines bestimmten Mediums nicht völlig verbieten.

Welchen Zweck erfüllt der Index dann? Der Index ist eine Liste, die bei der Bundesprüfstelle für jugendgefährdende Medien geführt wird. Sie enthält Materialien, die zum Beispiel pornographische oder Gewalt verherrlichende Inhalte haben. Um sicherzustellen, dass sie Kindern und Jugendlichen nicht in die Hände fallen, werden die problematischen Filme, Hefte oder Spiele indiziert. Dies hat zur Folge, dass sie Kindern und Jugendlichen nicht zugänglich gemacht werden dürfen. Indizierte Medien dürfen außerdem nur sehr eingeschränkt beworben und nicht im Versandhandel vertrieben werden. Wer gegen diese Jugendschutzbestimmungen verstößt, macht sich strafbar.

Was auf dem Index steht, ist also nicht generell verboten, sondern darf lediglich Kindern und Jugendlichen nicht zugänglich gemacht werden. Die Abgabe an Erwachsene ist dagegen erlaubt, es sei denn, die Inhalte erfüllen gleichzeitig auch Straftatbestände. Das ist unter anderem bei volksverhetzenden, kriegsverherrlichenden oder kinderpornographischen Medien der Fall. Wer solche verbreitet, kann damit rechnen, dass gegen ihn eine Geld- oder Haftstrafe verhängt wird.

Bei Interesse siehe hierzu:
§ 15 JuSchG (Jugendschutzgesetz), »Jugendgefährdende Trägermedien«
§ 86 Abs. 1 und 2 StGB (Strafgesetzbuch), »Verbreiten von Propagandamitteln verfassungswidriger Organisationen«
§ 86a StGB, »Verwenden von Kennzeichen verfassungswidriger Organisationen«
§ 130 StGB, »Volksverhetzung«
§ 131 Abs. 1 StGB, »Gewaltdarstellung«
§ 184 StGB, »Verbreitung pornographischer Schriften«

Internet Privacy Act

Irrtum:
Ein Disclaimer nach dem Internet Privacy Act bewirkt einen Haftungsausschluss.

Richtig ist:
Es gibt nirgendwo auf der Welt einen »Internet Privacy Act«.

Folgender, kaum fassbarer Unsinn findet sich in dieser oder ähnlicher Form als Disclaimer (Haftungsausschluss) auf zahlreichen deutschen Internetseiten:

»Alle Objekte und Informationen auf dieser Seite sind privates Eigentum und somit nicht zum Lesen bestimmt. Es ist also verboten, diese Seite zu betreten. Dies gilt insbesondere, wenn Sie irgendwie in Verbindung mit der Regierung, Anti-Piraten-Gruppen oder anderen ähnlichen Gruppen stehen. Wenn Sie diese Seite dennoch betreten oder benutzen, verstoßen Sie gegen den 1995 von Bill Clinton verabschiedeten »Code 431.322.12 of the Internet Privacy Act«. Das heißt, Sie können gegen die Personen, die diese Dateien verwalten, in keiner Weise vorgehen oder sie für irgendwelche Folgen der Verwendung dieser Daten verantwortlich machen. Wenn Sie dieser Vereinbarung nicht zustimmen, sind Sie gezwungen diese Seiten wieder zu verlassen.«

Die Idee ist natürlich sehr pfiffig: Wer über seine Internetseite ungestört gefälschte Markenware oder Kinderpornos verkaufen will, verbietet den Markenherstellern und der Polizei ganz einfach, die als »privat« deklarierte Seite zu betreten. Schon ist er durch Bill Clintons »Internet Privacy

Act« geschützt und kann seine üblen Geschäfte ganz legal weiter betreiben.

Manche Leute glauben offenbar tatsächlich, der amerikanische Präsident könne einfach so Gesetze machen, die auch in Deutschland Anwendung finden. Die hierzulande gültigen Gesetze werden jedoch ausschließlich hierzulande beschlossen und nirgendwo sonst. Amerikanische Gesetze haben hier selbstverständlich keine Geltung.

Angebliche amerikanische Gesetze sollte es dabei in diesem Fall richtigerweise heißen. Denn das US-Recht hält zwar einige Absonderlichkeiten bereit, die aus europäischer Sicht schwer nachvollziehbar sind. Ein derart absurdes Gesetz wie den vorgeblichen »Internet Privacy Act« gibt es jedoch nicht einmal im Land der unbegrenzten Möglichkeiten. Es ist frei erfunden und gehört zu den zahlreichen Beispielen skurriler Internetmärchen, die sich weiterverbreiten, indem einer sie vom anderen abschreibt, ohne ihren (Un-) Sinn zu hinterfragen.

Dabei sollte jedem einleuchten, dass es nicht möglich sein kann, die Haftung für Internetinhalte auszuschließen, indem man das Betreten der Seite durch einen schlecht aus dem Englischen übersetzten (Was bitte sind »Anti-Piraten-Gruppen«?) pseudo-juristischen Disclaimer »verbietet«. Wer in seiner Wohnung Drogen verkauft, kann sich schließlich auch nicht vor Strafverfolgung schützen, indem er an seiner Wohnungstür ein Schild aufhängt: »Zutritt für Polizisten und Staatsanwälte allerstrengstens verboten!«

Internet = rechtsfreier Raum?

Irrtum:

Das Internet ist ein rechtsfreier Raum.

Richtig ist:
Das Internet ist kein rechtsfreier Raum und war es auch noch nie.

Einer der beliebtesten Rechtsirrtümer aus dem Bereich des Internet ist die pauschale Feststellung: »Das Internet ist ein rechtsfreier Raum.«

Man sollte meinen, dass sich mittlerweile herumgesprochen haben müsste, wie falsch diese Behauptung ist. Aber das ist keineswegs der Fall. Die Floskel vom angeblich rechtsfreien Raum Internet wird heute noch immer wieder gern zitiert. Vor allem aber verhalten sich viele auch in der Praxis so, als könnten Recht und Gesetz im Internet keine Geltung beanspruchen.

Das Märchen vom rechtsfreien Internet entstand vermutlich, weil sich die Gerichte in der Tat erst einmal an dieses völlig neue Medium gewöhnen mussten. Es gab und gibt bis heute kein »Internetgesetz«, das alle Rechtsfragen im Zusammenhang mit dem Internet klärt. Ein solches ist jedoch auch weder nötig noch sinnvoll. Denn im Internet gelten grundsätzlich die gleichen Regeln wie in der realen Welt auch. Wer also zum Beispiel ein Foto von einer fremden Website herunterkopiert, begeht genauso eine Urheberrechtsverletzung wie derjenige, der eine Kopie des Originalabzugs macht. Um zu diesem Ergebnis zu kommen, benötigt man kein Internetgesetz – die bisher gültigen Gesetze reichen völlig aus. Auch die Gerichte lernten dies sehr schnell. Doch da war es bereits zu spät. Die Geschichte vom »rechtsfreien Raum Internet« war in der Welt und lässt sich jetzt nur sehr langsam wieder ausrotten.

Internet und geistiges Eigentum

Irrtum:
Inhalte, die frei zugänglich ins Internet gestellt werden, dürfen benutzt und kopiert werden.

Richtig ist:
Das Urheberrecht gilt auch im Internet.

Es ist so einfach: Man entdeckt beim Surfen im Internet einen Text, ein Logo oder ein Foto, das einem gefällt, klickt ein paar Mal mit der Maustaste, und schon ist das fremde Werk kopiert. Man kann es nun ohne weiteres auf der eigenen Internetseite verwenden oder sonst nach Belieben nutzen.

So stellen es sich jedenfalls zahlreiche Internetnutzer vor. Und genau so geschieht es auch massenhaft. Denn aus irgendeinem Grund glauben viele, was im Internet für jeden zugänglich ist, könne auch frei kopiert werden. Doch diese Vorstellung ist falsch. Das Internet ist kein rechtsfreier Raum. Auch hier gilt das Urheberrecht.

Urheberrechtlich geschützt sein können zum Beispiel Texte, Musikstücke, Fotografien, Gemälde und selbst technische Zeichnungen, Pläne, Karten oder Tabellen. Etwas anderes gilt nur, wenn diese Werke – vereinfacht ausgedrückt – allzu banal sind. Dann betrachtet sie das Gesetz nicht als so genannte persönliche geistige Schöpfungen und gewährt keinen Urheberrechtsschutz. Für ein simples Allerweltsgraffiti oder einen Einkaufszettel wird der »Maler« bzw. der »Autor« zum Beispiel keinen Urheberrechtsschutz erlangen.

Ein Beispiel soll zeigen, welche Probleme man sich mit Urheberrechtsverletzungen im Internet einhandeln kann:

Eine Pension möchte auf ihrer Internetseite den Gästen eine Anfahrtsskizze zur Verfügung stellen. Der Inhaber stößt im Internet auf eine passende, originell gestaltete Karte seines Ortes. Mit wenigen Mausklicks hat er sie gespeichert und in die Internetseite der Pension integriert.

Aber selbstverständlich *darf* er sie dort nicht ohne Zustimmung des Kartenzeichners oder des sonstigen Rechteinhabers verwenden. Denn sie ist originell genug, um als eine »persönliche geistige Schöpfung« zu gelten. Sie genießt deshalb urheberrechtlichen Schutz. Wenn die Pension sie dennoch nutzt, muss sie damit rechnen, dass der Rechteinhaber ihr eine Abmahnung schickt. Die Pension muss dann entweder für den Abdruck der Karte zahlen oder sie sofort aus dem Netz nehmen. Außerdem muss sie die Anwaltskosten des Abmahnenden übernehmen.

Auch für Vorlagen aus dem Internet gilt also: Wer auf fremde Texte, Bilder, Logos oder sonstige geistigen Leistungen zurückgreifen will, sollte die Erlaubnis des Berechtigten einholen oder sicherstellen, dass er keine rechtlich geschützten Vorlagen verwendet. Das gilt vor allem, wenn er die Vorlagen für geschäftliche Zwecke nutzen will.

Bei Interesse siehe hierzu:
§ 2 UrhG (Urheberrechtsgesetz), »Geschützte Werke«

Internetdomain-Grabbing

Irrtum:
Wer sich eine Domain als Erster sichert, dem gehört sie.

Richtig ist:
»Domaingrabbing« kann fremde Rechte verletzen.

Besonders in den Kindertagen des Internets galt »Domain-Grabbing« als eine einfache Methode, schnell an viel Geld zu kommen. Mancher sicherte sich gleich hunderte von Domainnamen, die die Namen fremder Firmen, Marken oder Prominenter beinhalteten. Anschließend wurden diese Domains dann den potentiellen Interessenten zum Kauf angeboten. Es ging das Gerücht um, das Internet sei ein »rechtsfreier Raum«, alles sei dort erlaubt.

Durch zahlreiche, zum Teil Aufsehen erregende Prozesse um Domains ist vielen Menschen mittlerweile klar geworden, dass Domain-Grabbing fremde Rechte verletzen kann. Die anwaltliche Praxis zeigt jedoch, dass diese Tatsache noch nicht bis zu allen vorgedrungen ist. Denn nach wie vor sind Domainstreitigkeiten in Deutschland an der Tagesordnung. Immer noch glauben viele Leute, bei Domains gelte stets das Prinzip: »Wer zuerst kommt, mahlt zuerst.« Das stimmt jedoch nur sehr begrenzt.

Wer eine Domain registriert, sollte vorher sehr gründlich recherchieren lassen, ob er durch die Registrierung nicht fremde Rechte verletzt. Das kann zum Beispiel der Fall sein, wenn in der Domain der Name oder die Marke einer fremden Person oder Firma enthalten ist. Ein sehr bekannt gewordenes Beispiel soll zeigen, wie problematisch Domainregistrierungen sein können:

Ein Herr Shell erwarb von einem Unternehmen die Domain »shell.de«. Der deutschen Tochtergesellschaft des Mineralölunternehmens Shell gefiel das nicht. Sie klagte auf Übertragung der Domain an sie. Der Bundesgerichtshof entschied, dass der beklagte Herr Shell tatsächlich verpflichtet war, auf die Domain zu verzichten. Seine eigenen Rechte an dem Nachnamen Shell halfen ihm nichts. Die Domain »shell.de« gehört heute der Deutschen Shell GmbH.

Wer sich nicht sicher ist, ob er eine bestimmte Domain registrieren und vor allem für gewerbliche Zwecke nutzen darf, sollte also vorsichtshalber anwaltlichen Rat einholen. Auf Markenrecht spezialisierte Anwälte haben die Erfahrung und die Recherchemöglichkeiten, um Konflikte mit fremden Marken- und Namensrechtsinhabern von vornherein zu vermeiden.

Bei Interesse siehe hierzu:
§ 14 MarkenG (Markengesetz), »Ausschließliches Recht des Inhabers einer Marke«
§ 15 MarkenG, »Ausschließliches Recht des Inhabers einer geschäftlichen Bezeichnung«
§ 12 BGB (Bürgerliches Gesetzbuch), »Namensrecht«
§ 1 UWG (Gesetz gegen den unlauteren Wettbewerb), »Generalklausel«

Markenverteidigung

Irrtum:
Ich habe mir einen Namen als Marke schützen lassen, jetzt ist er mir sicher und kann von niemand anderem mehr benutzt werden.

Richtig ist:
Marken müssen ständig überwacht und verteidigt werden. Ansonsten verlieren sie ihren Wert.

Nicht nur Unternehmen, sondern auch Privatleute ohne Geschäftsbetrieb können sich seit einigen Jahren schnell und problemlos einen bestimmten Namen oder ein Logo schützen lassen. Sie sind dann befugt, das bekannte ®-Zeichen hinter ihrer Marke zu führen. Die Zahl der Markenanmeldungen in Deutschland hat seitdem stark zugenommen. Denn auch die Kosten sind relativ gering. Schon für wenige Hundert Euro kann man Markenschutz erhalten und sich stolz die Markenurkunde des Deutschen Patent- und Markenamtes an die Wand hängen. Hängt sie dort erst einmal, glauben viele, damit sei alles getan, was zum Schutz des Namens nötig ist.

Dies ist jedoch ein Irrtum. So leicht es ist, einen Firmennamen, einen Slogan oder ein Logo schützen zu lassen, so wichtig ist es, die Markeneintragung anschließend zu überwachen und zu verteidigen. Denn eingetragene Marken können im Laufe der Zeit ihren Schutz verlieren. Es besteht die Gefahr, dass andere Unternehmen identische oder ähnliche Marken anmelden oder schlicht in Benutzung nehmen. Hierdurch kann die ältere Marke derartig verwässert werden, dass ihr Schutzumfang auf null zusammenschrumpft. In Extremfällen kann sie sogar verfallen und wieder aus dem Markenregister gelöscht werden. Wer also zum Beispiel den Namen Müller, Meier oder Schmitz als Marke für Bürodienstleistungen schützen lässt, der sollte tunlichst darauf achten, dass nicht auch andere einen identischen oder ähnlichen Namen für identische oder ähnliche Dienstleistungen in Anspruch nehmen. Wenn es irgendwann Dutzende Bürodienstleister Müller, Meier oder Schmitz gibt, verliert die eigene Marke an Unterscheidungskraft. Sie kann neu hinzutretenden Konkurrenten irgendwann nicht mehr erfolgreich entgegengehalten werden und wird damit im schlimmsten Fall wertlos.

Dies lässt sich nur verhindern, wenn die Marke überwacht und verteidigt wird. Das Deutsche Patent- und Markenamt (DPMA), bei dem man die Marke anmeldet, übernimmt diese Aufgabe nicht etwa automatisch. Wer also auf die Idee kommt, morgen beim DPMA die Marke »Koka Kola« für koffeinhaltige Erfrischungsgetränke anzumelden, dem wird das Amt aus eigenem Antrieb keine Steine in den Weg legen. Der Anmelder kann sich jedoch sicher sein, dass ein großer amerikanischer Getränkekonzern mit recht ähnlichem Namen die Anmeldung bemerken und sie zu Fall bringen wird. Den leichtsinnigen Anmelder würde dieser »Spaß« eine Menge Geld kosten. Es ist daher niemandem anzuraten, eine solche Marke anzumelden!

Jeder Markeninhaber, der seine Markenurkunde nicht irgendwann wieder von der Wand abhängen möchte, weil sie nutzlos geworden ist, sollte die Marke also überwachen und verteidigen. Die Rechtsanwaltskammern führen Listen von Anwälten, die sich auf das Markenrecht spezialisiert haben und hierbei Hilfestellung leisten können.

Bei Interesse siehe hierzu:
§ 49 Abs. 2 Nr. 1 MarkenG (Markengesetz), »Verfall«

Meinungsfreiheit

Irrtum:
Wenn ein Gericht eine bestimmte Äußerung für zulässig erklärt, dann ist sie richtig.

Richtig ist:
Man darf vieles äußern, auch wenn es nicht stimmt.

Wer einer bestimmten Aussage zu besonderer Glaubwürdigkeit verhelfen will, verweist manchmal darauf, dass irgendein Gericht genau diese Aussage für zulässig erklärt habe. Man kann dann zum Beispiel lesen: »Nach einem

Urteil des Landgerichts XY darf der Finanzminister als Abzocker bezeichnet werden, der die Bürger belügt und betrügt.« Na dann wird's wohl stimmen, denkt sich der Leser und hält den Finanzminister fortan für einen Abzocker, Lügner und Betrüger. Schließlich sieht es das Gericht ja genauso, denkt er.

Tatsache ist jedoch: Wer damit argumentiert, dass ein Gericht irgendeine Aussage für zulässig erklärt hat, verkauft sein Gegenüber in vielen Fällen für dumm. Denn dass eine Aussage rechtlich zulässig ist, heißt noch lange nicht, dass das Gericht sie auf ihre inhaltliche Richtigkeit hin überprüft hat. Wenn der Finanzminister tatsächlich gegen die oben zitierte Äußerung geklagt und vor Gericht verloren hat, dann hat sich der Richter keine Sekunde lang Gedanken darüber gemacht, ob der klagende Minister wirklich ein Abzocker, Lügner oder Betrüger ist. Denn diese Frage spielt für die Beurteilung des Rechtsstreits überhaupt keine Rolle.

Ob man eine Äußerung verbieten lassen kann oder nicht, hängt zunächst einmal davon ab, ob sie ein Werturteil oder eine Tatsachenbehauptung ist. Werturteile, die noch keine beleidigende so genannte »Schmähkritik« darstellen, fallen unter den Schutz der Meinungsäußerungsfreiheit. Sie können also auf keinen Fall verboten werden, selbst wenn sie sehr negativ sind. Bei Tatsachenbehauptungen sieht es anders aus. Wer über einen anderen eine unwahre Tatsachenbehauptung aufstellt, kann auf Unterlassung verklagt werden.

Der Unterschied zwischen Werturteilen und Tatsachenbehauptungen ist folgender:

Tatsachenbehauptungen können *objektiv als wahr oder unwahr bewiesen* werden. Beispiel: »Der Geschäftsführer des Unternehmens XY ist wegen Betrugs vorbestraft.« Ob der Geschäftsführer tatsächlich vorbestraft ist oder nicht, lässt sich objektiv beweisen. Ist er nicht vorbestraft, dann darf man die gegenteilige Behauptung nicht aufstellen.

Werturteile dagegen kann man lediglich *subjektiv für richtig oder falsch halten*. Beispiel: »Die Geschäftspraktiken des Unternehmens XY sind dubios.« Was der eine für dubios hält, erscheint dem anderen vielleicht noch als akzeptabel. Diese Äußerung ist also ein rein subjektives Werturteil und damit zulässig.

Für unser oben genanntes Beispiel heißt das: Bezeichnungen wie »Abzocker«, »Lügner« oder »Betrüger« dürften in dieser Pauschalität zu subjektiv und schwammig sein, als dass sie eindeutig als wahr oder unwahr bewiesen werden könnten. Sie fallen eher in die Kategorie der »dubiosen Geschäftspraktiken«, sind also keine Tatsachenbehauptungen, sondern bloße Werturteile. Der Finanzminister könnte sie demnach nicht verbieten lassen, da sie vom Grundrecht der Meinungsfreiheit gedeckt sind.

Fazit: Der Verweis auf ein Gerichtsurteil, das die eigene Behauptung angeblich unterstützt, ist in vielen Fällen vollkommen unsinnig, nämlich immer dann, wenn das Gericht lediglich zu prüfen hatte, ob die Aussage ein Werturteil oder eine Tatsachenbehauptung war. Liegt nur ein Werturteil vor, dann trifft das Gericht keinerlei Aussage über die Richtigkeit der Meinungsäußerung. Dass man den Finanzminister möglicherweise mit gerichtlicher Billigung als Abzocker bezeichnen darf, heißt also nicht, dass er tatsächlich einer ist oder das Gericht ihn auch nur dafür hält.

Bei Interesse siehe hierzu:
Art. 5 Abs. 1 GG (Grundgesetz), »Meinungsfreiheit«

Musikplagiat

Irrtum:
Man darf eine gewisse Anzahl von Noten, Takten oder Sekunden eines Musikstückes kopieren, ohne dass man eine Urheberrechtsverletzung begeht.

Richtig ist:
Ob Urheberrechte an einem Musikwerk verletzt werden, lässt sich nicht an der Anzahl der übernommenen Noten, Takte oder Sekunden festmachen, sondern an der Erkennbarkeit der übernommenen Melodie.

Selbst professionelle Musiker glauben häufig, dass sie eine bestimmte, gesetzlich festgelegte Anzahl von Noten, Takten oder Sekunden eines fremden Musikstückes ohne Einwilligung des Urhebers kopieren dürfen. Eine pauschale Vorgabe, wonach beispielsweise bis zu acht Noten, zwei Takte oder drei Sekunden einer Melodie stets übernommen werden dürfen, gibt es jedoch nicht. Wenn eine solche Regelung auch dem verständlichen allgemeinen Bedürfnis nach eindeutigen und einfach handhabbaren Regelungen entspräche, wäre sie dennoch unsinnig. Denn sie müsste die besonderen Umstände eines jeden Einzelfalles unberücksichtigt lassen.

Das Gesetz sieht deshalb keine starren Grenzen vor. Es fragt – sehr viel allgemeiner – danach, ob dem neueren Musikstück eine erkennbare Melodie eines anderen Werkes zugrunde liegt. Die übernommenen Tonfolgen müssen außerdem urheberrechtsschutzfähig sein, sie dürfen also nicht so banal sein, dass sie nicht mehr als so genannte »persönliche geistige Schöpfung« angesehen werden können.

Ein Beispiel soll zeigen, wie diese Grundsätze in der

Praxis umgesetzt werden: Der Bundesgerichtshof hatte im Jahre 1988 darüber zu entscheiden, ob die Refrainmelodie des Stückes »Fantasy« Urheberrechte an dem älteren Titel »Wie ein Kind« verletzte. Nach Transponierung in dieselbe Tonart (e-Moll) hatten die beiden Stücke folgendes Notenbild:

»Wie ein Kind«
(Musik: Berd Plato; Quelle: BGH GRUR 1988, 810 – Fantasy)

(Aufbau A + A + A + B)

»Fantasy«
(Musik: White/del Barrio; Quelle: BGH GRUR 1988, 810 – Fantasy)

(Aufbau A + A + A' + B)

Das Gericht verneinte zunächst die Urheberrechtsschutzfähigkeit des *isolierten* Motivs A, dessen Anfang in beiden Stücken vorkommt. Es folgte dem Gutachten eines Musiksachverständigen. Darin hieß es, das Motiv A enthalte eine Tonfolge einfachster Art, die sich in dem engen Bereich von drei Tönen bewege, mit der »Allerweltsfloskel« einer aufsteigenden Terz beginne und bei der das Ausklingen auf der Sekunde sich dem Hörer fast aufdränge. Gleiches gelte für die rhythmische Struktur (zweimal vorgezogene Betonung auf dem letzten Achtel eines Taktes, so genannter Off-Beat). Auch dies gehöre zum musikalischen Allgemeingut. Erst durch die zweimalige Wiederholung des Motivs A und den sich anschließenden Schlussteil B kam nach der Entscheidung des Gerichts der Tonfolge *insgesamt* der Charakter einer schutzfähigen Melodie zu.

Das Gericht verneinte allerdings eine Urheberrechtsverletzung. Denn die in beiden Titeln enthaltene Terz zu Beginn des Motivs A allein war nicht schutzfähig. Sie musste also außer Betracht bleiben. Und die übrigen Übereinstimmungen in Notenbild und Höreindruck reichten nach Auffassung des Bundesgerichtshofs nicht aus, um von der Entnahme einer erkennbaren Melodie sprechen zu können.[10] Die Unterlassungs- und Schadensersatzklage der Rechteinhaber an »Wie ein Kind« wurde daher abgewiesen.

Bei Interesse siehe hierzu:
§ 2 Abs. 2 UrhG (Urheberrechtsgesetz), »Geschützte Werke«
§ 24 UrhG, »Freie Benutzung«

Schleichwerbung

Irrtum:
Gäste einer Fernsehsendung dürfen keine Produkt- und Firmennamen nennen, weil das verbotene Schleichwerbung wäre.

Richtig ist:
Gäste von Fernsehsendungen dürfen aus eigenem Antrieb so viele Produkt- und Firmennamen nennen, wie sie wollen.

Schleichwerbung im Fernsehen ist verboten. Dieser Umstand hat sich so weit herumgesprochen, dass viele Gäste von Fernsehsendungen es ängstlich vermeiden, vor der Kamera irgendwelche Produkt- oder Firmennamen zu nennen. Denn das wäre schließlich – so glauben sie jedenfalls – verbotene Schleichwerbung. Rutscht ihnen dennoch heraus, dass sie bei BMW arbeiten und am liebsten Nutella auf ihr Brötchen schmieren, bekommen sie oft ein schlechtes Gewissen: »Oje, den Namen hätte ich jetzt gar nicht sagen dürfen, oder?« Der Moderator glaubt dann in der Regel, die Situation retten zu müssen, indem er die Zuschauer mit einer wahllosen Aufzählung anderer Markennamen nervt: »Es gibt natürlich auch noch Mercedes, Porsche, Opel, Nutoka und Nusspli und das sind auch alles ganz hervorragende Autos und Nussnougat-Cremes.«

Die spontanen Äußerungen von Gästen in Fernsehsendungen sind selbstverständlich *keine* verbotene Schleichwerbung. Für die Moderatoren besteht deshalb auch kein Anlass, die Situation zu »retten«. Denn Schleichwerbung liegt nur vor, wenn sie

> *»vom Veranstalter (der Sendung) absichtlich zu Werbezwecken vorgesehen ist und die Allgemeinheit hinsichtlich des eigentlichen Zwecks dieser Erwähnung oder Darstellung irreführen kann.«*[11]

Wenn jedoch der Gast einer Fernsehsendung von sich aus irgendwelche Marken- oder Firmennamen erwähnt, dann ist in der Regel bereits offensichtlich, dass diese Nennung nicht vom Veranstalter der Sendung ausging. Weder die Sendungsmacher und schon gar nicht der Gast können wegen der »Werbung« also belangt werden.

Auch der Autor dieses Buches darf an dieser Stelle natürlich straflos erwähnen, dass er gerne BMW fährt und seit über 25 Jahren täglich Nutella isst. Den Verkauf von BMWs und Nutella dürfte er durch dieses Bekenntnis allerdings realistischerweise ebenso wenig ankurbeln wie irgendein Kandidat, der irgendeinem Moderator in irgendeiner Quizsendung erzählt, wo er arbeitet und was er gerne frühstückt.

Bei Interesse siehe hierzu:
§ 2 Abs. 2 Nr. 6 RStV (Rundfunkstaatsvertrag), »Begriffsbestimmungen, Schleichwerbung«
§ 7 Abs. 6 RStV, »Inhalte von Werbung und Teleshopping«

Schutz von Marken

Irrtum:
Wer sich als Erster einen Namen als Marke schützen lässt, hat bessere Rechte an diesem Namen als jeder andere.

Richtig ist:
Markenrechte sind nicht stärker als andere Rechte an einem Namen.

Es schien so einfach zu sein: Nur wenige Stunden nach dem Tod von Prinzessin Diana kam der erste »findige« Geschäftsmann auf die Idee, ihren Namen als Marke anzumelden. Andere folgten seinem Beispiel und meldeten eine Vielzahl von Marken an, die auf Prinzessin Diana Bezug nahmen. Sie alle wollten sich das exklusive Recht sichern, z. B. Unterhosen, Seife oder Parfüm unter der Marke »Lady Di« verkaufen zu dürfen.

Es hat zweifellos viele Vorteile, wenn man seinen Firmen- oder Produktnamen als Marke schützen lässt. Aber die verbreitete Vorstellung, man habe einen Namen vollkommen sicher, wenn er einmal als Marke registriert ist, ist falsch. Selbst wer als Erster auf die Idee kommt, eine bestimmte Bezeichnung als Marke schützen zu lassen, muss damit rechnen, dass die Marke wieder gelöscht wird. Denn es ist immer möglich, dass jemand anderes ältere Rechte an dieser Bezeichnung hat. Ältere Firmen-, Personen- oder Produktnamen können einer jüngeren Markenanmeldung selbst dann vorgehen, wenn sie nicht als Marke eingetragen sind. Diese Erfahrung mussten auch schon viele der Lady-Di-Marken-Besitzer machen. Die meisten Marken, die sich auf Prinzessin Diana bezogen, sind mittlerweile aus dem Register des Deutschen Patent- und Markenamtes gelöscht.

Wer eine Marke anmelden will, sollte daher auf jeden Fall gründlich recherchieren lassen, ob die Marke nicht Rechte Dritter verletzt. Auf Markenrecht spezialisierte Anwälte können dabei helfen, teure Abmahnungen durch ältere Rechteinhaber zu vermeiden.

Bei Interesse siehe hierzu:
§ 9 MarkenG (Markengesetz), »Angemeldete oder eingetragene Marken als relative Schutzhindernissse«
§ 50 Abs. 1 MarkenG, »Nichtigkeit wegen absoluter Schutzhindernisse«
§ 51 Abs. 1 MarkenG, »Nichtigkeit wegen des Bestehens älterer Rechte«

Titelschutzanzeige

Irrtum:
Wer eine Titelschutzanzeige schaltet, hat sich den angemeldeten Titel rechtlich gesichert.

Richtig ist:
Titelschutzanzeigen bewirken nur die Vorverlagerung eines etwaigen späteren Titelschutzes.

Wer künstlerisch tätig ist, also beispielsweise Lieder komponiert, Bücher schreibt oder ein Theaterstück verfasst, wird sich in aller Regel für sein Werk einen Titel überlegen. Nichts anderes machen zum Beispiel Verlage oder Fernsehsender, die mit einer neuen Zeitschrift oder einem neuen Fernsehformat auf den Markt kommen wollen. Auch sie müssen sich für ihr neues Produkt einen prägnanten Namen einfallen lassen. Und natürlich wollen sie diesen Namen vorsorglich auch gleich schützen lassen, damit niemand anderes ihn benutzen kann. Wie aber schützt man einen Titel? Wer sich mit dieser Frage beschäftigt, stößt schnell auf den Begriff der »Titelschutzanzeige«. Bestimmte Medien bieten die Möglichkeit, Inserate wie das folgende zu veröffentlichen:

Unter Hinweis auf § 5 Abs. 3 MarkenG nehmen wir Titelschutz in Anspruch für

»Zündorfer Allgemeine Zeitung«

in jeder Schreibweise, Darstellungsform, Wortverbindung und Kombination zur Verwendung in allen Medien.

Wer nun jedoch glaubt, mit einer solchen Mitteilung sei der Titel für alle Zeiten geschützt, der irrt gewaltig. Auch wenn der Name etwas anderes verspricht: Titelschutzanzeigen schützen keine Titel! Titelschutz entsteht erst dann, wenn der Titel tatsächlich benutzt wird, das heißt, wenn das zugehörige Buch, das Musikstück oder die neue Zeitung wirklich auf dem Markt sind. Das gilt völlig unabhängig davon, ob vorher eine Titelschutzanzeige geschaltet wurde oder nicht. Der Titel dieses Buches *Neues Lexikon der Rechtsirrtümer* wäre also auch dann geschützt, wenn der Ullstein Verlag hierfür niemals eine Titelschutzanzeige hätte veröffentlichen lassen.

Nun wird man sich fragen, welchen Sinn Titelschutzanzeigen dann eigentlich haben. Dies ist schnell erklärt: Sie bewirken nur eine zeitliche Vorverlagerung des Schutzes. Für den Fall, dass der Titel später tatsächlich benutzt wird, wird so getan, als sei er bereits zu dem Zeitpunkt benutzt worden, als die Anzeige erschien. Jeder Dritte, der in der Zwischenzeit damit begonnen hat, einen ähnlichen Titel für ein ähnliches Werk zu benutzen, kann verpflichtet werden, dies sofort zu unterlassen. Das gilt jedoch nur, wenn der Inserent der Titelschutzanzeige zwischen deren Schaltung und dem Beginn der Benutzung des Titels keinen unangemessen langen Zeitraum verstreichen lässt. Welcher Zeitraum angemessen ist, hängt vom Einzelfall ab. In der Regel sollten jedoch nicht mehr als sechs Monate vergehen.

Im Ergebnis bedeutet das: Eine Titelschutzanzeige bringt rein gar nichts, wenn der vermeintlich »geschützte« Titel später niemals oder erst nach einer unangemessen langen Zeit benutzt wird. Man sollte sie also nur schalten, wenn man auch tatsächlich vorhat, in Kürze mit dem Titel auf den Markt zu kommen. Der Name »Titelschutzanzeige« ist demnach etwas irreführend. Deshalb ist es auch verständlich, dass selbst große Medienunternehmen häufig gar nicht wissen, wie sinnlos viele der Titelschutzanzeigen sind, die sie ständig schalten.

Wer genau weiß, dass er mit einem bestimmten Titel erst in ein oder zwei Jahren auf den Markt kommen kann, sollte keine Titelschutzanzeige veröffentlichen und damit andere auch noch auf die Bezeichnung aufmerksam machen. Er sollte vielmehr versuchen, den Titel als eingetragene Marke schützen zu lassen. Eine Markeneintragung ist bereits für einige Hundert Euro zu haben und bewirkt, dass man sich mindestens fünf Jahre Zeit nehmen kann, bevor man den Titel tatsächlich benutzt. Erst fünf Jahre nach ihrer Eintragung können auch Marken wieder aus dem Markenregister gelöscht werden, wenn ihr Inhaber sie dann immer noch nicht benutzt.

Bei Interesse siehe hierzu:
§ 5 Abs. 1, 3 MarkenG (Markengesetz), »Geschäftliche Bezeichnungen«

Urheberrechtsvermerk ©

Irrtum:
Ohne den Urheberrechtsvermerk mit dem Copyright-Zeichen © ist ein Werk nicht urheberrechtlich geschützt.

Richtig ist:
Urheberrechtsschutz entsteht unabhängig von Förmlichkeiten wie dem Urheberrechtsvermerk ©.

© by Ullstein Buchverlage GmbH 2004 und 2005 – der Urheberrechtsvermerk vorne in diesem Buch zeigt an, wer die urheberrechtlichen Nutzungsrechte an dem Werk innehat und wann es zum ersten Mal veröffentlicht wurde. Auch unter anderen Texten, Bildern, Fotos, Noten von Musikstücken oder Internetauftritten kann man das hochgestellte kleine C im Kreis häufig sehen. Was bedeutet dieses Zeichen eigentlich und welchen Zweck erfüllt es?

Viele glauben, man müsse diesen Vermerk unter Werke setzen, an denen man Urheberrechte geltend macht. Wenn man es nicht tue, dürfe jeder das Werk frei kopieren. Doch diese Vorstellung ist falsch. Urheberrechtlicher Schutz zum Beispiel an einem Sprach-, Musik-, Film- oder Kunstwerk besteht auch ohne solche juristischen Reviermarken. Schon im Moment der Schöpfung eines Werkes ist es davor geschützt, unbefugt kopiert oder verbreitet zu werden. Es muss nicht veröffentlicht und nicht in ein öffentliches Register eingetragen sein, es muss auch keinen ©-Vermerk tragen. Der Urheberrechtsschutz am vorliegenden Buch entstand also ganz von allein in dem Moment, in dem der Autor es fertig stellte.

Anders als in fast allen anderen Ländern der Welt war der ©-Vermerk früher allerdings notwendige Voraussetzung, um Urheberrechtsschutz in den USA zu erlangen. Nur aus diesem Grund hat sich dieses Zeichen international durchgesetzt. Denn ein deutscher oder französischer Urheber war natürlich daran interessiert, dass sein Werk auch in den USA Schutz genießt. 1989 traten die USA endlich einem internationalen Abkommen bei und näherten ihr Urheberrecht dem der übrigen Welt etwas an. Seither ist das ©-Zeichen auch in den USA nicht mehr Voraussetzung für das Entstehen von Urheberrechtsschutz. Dennoch wird es nach wie vor – zum Beispiel auch im Impressum dieses Buches – verwendet. Hauptgrund dafür dürfte sein, dass das »schon immer so war«.

Denn die Vorteile, die das Zeichen bringt, sind sehr begrenzt.

In erster Linie erleichtert das ©-Zeichen auch heute noch die praktische Durchsetzung von Urheberrechten in den USA.[12] Außerdem bringt es auch in Deutschland gewisse Beweiserleichterungen mit sich. Denn derjenige, der auf einem Werk als Urheber genannt ist, gilt bis zum Beweis des Gegenteils als dessen Urheber. Dabei ist es jedoch nicht zwingend vorgeschrieben, gerade das ©-Zeichen zur Urheberkennung zu verwenden. Es würde genauso ausreichen, den Namen des Urhebers ganz einfach unter die Überschrift eines Textes zu setzen.

Zwar ist der ©-Vermerk heute also nicht mehr unbedingt notwendig, völlig unnütz ist er jedoch auch nicht, vor allem dann nicht, wenn man sein Werk auch in den USA verbreiten will. Auf jeden Fall kann er nicht schaden. Und da er sich über die Jahrzehnte auch in Deutschland eingebürgert hat, wird es ihn wohl weiterhin geben.

Bei Interesse siehe hierzu:
§ 2 UrhG (Urheberrechtsgesetz), »Geschützte Werke«
§ 10 UrhG, »Vermutung der Urheberschaft«
§ 107 UrhG, »Unzulässiges Anbringen der Urheberbezeichnung«

Werbeverbot für Anwälte und Ärzte

Irrtum:
Anwälte und Ärzte dürfen nicht werben.

Richtig ist:
Anwälte und Ärzte dürfen in sachlicher, informativer

und nicht irreführender Weise für sich und ihre Leistungen werben.

Dass Ärzte und Anwälte nicht werben dürfen, ist ein weit verbreiteter Irrtum, und zwar selbst in den betroffenen Berufsgruppen. Anzeigen, die auf Praxisumzüge, Kanzleieröffnungen oder ähnlich langweilige Ereignisse hinwiesen, waren für Angehörige dieser Berufe zwar tatsächlich lange Zeit die einzige Möglichkeit, öffentlichkeitswirksam auf sich hinzuweisen; jegliche andere Form von Werbung galt zumindest als unschicklich, war aber auch rechtlich häufig unzulässig. Manch etablierter Anwalts- oder Arztpraxis war diese Rechtslage sicher nicht ganz unangenehm. Zum einen ließ sich so auf elegante Weise verhindern, dass neue Kollegen auf den Markt drängten und mit einem durchdachten Werbekonzept Mandanten oder Patienten abwarben. Im Übrigen empfand man es vielfach auch schlicht als lästig und unter der Würde des Berufsstandes, sich mit so profanen Dingen wie Werbung zu beschäftigen. Das war doch eher etwas für Gewerbetreibende, dachte man sich.

Seit vielen Jahren ist jedoch ein Trend feststellbar, der in eine andere Richtung geht. Das Bewusstsein dafür, dass auch Ärzte und Anwälte Unternehmer sind, wächst. Das Werberecht wird in ihren Berufsordnungen und in der Rechtsprechung immer weiter liberalisiert. Bestimmte Grenzen existieren allerdings nach wie vor. Je nach Berufsgruppe werden sie im Detail etwas unterschiedlich ausgelegt. Vereinfacht ausgedrückt gilt aber: Eine irreführende oder eine allzu reklamehafte, anpreisende Herausstellung des Anwaltes oder Arztes und seiner Leistungen ist weiterhin unzulässig. Die Werbung muss vom Gesamteindruck her sachlich und informativ sein. Dann ist sie unproblematisch. Ein Beispiel aus der Praxis soll dies verdeutlichen:

Das Bundesverfassungsgericht hatte über die Abbildung eines halben, leicht geöffneten Mundes in einer Anzeige für einen Zahnarzt zu entscheiden[13]. Die zuständige Zahnärztekammer und alle vorangegangenen Gerichtsinstanzen hielten die Anzeige für unzulässig. Die Abbildung des Mundes sei ein reklamehafter Eyecatcher, der lediglich die Aufmerksamkeit des Publikums auf die Anzeige ziehen solle. Irgendeinen Informationswert habe die Abbildung nicht. Das Bundesverfassungsgericht entschied anders und erklärte die Anzeige für zulässig. Es sei nicht nachvollziehbar, weshalb durch die Abbildung eines halben geöffneten Mundes als Teil einer Anzeige im Format 6 × 4 cm ein Gemeinwohlbelang beeinträchtigt werde. Weder sei ersichtlich, dass die Anzeige dadurch zur Irreführung von Patienten beitrage, noch lasse sich der Abbildung vorhalten, dass sie nicht wenigstens für solche Patienten sachgerechte Informationen enthalte, die eine kieferorthopädische Behandlung benötigten.

Trotz aller Liberalisierung des Werberechts sind Anzeigen oder gar Radio- und Fernsehwerbung für Ärzte und Anwälte zwar auch heute noch die Ausnahme. Dass die rechtlichen Möglichkeiten bisher noch nicht von allen ausgeschöpft werden, sollte jedoch niemanden zu dem Irrglauben verleiten, dass sie nicht bestünden. Wer es immer noch nicht glaubt, mag einmal die letzten Seiten dieses Buches durchblättern.

Bei Interesse siehe hierzu:
§ 43 b BRAO (Bundesrechtsanwaltsordnung), »Werbung«
§ 27 MBO-Ä (Musterberufsordnung für die deutschen Ärztinnen und Ärzte), »Erlaubte Information und berufswidrige Werbung«

Mieterrechte

Grillen auf dem Balkon

Irrtum:
Im Sommer darf man einmal pro Monat auf dem Balkon grillen, ohne dass die Nachbarn etwas dagegen unternehmen können.

Richtig ist:
Es gibt keine Regel, die das Grillen auf dem Balkon erlaubt, obwohl es die Nachbarn unzumutbar belästigt.

Grillen auf dem Balkon ist ähnlich wie →*Partylärm* einer der absoluten Klassiker unter den Nachbarrechtsstreitigkeiten. Und genau wie im Falle des Partylärms hält sich hartnäckig das Gerücht, dass Nachbarn jegliche Belästigungen im Zusammenhang mit solchen Grillabenden einmal im Monat (wahlweise auch ein- oder dreimal im Jahr – hier gibt es regionale Unterschiede in der Legendenbildung) zu dulden haben, egal wie viel Rauch dabei in ihr Schlafzimmer zieht.

Sosehr es zu wünschen ist, dass man ab und zu auf dem Balkon ungestört grillen darf: Das Immissionsschutzrecht verbietet nach wie vor erhebliche Belästigungen durch konzentrierten Rauch, der vom Grill direkt in die Schlaf- oder Wohnräume des Nachbarn zieht. Für wen es unzumutbar würde, das Fenster zu öffnen,[14] der kann in der Tat verlangen, dass man auf ihn Rücksicht nimmt. Und zwar das ganze Jahr über und ohne Ausnahme.

Weniger extreme Belästigungen durch Grillrauch müssen Nachbarn dagegen mittlerweile hinnehmen. Das gilt vor allem in dicht besiedelten Wohngebieten. Man kann es den Menschen, die dort leben, nicht mehr vollständig verbieten, im Freien zu grillen, selbst wenn die Nachbarn unvermeidlicherweise hiervon betroffen werden. Denn Grillen auf Balkonen und in Gärten wird mehr und mehr sozialüblich. Ein generelles Grillverbot verstieße nach einigen Gerichtsentscheidungen sogar gegen das Grundrecht auf freie Entfaltung der Persönlichkeit.

Wer also mitten in der Stadt wohnt, muss sich in jeder Hinsicht ein etwas dickeres Fell zulegen. Er kann nicht erwarten, so ruhig und ungestört zu leben wie auf dem Land. Zwar müssen die Grillfreunde Rücksicht auf ihre Nachbarn nehmen (siehe oben).

Doch Rücksichtnahme ist keine Einbahnstraße. Sie bedeutet auch, anderen ihre Freiheiten zu lassen – einschließlich der Freiheit, ab und zu einen schönen Grillabend mit Freunden auf dem Balkon der innerstädtischen Etagenwohnung zu genießen.

Bei Interesse siehe hierzu:
§ 906 BGB (Bürgerliches Gesetzbuch), »Zuführung unwägbarer Stoffe«
Verschiedene immissionsschutzrechtliche Bestimmungen der einzelnen Bundesländer (soweit diese existieren), z. B. § 7 Abs. 1 LImSchG NW (Landesimmissionsschutzgesetz NRW), »Verbrennen im Freien«

Kautión »abwohnen«

Irrtum:
Die Mietkaution darf man am Ende der Mietzeit »abwohnen«.

Richtig ist:
Die Miete muss bis zum Ende der Mietzeit vollständig bezahlt werden.

Das »Abwohnen« der Mietkaution am Ende der Mietzeit ist sehr beliebt. Oft stellen Mieter zwei oder drei Monate vor Vertragsende einfach die Mietzahlungen ein und »verrechnen« sie mit der Kaution. Der Vermieter, so glauben sie, könne nichts dagegen haben, denn schließlich ist die Kaution ja dazu da, die Mietzahlungen abzusichern.

Wer so denkt, übersieht, dass die Mietkaution einen weitergehenden Zweck hat: Sie sichert *sämtliche* Ansprüche ab, die der Vermieter gegen den Mieter hat. Dazu gehören nicht nur die monatlichen Mietzahlungen, sondern zum Beispiel auch der Anspruch auf Nachzahlung von Nebenkosten. Möglicherweise stellt sich nach dem Auszug des Mieters auch heraus, dass er in der Wohnung Schäden angerichtet hat, die er ersetzen muss. Vielleicht hat er auch Schönheitsreparaturen unterlassen, die er nach dem Mietvertrag hätte vornehmen müssen. In all diesen Fällen hat der Vermieter das Recht, sich aus der Mietkaution zu bedienen.

Ob der Mieter Nebenkosten nachzahlen muss, die Wohnung beschädigt hat oder Schönheitsreparaturen unterlassen hat, zeigt sich in der Regel erst nach Ende des Mietverhältnisses. Der Vermieter hat also ein Interesse daran, dass er auch dann noch auf die Kaution zurückgreifen kann. Aus diesem Grund darf der Mieter die Kaution nicht »abwohnen«. Er muss die Miete bis zum letzten Tag des Mietverhältnisses zahlen. Erst dann wird abgerechnet und festgestellt, ob der Vermieter noch Ansprüche gegen den Mieter hat. Wer die Mietzahlungen schon vorher einstellt, riskiert, dass der Vermieter einen gerichtlichen Mahnbescheid beantragt, der für den Mieter mit zusätzlichen Kosten verbunden sein kann.

Bei Interesse siehe hierzu:
§ 551 BGB (Bürgerliches Gesetzbuch), »Begrenzung und Anlage von Mietsicherheiten«
§ 566a BGB, »Mietsicherheit«

Kündigung von möblierten Mietwohnungen

Irrtum:
Möblierte Mietwohnungen kann der Vermieter leichter kündigen.

Richtig ist:
Für möblierte Wohnungen gelten die gleichen Kündigungsregeln wie für alle anderen Wohnungen.

In früheren Jahrzehnten war es nicht üblich, dass jeder junge Mensch, der sein Elternhaus verließ, gleich eine komplette eigene Wohnung bezog. Aus alten Filmen kennt man noch die typische Studentenbude fern der elterlichen Heimat, in der Regel ein möbliertes Zimmer in der Wohnung einer gestrengen Vermieterin, die je nach Geschlecht des Mieters jeden Damen- oder Herrenbesuch nach 22.00 Uhr strikt untersagte.

Wer als Einzelperson in solchen möblierten Zimmern wohnt, kann leichter gekündigt werden als andere Mieter. Der Vermieter braucht keinen Kündigungsgrund und kann das Zimmer spätestens am 15. eines Monats zum Ablauf desselben Monats kündigen. Denn es ist einem Mieter, der keine eigenen Möbel hat und daher ohne weiteres umziehen kann, zuzumuten, dass er sich schnell eine neue Bleibe sucht, wenn der Vermieter nicht mehr mit ihm in derselben Wohnung zusammenleben möchte.

Bei einigen Vermietern hat sich aus irgendeinem Grund jedoch der unauslöschliche Irrglaube festgesetzt, dass *jeder* möblierte Wohnraum leicht gekündigt werden kann. Selbst heute findet man deshalb immer noch Vermieter, die einige Alibimöbel in die zu vermietende Wohnung stellen in der Hoffnung, dass sie den Mieter bei Bedarf dann schneller wieder vor die Tür setzen können. In der Regel inserieren sie in der örtlichen Tageszeitung mit Chiffreanzeigen und Texten wie: »Möbliertes Appartement an ruhige, allein stehende Dame ab 40 zu vermieten. Keine Haustiere.«

Die erleichterten Kündigungsmöglichkeiten galten und gelten jedoch immer nur für Zimmer in der Wohnung des Vermieters. Ob eine in sich abgeschlossene Wohnung vom Vermieter möbliert wird oder nicht, spielt für seine Kündigungsmöglichkeiten keine Rolle. Auch die allein stehenden Damen ab 40 sollten ihre Wohnung daher selbst einrichten dürfen. Der Vermieter hat keinen Vorteil davon, wenn er ihnen irgendwelche alten Kommoden aufzwingt.

Bei Interesse siehe hierzu:
§ 549 Abs. 2 BGB (Bürgerliches Gesetzbuch), »Auf Wohnraummietverhältnisse anwendbare Vorschriften«
§ 573c Abs. 3 BGB, »Fristen der ordentlichen Kündigung«

Nachmieter

Irrtum:
Wenn man drei Nachmieter stellt, kommt man aus dem Mietvertrag heraus.

Richtig ist:
Die »Drei-Nachmieter-Regel« gibt es nicht.

Für Mietervereine und Rechtsanwälte ist es eine wahre Sisyphusarbeit. Immer wieder müssen sie ihren Mitgliedern und Mandanten erklären, dass diese *keinen* Anspruch darauf haben, aus dem Mietvertrag entlassen zu werden, wenn sie dem Vermieter drei Nachmieter stellen. Es ist völlig unerfindlich, wer dieses Gerücht einmal in die Welt gesetzt hat und warum es sich so hartnäckig hält. Tatsache ist: Die »Drei-Nachmieter-Regel« gibt es nicht und es gab sie auch noch nie.

Wer einen unbefristeten Mietvertrag hat, kann ihn sowieso mit dreimonatiger Frist kündigen. Er muss überhaupt keinen Nachmieter stellen.

Bei befristeten Mietverträgen sieht es anders aus. Wer sich von vornherein verpflichtet, eine bestimmte Zeit lang in der Wohnung zu bleiben, kann es sich nicht ohne weiteres wieder anders überlegen. Der Vermieter ist nicht in allen Fällen gezwungen, einen befristeten Mietvertrag nach Belieben des Mieters vorzeitig aufzuheben. Dabei ist es egal, ob ihm der Mieter einen, drei oder zwanzig solvente Nachmieter stellt. Denn grundsätzlich ist es das gute Recht des Vermieters, sich nach Vertragsbeendigung selbst einen neuen Mieter zu suchen und mit ihm neue Vertragsbedingungen auszuhandeln.[15]

Wie jeder Grundsatz gilt auch dieser jedoch nicht immer. Denn Mieter und Vermieter können sich freiwillig auf eine Ersatzmieterklausel einigen. Wenn im Mietvertrag ausdrücklich festgehalten ist, dass der Mieter bei Stellung eines Nachmieters aus dem Vertrag entlassen wird, dann muss sich der Vermieter natürlich an diese Verabredung halten.

Wo dies nicht der Fall ist, hat der Mieter nur eine Chance: Er muss ein so genanntes berechtigtes Interesse an der vorzeitigen Beendigung des Mietvertrages darlegen können. Der Verbleib in der Wohnung muss für ihn eine gewisse Härte darstellen. Schwere Krankheit, berufliche Versetzung, Familienzuwachs oder unverschuldete Arbeitslosigkeit können solche schwerwiegenden Gründe sein.[16] Ein Umzug in die neu gekaufte Eigentumswohnung oder der Wunsch nach »mehr Grün für die Kinder« dürften dagegen nicht ausreichen.

Wenn ein Härtefall vorliegt, hat der Mieter nach dem Rechtsgrundsatz von »Treu und Glauben« tatsächlich das Recht, aus dem Mietvertrag entlassen zu werden, wenn er einen Nachmieter stellt, der geeignet und zumutbar ist und der den Mietvertrag uneingeschränkt übernimmt. Es reicht dann allerdings schon ein einziger akzeptabler Nachmieter. Drei müssen nicht aufgeboten werden.

Bei Interesse siehe hierzu:
§ 573c BGB (Bürgerliches Gesetzbuch), »Fristen der ordentlichen Kündigung«
§ 242 BGB, »Leistung nach Treu und Glauben«

Partylärm

Irrtum:
Dreimal im Jahr darf man in der Wohnung hemmungslos feiern, wenn man die Party mit einem Zettel im Hausflur angekündigt hat.

Richtig ist:
Es gibt weder eine pauschale »Drei-Partys-pro-Jahr-Regel« noch eine Verpflichtung, Zettel im Hausflur auszuhängen.

Ein sehr beliebter Irrtum ist die Annahme, man dürfe pro Jahr eine bestimmte Anzahl von Partys veranstalten, ohne dass die Nachbarn gegen den dadurch entstehenden Lärm etwas tun können. Dieser Irrglaube existiert in verschiedenen Versionen: Von einer Party über drei Partys im Jahr bis hin zu einer Party im Monat, die angeblich erlaubt sein sollen.

Tatsache ist: Kein Gesetz schreibt vor, wie viele Partys man pro Jahr feiern darf. Solange die Nachbarn nicht gestört werden, ist niemand daran gehindert, sogar jeden Tag eine Party zu veranstalten. Wenn es aber vor allem zwischen 22.00 Uhr und 6.00 Uhr allzu laut wird, können die Nachbarn gegen die Lärmbelästigung vorgehen. Dem Veranstalter hilft dann auch der Einwand nichts, er habe doch schon seit mehr als einem Jahr nicht mehr gefeiert.

Auch die beliebten Zettel im Hausflur geben dem Gastgeber einer Party keinen Freibrief zu ungehemmt lautem Feiern:

»Liebe Nachbarn! Am 15. Juli feiern wir Geburtstag. Wenn es dabei etwas lauter wird, dann rufen Sie bitte

nicht gleich die Polizei, sondern kommen doch einfach hoch und feiern mit!«

Solche Warnungen sind sicher nett gemeint und werden in einer funktionierenden Hausgemeinschaft ihren besänftigenden Zweck auch meist nicht verfehlen. Wenn die Bässe allerdings buchstäblich die Wände wackeln lassen, kommt ihnen keinerlei rechtliche Relevanz zu.

Zusammenfassend kann man sich also merken: Eine unzumutbare Lärmbelästigung ist und bleibt unzumutbar, egal wie oft sie stattfindet und egal ob sie vorher per Aushang angekündigt wurde oder nicht. Wenn es allzu laut wird, haben die Nachbarn daher ein Recht darauf, dass die Musik heruntergedreht wird und die fröhlichen Schlachtengesänge auf dem Balkon ein Ende haben.

Ob wegen jeder Lärmbelästigung allerdings gleich die Staatsmacht herbeigerufen werden muss, ist eine andere Frage. Polizisten haben im Allgemeinen Wichtigeres zu tun, als Partys zu sprengen. Wenn der gestörte Nachbar schon kein Interesse hat, der freundlichen Hausflurzettel-Einladung zum Mitfeiern zu folgen, und wenn er sich auch nicht vorsorglich Ohrstöpsel besorgt hat, dann wäre es sicher erst einmal angebracht, selbst bei dem Veranstalter der Party zu klingeln und um etwas mehr Ruhe zu bitten.

Bei Interesse siehe hierzu:
§ 117 OWiG (Gesetz über Ordnungswidrigkeiten), »Unzulässiger Lärm«
Immissionsschutzrechtliche Bestimmungen der einzelnen Bundesländer (soweit diese existieren), z. B. § 9 Abs. 1 LImSchG NW (Landesimmissionsschutzgesetz NRW), »Schutz der Nachtruhe«

Öffentliches Recht

Ausweispflicht

Irrtum:
Man muss immer seinen Personalausweis bei sich tragen.

Richtig ist:
Man muss zwar einen Personalausweis besitzen, braucht ihn aber nicht mit sich führen.

In kaum einem deutschen Portemonnaie fehlt der Personalausweis. Denn schließlich besteht ja Ausweispflicht, und wenn man den Ausweis nicht dabei hat, begeht man eine Ordnungswidrigkeit und kann mit einem Bußgeld belegt werden. Oder etwa nicht?

Eine Ausweispflicht gibt es in Deutschland tatsächlich. Doch ihre wirkliche Bedeutung wird meist missverstanden. Ab einem Alter von 16 Jahren muss zwar jeder Deutsche einen Personalausweis oder Reisepass *besitzen*. Und er muss ihn auch *vorlegen*, wenn Behörden dies verlangen. Kein Gesetz schreibt jedoch vor, dass man seinen Ausweis ständig *dabeihaben* muss. Es genügt völlig, wenn man ihn zum Beispiel zu Hause aufbewahrt. Dort ist er möglicherweise auch besser aufgehoben. Denn jeder weiß, wie aufwendig und ärgerlich es ist, sich gestohlene oder verlorene Ausweispapiere wieder besorgen zu müssen – von der Missbrauchsgefahr durch den Dieb oder unehrlichen Finder ganz zu schweigen.

Für Personalausweise besteht also keine Mitführpflicht. Anders ist es bei Führerscheinen. Den Führerschein muss man tatsächlich immer dabeihaben, wenn man ein Kraftfahrzeug führt. Geht er verloren, sollte man sich also schnellstmöglich bei der zuständigen Führerscheinstelle einen Ersatzführerschein besorgen. Solange der nicht vorliegt, muss man das Fahrzeug stehen lassen.

Bei Interesse siehe hierzu:
§ 1 PersAuswG (Personalausweisgesetz), »Ausweispflicht«
§ 4 Abs. 2 S. 2 FeV (Fahrerlaubnis-Verordnung), »Erlaubnispflicht und Ausweispflicht für das Führen von Kraftfahrzeugen«

Befehl ist Befehl

Irrtum:
Soldaten müssen Befehle ihrer Dienstvorgesetzten auf jeden Fall befolgen.

Richtig ist:
Rechtswidrige Befehle dürfen in vielen Fällen nicht befolgt werden.

»Befehl ist Befehl!« Es gibt wohl keinen Irrtum, der im Deutschland des 20. Jahrhunderts schwerwiegendere Folgen hatte als diese Floskel. Die Vollstrecker gleich zweier verbrecherischer Regime auf deutschem Boden zogen sie zur Entschuldigung oder Rechtfertigung ihrer Taten heran. Nach dem Zusammenbruch der Nazi-Herrschaft hieß es überall: »Wir konnten doch nichts tun. Wir haben nur unseren Befehlen gehorcht.« Nichts anderes hörte man nach dem Ende der SED-Diktatur etwa von den Mauerschützen, die als Angehörige der DDR-Grenztruppen Menschen bei ihren Fluchtversuchen erschossen.

Handeln auf Befehl rechtfertigt das Verhalten eines Soldaten dann nicht, wenn die befohlene Handlung eine Straftat darstellt. Wenn der Soldat also den rechtswidrigen Befehl erhält, einen anderen Menschen zu verletzen oder zu töten, darf er ihn nicht befolgen. Tut er es doch und war für ihn offensichtlich, dass er eine Straftat begeht, kann der Soldat für sein Verhalten strafrechtlich zur Rechenschaft gezogen werden.

Blinder Gehorsam ist also selbst in einer autoritären Organisationsstruktur wie dem Militär fehl am Platze. Verstand und Gewissen sind auch für Befehlsempfänger unerlässliche Kontrollinstanzen, die niemand völlig preisgeben darf.

Bei Interesse siehe hierzu:
§ 11 SoldG (Soldatengesetz), »Gehorsam«
§ 5 Abs. 1 WStG (Wehrstrafgesetz), »Handeln auf Befehl«

Hundesteuer

Irrtum:
Die Hundesteuer wird zur Straßenreinigung verwendet und gibt dem Tierhalter deshalb ein »Verunreinigungsrecht«.

Richtig ist:
Die Hundesteuer wird nicht zweckgebunden eingesetzt und »Hundehaufen« können teuer werden.

Immer noch gibt es Zeitgenossen, die keine Skrupel haben, ihren Hund mitten auf dem Bürgersteig sein Geschäft verrichten zu lassen. Sie glauben, die Hundesteuer werde zweckgebunden zur Straßenreinigung verwendet.

Doch diese Annahme ist falsch. Die Hundesteuereinnahmen sind nicht dazu da, die städtische Straßenreinigung zu finanzieren, und sie geben dem Steuerzahler natürlich kein »Verunreinigungsrecht«. Hundesteuern werden nicht zweckgebunden eingesetzt. Sie dienen vielmehr schlicht dazu, die Einnahmen der Kommunen zu erhöhen. Wofür die Gemeinden die Hundesteuergelder einsetzen, ist völlig ihnen überlassen.

Neben dem Stopfen von Haushaltslöchern hat die Hundesteuer jedoch noch eine andere Funktion: Sie soll abschreckend wirken. Hunde sind bei Städten und Gemeinden ganz einfach nicht besonders erwünscht, denn sie machen Dreck und beißen mitunter unbescholtene Passanten.

Die Hundesteuer hat also nicht zuletzt die Aufgabe, die Zahl der Hunde in der Stadt zu begrenzen.[17] Dem Tierfreund soll die Entscheidung, sich einen Hund anzuschaffen, spürbar erschwert werden. Deshalb erhöht sich auch die Hundesteuer pro Hund in den meisten Städten, je mehr Tiere ein einzelner Hundehalter besitzt. Nach der Hundesteuersatzung der Stadt Köln kostet die Haltung eines einzigen Hundes zum Beispiel 141 Euro im Jahr. Wer zwei Hunde hält, muss für *jedes* Tier bereits 171 Euro bezahlen, also insgesamt 342 Euro. Drei oder mehr Hunde werden pro Tier sogar jährlich mit 201 Euro »bestraft«.

Unabhängig davon versteht es sich, dass Hundehalter keinerlei Anspruch darauf haben, den besten Freund des Menschen Bürgersteige und Parkanlagen verunreinigen zu lassen. Wenn es im Einzelfall einmal nicht zu verhindern war, dass der Hund sein Geschäft macht, müssen die Hinterlassenschaften sofort beseitigt werden. In anderen Ländern ist dies bereits gängige Praxis. Hundehalter in den USA haben für diese Zwecke immer ein paar Wegwerfhandschuhe aus Plastik dabei. In Deutschland beginnt dieser Trend erst zögerlich, sich durchzusetzen. Wer ihm nicht folgt, muss zum Beispiel in Köln mit Verwarnungsgeldern bis zu 35 Euro rechnen. Auf Kinderspielplätzen werden bis zu 250 Euro fällig.[18]

Bei Interesse siehe hierzu die Hundesteuersatzungen der einzelnen Städte und Gemeinden (im Anhang nicht abgedruckt).

Kanzlerwahl

Irrtum:
Das Volk wählt den Kanzler.

Richtig ist:
Der Bundeskanzler wird von den Abgeordneten des Bundestages gewählt.

Das deutsche Wahlsystem haben wir alle einmal in der Schule gelernt. Die meisten haben seine vielen komplizierten Details danach allerdings sofort wieder vergessen. Viele Wähler haben deshalb nur eine ungefähre Vorstellung davon, wen oder was genau sie eigentlich mit ihrer Erst- bzw. Zweitstimme wählen.

Eine Folge dieser verbreiteten Wissenslücken sind Kommentare wie: »Ich kann nichts dafür, ich habe den Schröder nicht gewählt!« Diese Feststellung ist zwar richtig, bedarf aber eigentlich keiner besonderen Erwähnung. Denn Otto Normalbürger kann den Bundeskanzler ohnehin nicht wählen. Nur einigen hundert Deutschen gebührt dieses

Privileg, nämlich den Abgeordneten des Deutschen Bundestages. Sie allein bestimmen, wer mit der Aufgabe betraut wird, eine neue Regierung zu bilden. Die Abgeordneten wiederum werden in der Tat vom Volke gewählt. Mit der Erststimme wird in jedem Wahlkreis ein Direktkandidat für den Bundestag bestimmt. Die Zweitstimme dagegen geht nicht an eine bestimmte Person, sondern an eine Partei. Das prozentuale Verhältnis der Zweitstimmen entscheidet schließlich über die Zahl der Sitzplätze, die eine Partei im Bundestag erhält.

Bei einer Bundestagswahl wird also kein Kanzler gewählt, sondern – wie der Name schon sagt – ein Bundestag. Da die Abgeordneten grundsätzlich frei entscheiden können, wen sie zum Kanzler wählen, sind sie auch nicht etwa an den Wählerwillen gebunden. Sie haben grundsätzlich die Möglichkeit, auch Kanzlerkandidaten anderer Parteien zu wählen. Und diese Gefahr ist nicht etwa nur theoretischer Natur. Als zum Beispiel Willy Brandt zum Bundeskanzler gewählt wurde, hatte seine sozialliberale Koalition zwar eine rechnerische Mehrheit von zwölf Sitzen im Bundestag, bei der Wahl versagten ihm jedoch drei »seiner« Abgeordneten die Stimme. Umgekehrt scheiterte 1972 das Misstrauensvotum gegen Bundeskanzler Brandt daran, dass nun Abgeordnete der CDU-Opposition nicht für »ihren« Mann Rainer Barzel stimmten. (Später stellte sich heraus, dass sie bestochen worden waren.)

Der Wählerwille wirkt sich bei der Kanzlerwahl also nicht unmittelbar aus. Die Wahl treffen letztlich die Abgeordneten als Repräsentanten des Volkes. Dieses Prinzip bezeichnet man als repräsentative Demokratie.

Bei Interesse siehe hierzu:
Art. 63 Abs. 1 GG (Grundgesetz), »Wahl des Bundeskanzlers«

Kirchenasyl

Irrtum:
Im »Kirchenasyl« sind abgelehnte Asylbewerber vor staatlichen Zugriffen geschützt.

Richtig ist:
Abschiebungen können auch in Kirchen vollstreckt werden.

Im Mittelalter galt die Kirche als ein heiliger Raum, der für die weltliche Gewalt unantastbar war. Auch heute noch sind Kirchen zumindest nach katholischem Verständnis geweihte Räume mit sakraler Bedeutung. Die evangelische Kirche sieht dies anders. Sie betrachtet Kirchenräume nicht als »heilig«.[19]

Ein Überbleibsel des mittelalterlichen Verständnisses von Kirchen als sakralen Räumen ist das »Kirchenasyl«. Immer wieder beherbergen Pfarrer aller Konfessionen zum Beispiel abgelehnte Asylbewerber, um so deren anstehende Abschiebung zu verhindern. Sie berufen sich auf ihr Gewissen und ihre christliche Beistandspflicht. Und nicht wenige Menschen scheinen tatsächlich nach wie vor zu glauben, dass die staatliche Macht an der Kirchentür endet. Die Vorstellung, Kirchen dürften von der Polizei nicht zwangsweise geräumt werden, ist weit verbreitet.

Doch Kirchen sind keine rechtsfreien Räume. Wir leben in einem säkularen Staat, in dem alle Gewalt vom Volke ausgeht. Wenn die vom Volke bestimmten staatlichen Gesetze und Organe die Abschiebung zum Beispiel eines Asylbewerbers vorsehen, dann können es sich die Kirchen selbstverständlich nicht anmaßen, eigene Regeln aufzustellen und diese Abschiebung zu verhindern. Der Staat kann also kein »Kirchenasyl« anerkennen. Vielmehr haben auch die Kirchen die Entscheidungen des Staates zu respektieren; die Pfarrer müssen sich ihm gegenüber loyal verhalten.

Kirchen, in denen abzuschiebende Asylbewerber versteckt werden, dürfen deshalb selbstverständlich von der Polizei durchsucht und auch geräumt werden. In vielen Fällen ist dies bereits geschehen.

Auch Strafverfahren gegen die am Kirchenasyl beteiligten Pfarrer und Unterstützergruppen wurden in der Vergangenheit bereits eingeleitet. Denn diese machen sich je nach Fallgestaltung unter Umständen wegen Anstiftung oder Beihilfe zu ausländerrechtlichen Delikten, wegen Strafvereitelung oder wegen Widerstands gegen Vollstreckungsbeamte strafbar.

Dabei können sich die Täter nicht ohne weiteres darauf berufen, dass ihr christliches Gewissen ihnen ihre Straftaten vorschreibe. Sie gehen also nicht straflos aus. In der Regel können religiös motivierte Täter jedoch wenigstens auf eine Milderung ihrer Strafe hoffen.[20]

Bei Interesse siehe hierzu:
Art. 4 GG (Grundgesetz), »Glaubens-, Gewissens- und Bekenntnisfreiheit«
§ 113 StGB (Strafgesetzbuch), »Widerstand gegen Vollstreckungsbeamte«
§ 258 StGB, »Strafvereitelung«

Meldepflicht bei Schusswunden

Irrtum:
Ärzte sind verpflichtet, Schusswunden, die sie behandeln, behördlich zu melden.

Richtig ist:
Es gibt bei lebenden Patienten keine Schusswundenmeldepflicht.

Hartnäckig hält sich das Gerücht, Ärzte seien verpflichtet, Schusswunden, die sie behandeln, der Polizei zu melden. Denn es könnte ja sein, dass der Patient zum Beispiel ein Bankräuber ist, der auf frischer Tat ertappt und von Polizeibeamten angeschossen wurde. Flüchtige Straftäter, die ihre Wunden lieber vom Komplizen notdürftig mit einem zerrissenen Hemd verbinden lassen, statt ins Krankenhaus zu gehen, sind daher ein beliebtes dramatisches Element deutscher Fernsehkrimis. Tatsache ist jedoch, dass eine Schusswundenmeldepflicht nicht existiert. Ganz im Gegenteil läuft ein Arzt gegebenenfalls sogar Gefahr, sich wegen Verletzung von Privatgeheimnissen strafbar zu machen, wenn er seine ärztliche Schweigepflicht bricht und preisgibt, dass einer seiner Patienten eine Schussverletzung erlitten hat.

Selbstverständlich gilt die ärztliche Schweigepflicht jedoch nicht schrankenlos. In anderen Bereichen gibt es für Ärzte durchaus Meldepflichten. Patienten, die an schweren Infektionskrankheiten wie Cholera, Masern oder Tollwut leiden oder bei denen ein entsprechender Verdacht besteht, muss der behandelnde Arzt dem zuständigen Gesundheitsamt melden. Das Gleiche gilt, wenn sich bei einer Leichenschau herausstellt, dass der Patient an einer solchen Krankheit gestorben sein könnte. Auf diese Weise soll die weitere Ausbreitung solcher Krankheiten gestoppt werden. Meldepflichten bestehen auch gegenüber der Polizei. Wenn ein Arzt bei einer Leichenschau einen nicht natürlichen Tod feststellt oder der Tote nicht identifiziert werden kann, muss er die zuständige Polizeibehörde benachrichtigen.

Mit anderen Worten: Eine Meldepflicht für Schusswunden besteht nur dann, wenn der Schuss tödlich war. Daher der Praxistipp: Wer nach einem Bankraub eine Kugel abbekommen hat, aber noch lebt, sollte sich gut überlegen, ob er in der Notaufnahme des Krankenhauses nicht besser aufgehoben ist als zu Hause. Denn Pinzetten, Wodka und das alte Hemd des Komplizen sind sicher kein gleichwertiger Ersatz für das Skalpell eines Chirurgen und steriles Verbandszeug.

Bei Interesse siehe hierzu:
§ 6 Abs. 1 IfSG (Infektionsschutzgesetz), »Meldepflichtige Krankheiten«
§ 9 Abs. 5, 6 BestG NRW (Bestattungsgesetz NRW), »Leichenschau, Todesbescheinigung und Unterrichtung der Behörden«

Notfälle im Ausland

Irrtum:
Deutsche Botschaften im Ausland helfen deutschen Staatsbürgern aus jeder Notlage.

Richtig ist:
Deutsche Botschaften leisten nur Hilfe zur Selbsthilfe.

Viele Deutsche, die im Ausland Hilfe benötigen, glauben, deutsche Botschaften und Konsulate seien eine Art Mädchen für alles. Die Mitarbeiter unserer Auslandsvertretungen berichten beispielsweise immer wieder über ausgeraubte Touristen, die von der Botschaft einen Kredit erhalten möchten, um damit ihren Urlaub fortsetzen zu können. Viele bitten auch darum, dass man ihre offenen Hotelrechnungen, Krankenhauskosten oder gar Bußgelder bezahlt. Von deutschen Konsularbeamten wird häufig sogar verlangt, dass sie Hilfe bei Übersetzungen leisten, Touristen bei Behörden oder Gerichten anwaltlich vertreten oder große Reisen unternehmen, um einem Touristen persönlich vor Ort zu helfen, der hunderte Kilometer vom Konsulat entfernt in Schwierigkeiten geraten ist.

All dies können und dürfen unsere Auslandsvertretungen jedoch nicht leisten. Denn eine Botschaft ist weder ein Kreditinstitut noch ein Rechtsanwalts-, Übersetzungs-, Versicherungs- oder Reisebüro. Es ist auch kaum einzusehen, weshalb Deutschen im Ausland ein solches, mit Steuergeldern finanziertes kostenloses »Rundum-sorglos-Paket« geboten werden sollte. Wer ins Ausland reist, muss selbst sicherstellen, dass seine Bank ihm im Notfall Geld überweisen kann. Auch steht es schließlich jedem Auslandstouristen frei, etwa eine Reisekrankenversicherung mit Rückholschutz abzuschließen.

Was Botschaften und Konsulate im Ausland für deutsche Staatsangehörige wirklich tun können, ist gesetzlich klar geregelt: In echten Katastrophenfällen – bei Naturkatastrophen, Kriegen, Revolutionen oder Ähnlichem – leisten sie jede erforderliche Hilfe. Immer wieder kommt es zum Beispiel vor, dass deutsche Staatsangehörige aus Unruhegebieten ausgeflogen werden müssen. Von einer Kostenerstattung kann das Auswärtige Amt in diesen Fällen absehen. In »bloßen« Notfällen dagegen können die deutschen Auslandsvertretungen im Allgemeinen nur Hilfe zur

Selbsthilfe leisten. Sie können Angehörige über die Notlage informieren oder Kontakte zu Banken, Ärzten, Dolmetschern und Rechtsanwälten herstellen. Um alles Weitere muss sich der Betroffene selbst kümmern, denn letztlich ist jeder für sich selbst verantwortlich.

Nur wenn wirklich alle eigenen Hilfsmöglichkeiten erfolglos ausgeschöpft sind, kann die Botschaft in solchen Fällen ausnahmsweise auch finanziell helfen – damit der deutsche Staatsbürger in seine Heimat zurückkehren kann. Alle finanziellen Hilfen müssen natürlich vollständig zurückgezahlt werden. Sie sind außerdem keine Darlehen sondern öffentlich-rechtliche Sozialleistungen, ähnlich wie die Sozialhilfe. Wenn der hilfebedürftige Auslandstourist sie nicht zurückzahlen kann, müssen deshalb seine unterhaltspflichtigen Angehörigen für ihn einspringen.

Die Konsularbeamten müssen in jedem Fall darauf achten, die Rücktransportkosten so gering wie möglich zu halten. Denn immerhin verwalten sie Steuergelder. Sie finanzieren deshalb nur die günstigste zumutbare Rückkehrmöglichkeit. Der mittellose Tourist hat also nicht unbedingt einen Anspruch darauf, schnell und bequem mit dem Flugzeug zurückzureisen. Auch Busse und Bahnen bringen ihn schließlich ans Ziel. Und wer einmal 14 Stunden lang in einem unklimatisierten Zug durch Südeuropa gefahren ist, hat nicht nur viel von Land und Leuten gesehen, sondern auch ausreichend Gelegenheit gehabt, darüber nachzudenken, ob er beim nächsten Mal nicht lieber eine Auslandsreisekrankenversicherung abschließt.

Bei Interesse siehe hierzu:
§ 5 KonsG (Konsulargesetz), »Hilfeleistung an Einzelne«
§ 6 KonsG, »Hilfe in Katastrophenfällen«

Steuerrecht

Spekulationssteuer

Irrtum:
Es gibt eine »Spekulationssteuer«.

Richtig ist:
Eine spezielle Spekulationssteuer gibt es nicht und gab es auch noch nie.

Immer wieder hört und liest man etwas von einer angeblichen »Spekulationssteuer«, die auf den Verkauf von Häusern oder Aktien erhoben werde. So griffig der Begriff ist, so falsch ist er, denn eine spezielle Spekulationssteuer existiert nicht.

Zunächst einmal ist festzuhalten, dass der Verkaufserlös aus einem Haus- oder Aktienverkauf ohnehin nicht versteuert werden muss. Steuerpflichtig ist nur der Gewinn aus solchen Geschäften und auch dies nur, wenn zwischen Kauf und Verkauf weniger als eine gewisse Mindestzeitspanne lag. Bei nicht selbst genutzten Grundstücken beträgt diese Spanne zum Beispiel 10 Jahre, bei Aktien ein Jahr.

Wer also 2006 ein Haus für 200000 € kauft und es 2008 für 220000 € wieder verkauft, muss nicht die kompletten 220000 € versteuern, sondern nur den Gewinn, d.h. 20000 €. Hierbei handelt es sich allerdings nicht um eine »Spekulationssteuer«, sondern um die ganz normale Einkommensteuer. Zum Einkommen zählen nun einmal ganz unterschiedliche Einkünfte. Dies können zum Beispiel das

Arbeitseinkommen, Mieteinnahmen oder eben Gewinne aus dem Verkauf eines Hauses sein. Der Verkäufer zahlt demnach keine »Spekulationssteuer«, sondern schlicht Einkommensteuer. Wer den Anteil der Einkommensteuer, der auf den Verkaufsgewinn fällt, überflüssigerweise in Spekulationssteuer umbenennt, dürfte auch Einkünfte aus Vermietung und Verpachtung nicht mehr als Einkommensteuer, sondern zum Beispiel als »Vermietungssteuer« bezeichnen. Dies wäre zumindest konsequent.

Bei Interesse siehe hierzu:
§ 23 Abs. 1 Nr. 1, 2 EStG (Einkommensteuergesetz), »Private Veräußerungsgeschäfte«

Steuerfreiheit für Studenten

Irrtum:
Studenten dürfen einen bestimmten Betrag im Jahr steuerfrei verdienen.

Richtig ist:
Einen Grundfreibetrag speziell für Studenten gibt es nicht.

Studenten sind wichtig, denn aus ihnen rekrutiert sich der akademische Nachwuchs, den unsere Wissensgesellschaft braucht. Ganz so wichtig, wie manche Studenten meinen, sind sie jedoch auch wieder nicht. Vor allem gibt es entgegen einer verbreiteten Annahme kein spezielles Steuerrecht für Studenten.

Viele junge Menschen gehen tatsächlich davon aus, dass sie aufgrund ihres Studentenstatus einen bestimmten Betrag im Jahr durch Jobben steuerfrei verdienen dürfen. Zwar müssen viele Studenten tatsächlich keine Steuern zahlen. Das liegt jedoch nicht daran, dass sie Studenten sind, sondern ganz einfach daran, dass sie weniger als den so genannten Grundfreibetrag verdienen. Dieser Grundfreibetrag beschreibt das steuerliche Existenzminimum von derzeit 7664 € im Jahr, das für jeden Bürger – nicht etwa nur für Studenten – steuerfrei bleibt.

Abgesehen davon, dass Studenten einen Teil ihrer Ausbildungskosten steuermindernd geltend machen können, stehen ihnen im Steuerrecht also keine Privilegien zu. Sie werden vielmehr behandelt wie jeder andere Bürger auch.

Bei Interesse siehe hierzu:
§ 32a Abs. 1 S. 1, 2 EStG (Einkommensteuergesetz), »Einkommensteuertarif«

Versicherungen absetzen

Irrtum:
Meine Versicherungen setze ich alle ab!

Richtig ist:
Versicherungsbeiträge mindern die Steuerlast in der Praxis gar nicht oder nur minimal.

Viele Steuerbürger machen sich jedes Jahr von neuem die Mühe, sämtliche Beiträge ihrer Lebens-, Renten-, Unfall-, Haftpflicht- oder Krankenversicherungen fein säuberlich in die Steuererklärung einzutragen. »Das kann man ja schließlich alles absetzen«, denken sie sich – und täuschen sich meist gewaltig.

In vielen Fällen wirken sich die so genannten Vorsorgeaufwendungen für solche Versicherungen in der Praxis überhaupt nicht zugunsten des Steuerbürgers aus. Denn Vorsorgeaufwendungen können nur bis zu bestimmten jährlichen Höchstbeträgen abgesetzt werden. Sämtliche Ausgaben, die über diese Höchstbeträge hinausgehen, werden vom Finanzamt also nicht als steuerlastmindernd anerkannt.

Die Höhe der Maximalbeträge variiert und ist häufigen Gesetzesänderungen unterworfen. Tatsache ist aber, dass sie oft schon durch die Arbeitnehmerbeiträge zur Sozialversicherung komplett aufgebraucht werden.

Sind die Höchstbeträge einmal ausgeschöpft, kann der Steuerbürger noch so viele Tausend Euro in Versicherungen gleich welcher Art stecken, im Steuerbescheid werden sie keine Berücksichtigung finden. Sie mindern seine Steuerlast nicht.

Bei Interesse siehe hierzu:
§ 10 Abs. 4 EStG (Einkommensteuergesetz), »Sonderausgaben«

Weltuntergang am 31. Mai?

Irrtum:
Bis zum 31. Mai des Folgejahres muss man unbedingt seine Steuererklärung abgegeben haben.

Richtig ist:
Es gibt keine allgemein gültige und unverrückbare Abgabefrist »31. Mai«.

Alljährlich aufs Neue werden die Büros der Steuerberater Ende Mai von panischen Bürgern und Gewerbetreibenden gestürmt, die glauben, sie müssten unbedingt bis spätestens zum 31. Mai ihre Steuererklärung für das Vorjahr abgeben. Danach gebe es keine Rückerstattung mehr oder es fielen hohe Säumniszuschläge an. Der Steuerberater lehnt sich dann lächelnd zurück und beruhigt die aufgeregten Gemüter.

Denn der 31. Mai ist zum Ersten nur die gesetzliche Abgabefrist für diejenigen, die überhaupt verpflichtet sind, eine Steuererklärung abzugeben. Viele Nur-Arbeitnehmer, die über keine sonstigen Einkünfte verfügen, gehören gar nicht zu dieser Gruppe. Sie *können* zwar eine Lohnsteuer-Rückerstattung beantragen, *müssen* es aber nicht. Und wenn sie die Rückerstattung beantragen, dann haben sie damit nicht bloß fünf Monate Zeit, sondern zwei volle Jahre. Eine Rückerstattung für 2005 kann also nicht nur bis zum 31. Mai 2006 beantragt werden, sondern sogar noch bis zum 31. 12. 2007.

Für diejenigen, die tatsächlich verpflichtet sind, eine Steuererklärung abzugeben – hierzu gehören vor allem Selbständige und Gewerbetreibende –, gilt zwar grundsätzlich die Abgabefrist 31. Mai. Dieses Datum ist in der Praxis jedoch nur theoretischer Natur. Vor allem, wer durch einen Steuerberater vertreten ist, bekommt ohne weiteres eine Fristverlängerung zum Beispiel bis zum 30. September desselben Jahres. Auch weitere Fristverlängerungen sind nach dem Ermessen der Finanzbehörden möglich.

Fazit: Die Frist des 31. Mai für die Abgabe der Steuererklärung existiert zwar. Für viele gilt sie jedoch nicht, und selbst wenn sie gilt, kann man sie relativ leicht verlängern lassen.

Bei Interesse siehe hierzu:
§ 149 AO 1977 (Abgabenordnung), »Abgabe der Steuererklärungen«

Strafrecht

Anzeigepflicht bei Straftaten

Irrtum:
Jeder ist verpflichtet, Straftaten anzuzeigen, von denen er erfährt.

Richtig ist:
Eine Anzeigepflicht bei Straftaten existiert nicht.

Viele wird dies überraschen: Wer Zeuge eines Mordes wurde, ist nicht verpflichtet, diese Straftat anzuzeigen. Es ist zwar lobenswert, wenn Menschen Verantwortung für das Gemeinwesen übernehmen, indem sie aufeinander achten und nicht wegschauen, wenn Straftaten begangen werden. Es ginge jedoch zu weit, Bürgern eine entsprechende Verpflichtung aufzuerlegen. Die Verfolgung von Straftaten ist eine ausschließliche Aufgabe des Staates. Einem friedlichen und vertrauensvollen Zusammenleben der Menschen wäre es nicht dienlich, wenn zum Beispiel auch Nachbarn oder Verwandte per Gesetz gezwungen würden, sich gegenseitig zu denunzieren. Selbst bei schwersten Straftaten wie Mord oder Totschlag besteht daher keine Pflicht, eine bereits begangene Tat anzuzeigen.

Etwas anderes gilt, wenn die Tat noch nicht oder jedenfalls noch nicht vollständig ausgeführt ist. Wenn man die Möglichkeit hat, die Ausführung zum Beispiel eines Mordes, eines Raubes oder einer Geldfälschung noch zu verhindern, ist man verpflichtet, die Strafverfolgungsbehörden oder den von der Straftat Bedrohten zu informieren.

Aber selbst diese Verpflichtung besteht nur bei besonders schwerwiegenden Delikten wie den oben genannten. Wer von einem geplanten Ladendiebstahl Kenntnis erlangt, verhält sich daher zwar unmoralisch, wenn er dies für sich behält, er kann jedoch nicht für sein Schweigen bestraft werden.

Selbst für Polizisten und Staatsanwälte, die beruflich mit der Verfolgung von Straftaten betraut sind, gilt, dass sie nicht jede Straftat zur Anzeige bringen bzw. verfolgen müssen. Taten, die ihnen auf privatem Wege bekannt geworden sind, müssen sie nur bei überwiegendem öffentlichem Interesse verfolgen. Wenn sie Zeuge eines Mordes werden, müssen sie ihn also anzeigen. Einen Schwarzfahrer dagegen dürfen sie unbehelligt lassen.

Bei Interesse siehe hierzu:
§ 138 StGB (Strafgesetzbuch), »Nichtanzeige geplanter Straftaten«

Beamtenbeleidigung

Irrtum:
Wer einen Polizisten beschimpft, macht sich wegen Beamtenbeleidigung strafbar.

Richtig ist:
Das Delikt der »Beamtenbeleidigung« gibt es nicht.

In der Presse war 2003 zu lesen, der Fußballspieler Stefan Effenberg habe vom Amtsgericht Braunschweig einen Strafbefehl wegen des Delikts der »Beamtenbeleidigung« erhalten. Immerhin 100000 Euro kostete ihn danach die

Beschimpfung eines Polizisten bei einer Verkehrskontrolle als »A…«. Herr Effenberg will dagegen »Schönen Abend noch!« zu dem Polizisten gesagt haben. Welche Worte er wirklich gewählt hat, sei einmal dahingestellt. Fest steht jedoch, dass er mit Sicherheit keinen Strafbefehl wegen »Beamtenbeleidigung« bekommen hat. Denn diesen Straftatbestand gibt es gar nicht.

Beamte sind Menschen wie jeder andere auch. Ihre Ehre ist nicht mehr und nicht weniger schützenswert als die von nicht beamteten Personen. Deshalb macht es auch juristisch keinen Unterschied, ob man einen Beamten, einen Bäcker oder eine Blumenhändlerin beschimpft. In allen Fällen begeht der Täter das gleiche Delikt – eine ganz gewöhnliche Beleidigung. Der Begriff der »Beamtenbeleidigung« ist daher ebenso unsinnig wie überflüssig. Wenn Herr Effenberg in seinen Strafbefehl blickt, wird er dieses Wort dort nicht vorfinden. Er wird vielmehr nachlesen können, dass ihm schlicht »Beleidigung« vorgeworfen wurde.

Die weit verbreitete Fehleinschätzung, es sei besonders verwerflich, einen Beamten zu beleidigen, hat ihre Ursache vermutlich in dem erhöhten Respekt, der Beamten – jedenfalls früher einmal – entgegengebracht wurde. Die Beleidigung eines Beamten stellte im Mittelalter die Verletzung eines höheren »persönlichen Sonderfriedens« dar. Vor allem niedere Beamte wie Stadtknechte und Marktschauer waren bei der Ausübung ihres Amtes üblen Beschimpfungen ausgesetzt. Davor sollten sie geschützt werden. Wer sie beleidigte, wurde härter bestraft als die Beleidiger von »gewöhnlichen« Personen.[21]

Am Leben gehalten wird das Märchen von der Beamtenbeleidigung heute vielleicht auch dadurch, dass Beamte möglicherweise eher dazu neigen, Beleidigungsdelikte anzuzeigen. Polizeibeamte zum Beispiel befassen sich schon beruflich mit der Verfolgung von Straftaten. Eine Strafanzeige können sie schnell und unproblematisch am Arbeitsplatz selbst abfassen. Außerdem sind sie es heute, die sich im Dienst besonders häufig beschimpfen lassen müssen. All dies zusammengenommen mag bei ihnen zu einer erhöhten Anzeigenbereitschaft führen, wie auch Herr Effenberg erfahren durfte.

Bei Interesse siehe hierzu:
§ 185 StGB (Strafgesetzbuch), »Beleidigung«

Behinderung der Justiz

Irrtum:
Es gibt einen Straftatbestand der »Behinderung der Justiz«.

Richtig ist:
Den Begriff der »Behinderung der Justiz« gibt es im deutschen Recht nicht.

Ein deutscher TV-Kriminalbeamter belehrte kürzlich einen vermeintlichen Straftäter mit gewichtiger Miene, dass er sich gerade wegen »Behinderung der Justiz« strafbar mache, weil er seine Ermittlungsarbeit störe und Beweismittel vernichte.

Hätten der Krimiautor oder die Produktionsfirma vor den Dreharbeiten einen Juristen damit beauftragt, einmal einen kurzen Blick ins Drehbuch zu werfen, so hätten sie erfahren, dass es den Straftatbestand der »Behinderung der Justiz« in Deutschland überhaupt nicht gibt. Trotzdem nehmen zum Beispiel auch Politiker diesen Vorwurf gegenüber dem politischen Gegner häufig in den Mund. Woran liegt es, dass der Begriff der »Behinderung der Justiz« so geläufig klingt, obwohl er im deutschen Strafrecht gar nicht vorkommt?

Die Erklärung für dieses Phänomen findet sich wieder einmal jenseits des Großen Teiches. Das US-amerikanische Strafrecht kennt tatsächlich ein Kapitel mit Straftaten unter der Überschrift »Obstruction of Justice« (deutsch: »Behinderung der Justiz«). Es verbietet zum Beispiel die Beeinflussung von →*Geschworenen* oder die Behinderung von Ermittlungsmaßnahmen. In den deutsch synchronisierten Fassungen amerikanischer Film- und Fernsehproduktionen kommt dieser Begriff deshalb häufig vor. Und weil er so schön griffig und eingängig ist, haben sich viele offenbar derart an ihn gewöhnt, dass sie glauben, es gebe einen solchen Straftatbestand auch in Deutschland.

Das ist jedoch nicht der Fall. Die Vernichtung von Beweismitteln durch den Täter kann in Deutschland zum Beispiel nicht bestraft werden. Strafbar sind in Deutschland lediglich bestimmte Teilaspekte dessen, was in den USA unter »Behinderung der Justiz« fällt. Strafvereitelung und falsche Verdächtigung sind solche Beispiele. Niemand darf verhindern, dass ein anderer wegen einer rechtswidrigen Tat bestraft wird. Umgekehrt darf auch niemand einen anderen wider besseres Wissen einer rechtswidrigen Tat verdächtigen. Denn auch wenn die Strafverfolgungsorgane mit ihren Ermittlungen in eine falsche Richtung gelenkt werden, werden sie in ihrer Arbeit behindert.

Bei Interesse siehe hierzu:
§ 164 Abs. 1 StGB (Strafgesetzbuch), »Falsche Verdächtigung«
§ 258 StGB, »Strafvereitelung«
U.S. Code, Title 18, Chapter 73, »Obstruction of Justice«

Beihilfe zum Selbstmord

Irrtum:
Anstiftung und Beihilfe zum Selbstmord sind strafbar.

Richtig ist:
Deutschland ist eines der wenigen Länder der Welt, in denen Beihilfe und Anstiftung zum Selbstmord nicht bestraft werden können.

In fast allen Ländern der Welt, unter anderem auch in Österreich und in der Schweiz, ist es strafbar, einem Lebensmüden einen Giftbecher, eine Pistole oder einen Strick zu reichen, damit dieser sich umbringen kann. Die Täter werden dort in solchen Fällen wegen Beihilfe zum Selbstmord zur Verantwortung gezogen. Auch die Anstiftung, d. h. das Überreden zu einem Selbstmord, ist fast überall auf der Welt unter Strafe gestellt.

Viele gehen wie selbstverständlich davon aus, dass dies in Deutschland nicht anders sein könne. Tatsächlich ist Deutschland jedoch eines der wenigen Länder, in denen die Beihilfe und auch die Anstiftung zum Suizid nicht bestraft werden können.

Der Grund hierfür ist simpel: Nach deutschem Recht kann Beihilfe nur zu einer *Straftat* geleistet werden. Gleiches gilt für die Anstiftung. Nur wer einen anderen zu einer *Straftat* anstiftet, kann auch selbst zur Rechenschaft gezogen werden. Ein eigenverantwortlicher Selbstmord, der ohne Zwang oder Täuschung geschieht, ist jedoch in Deutschland keine Straftat. Anderenfalls müsste jeder, der schon einmal mit einem Selbstmordversuch gescheitert ist, anschließend vor den Strafrichter gebracht und wegen seiner versuchten Selbsttötung zur Rechenschaft gezogen werden. Da also der Selbstmord an sich nicht strafbar ist, kann es nach der Logik des deutschen Strafrechts auch nicht verboten sein, einen anderen zum Suizid anzustiften oder ihm dazu Beihilfe zu leisten.

Dies wird viele überraschen. Schließlich hat jeder schon einmal gehört, dass Sterbehilfe in Deutschland verboten sei. Und tatsächlich können Personen, die anderen beim Sterben Unterstützung leisten, in vielen Fällen dennoch bestraft werden.

Das gilt in jedem Fall, wenn nicht nur Beihilfe zu einem Selbstmord vorliegt, sondern eine so genannte Tötung auf Verlangen. Der Unterschied ist schnell erklärt: Wer einem Lebensmüden eine Giftspritze reicht, mit der sich dieser anschließend umbringt, begeht nur eine straflose Beihilfe zum Selbstmord. Wer dem Sterbewilligen die Giftspritze mit dessen Einverständnis dagegen selbst injiziert, begeht eine strafbare Tötung auf Verlangen.

Vor allem aber besteht paradoxerweise eine Pflicht zum Einschreiten, sobald der Selbstmörder nicht mehr eigenverantwortlich handeln kann, weil er zum Beispiel bewusstlos geworden ist. Nun muss jeder Versuch unternommen werden, um ihn zu retten. Dies führt zu folgendem kuriosen Ergebnis: Es ist zwar erlaubt, einem Lebensmüden den Strick zu reichen, mit dem er sich anschließend erhängt. Sobald er jedoch das Bewusstsein verliert, ist man verpflichtet, ihn wieder abzuschneiden und lebensrettende Maßnahmen einzuleiten. Wer dies nicht tut, begeht zumindest eine unterlassene Hilfeleistung.

Bei Interesse siehe hierzu:
§ 216 Abs. 1 StGB (Strafgesetzbuch), »Tötung auf Verlangen«
§ 323 c StGB, »Unterlassene Hilfeleistung«

»Deutschland, Deutschland über alles«

Irrtum:
Die beiden ersten Strophen des Deutschlandliedes sind verboten.

Richtig ist:
Wer unbedingt »Deutschland, Deutschland über alles« und »von der Maas bis an die Memel« singen will, der darf dies tun.

Das Lied der Deutschen

Deutschland, Deutschland über alles,
Über alles in der Welt,
Wenn es stets zu Schutz und Trutze
Brüderlich zusammenhält,
Von der Maas bis an die Memel,
Von der Etsch bis an den Belt –
Deutschland, Deutschland über alles,
Über alles in der Welt!

Deutsche Frauen, deutsche Treue,
Deutscher Wein und deutscher Sang
Sollen in der Welt behalten
Ihren alten schönen Klang,
Uns zu edler Tat begeistern
Unser ganzes Leben lang –
Deutsche Frauen, deutsche Treue,
Deutscher Wein und deutscher Sang!

Einigkeit und Recht und Freiheit
Für das deutsche Vaterland!
Danach lasst uns alle streben
Brüderlich mit Herz und Hand!
Einigkeit und Recht und Freiheit
Sind des Glückes Unterpfand –
Blüh im Glanze dieses Glückes,
Blühe, deutsches Vaterland!

(HOFFMANN VON FALLERSLEBEN)

Das Lied der Deutschen wurde 1922 zur deutschen Nationalhymne erklärt. Heute dürfte unser Land das einzige der Welt sein, dessen Bewohner zu einem großen Teil glauben, es sei strafbar, Teile der eigenen Nationalhymne zu singen. Selbst Polizisten unterliegen mitunter diesem Irrtum und beschlagnahmen CDs, auf denen das Deutschlandlied in allen drei Strophen zu hören ist.

Sicher: Das Bundesverfassungsgericht stellte 1990 klar, dass die ersten beiden Strophen heute gerade *nicht* mehr zur Nationalhymne gehören. Die beiden Strophen sind strafrechtlich daher auch nicht mehr als nationales Symbol gegen Verunglimpfung geschützt. Vielmehr werden sie behandelt wie jedes andere Lied auch. Wer also heute laut »Pfui!« rufen möchte, wenn die erste oder zweite Strophe gesungen wird, der darf dies tun, ohne strafrechtliche Konsequenzen fürchten zu müssen. Ab der dritten Strophe sollte er jedoch lieber den Mund halten. Denn dann beginnt der strafrechtliche Schutz des Deutschlandliedes als nationales Symbol. Wer jetzt noch Unflätiges dazwischenbrüllt, kann dafür zur Verantwortung gezogen werden. Ihm drohen Geldstrafe oder Freiheitsstrafe bis zu drei Jahren, in schwerwiegenden Fällen sogar bis zu fünf Jahren.

Dass man die ersten beiden Strophen heute ungestraft

verunglimpfen darf, heißt jedoch noch lange nicht, dass es deswegen auch gleich verboten ist, sie zu singen. Das gilt vor allem für die zweite Strophe. Sie besingt im Wesentlichen das ideologisch vollkommen unverdächtige Thema von »Wein, Weib und Gesang«, die uns »zu edlen Taten begeistern« sollen. Damit ist die Kernaussage dieser Strophe nun wirklich so harm- wie zeitlos – Bekenntnisse späterer Generationen zu »Sex, Drugs and Rock'n' Roll« besagen schließlich im Kern nichts anderes. Man mag sich zwar fragen, was derlei Themen in einer Nationalhymne verloren haben. Sie gleich für strafbar zu erklären, dürfte jedoch ein wenig zu weit gehen.

Die erste Strophe dagegen ist weit eher geeignet, beim Singen oder Zuhören Bauchschmerzen zu bereiten. Zwar haben wir alle in der Schule gelernt, dass Hoffmann von Fallersleben mit »Deutschland, Deutschland über alles« nicht etwa Rassenideologie und Weltherrschaftsträume der Nazis vorwegnehmen wollte, als er 1841 das Deutschlandlied textete. Ihm ging es bekanntlich nur darum, mit diesem Ausspruch für den Zusammenschluss der deutschen Teilstaaten zu einem einigen Nationalstaat zu werben. Dennoch sollte man berücksichtigen, dass diese Textzeilen jedenfalls im Ausland seit der Naziherrschaft ganz anders verstanden wurden, als sie ursprünglich einmal gemeint waren.

Und auch das Besingen von Maas, Memel, Etsch und Belt ist heute sicher nicht ganz unproblematisch. Denn nach den deutschen Gebietsverlusten infolge der beiden Weltkriege liegen diese Gewässer heute nicht mehr in Deutschland, sondern in Belgien (Maas), zwischen Russland und Litauen (Memel), im italienischen Südtirol (Etsch) und vor der dänischen Küste (Kleiner Belt).

Deshalb gilt: Wer das Deutschlandlied in allen drei Strophen singen möchte, der darf dies zwar tun. Im Interesse gutnachbarlicher Beziehungen im zusammenwachsenden Europa sollte man von diesem Recht aber nicht gerade beim nächsten Campingurlaub in Dänemark Gebrauch machen. Ansonsten erinnern sich unsere nordischen Nachbarn vielleicht irgendwann daran, dass auch ihre Grenze schon einmal um einiges weiter südlich verlief. Und das möchte man in Flensburg heute sicher auch nicht mehr hören.

Bei Interesse siehe hierzu:
§ 86 a StGB (Strafgesetzbuch), »Verwenden von Kennzeichen verfassungswidriger Organisationen«
§ 90 a StGB, »Verunglimpfung des Staates und seiner Symbole«

Doppelt lebenslänglich

Irrtum:
Ein Straftäter kann zu 200 Jahren Haft oder »doppelt lebenslänglich« verurteilt werden.

Richtig ist:
Ein Straftäter kann in Deutschland zu Freiheitsstrafen von einem Monat bis zu 15 Jahren oder zu lebenslanger Haft verurteilt werden.

In den USA und manchen anderen Ländern werden Straftäter gerne einmal zu 200 Jahren Haft oder gar zu »zweimal lebenslänglich« verurteilt. Im Land der unbegrenzten Möglichkeiten ist halt alles etwas größer, warum nicht auch die Höhe der Strafen? Möglicherweise herrscht in Amerika auch ein besonders großes Vertrauen in die Fortschritte, die die Medizin hinsichtlich lebensverlängernder Maßnahmen in den nächsten Jahrzehnten machen wird.

In Deutschland ist man dagegen deutlich zurückhaltender. Der deutsche Gesetzgeber geht – wohl zutreffend – davon aus, dass Menschen auch künftig nicht 200 Jahre und älter oder gar anschließend noch ein paar Mal wiedergeboren werden. Von daher sieht unser Strafrecht mit einiger Berechtigung von Freiheitsstrafen ab, die mehrere Hundert Jahre dauern oder sogar eine oder mehrere Reinkarnationen eines Straftäters betreffen. So genannte »zeitige Freiheitsstrafen«, d.h. Freiheitsstrafen, die nach einer bestimmten Anzahl von Monaten oder Jahren bemessen sind, dauern in Deutschland vielmehr nur von einem Monat bis zu maximal 15 Jahren. Alternativ kann auch lebenslange Haft verhängt werden. Danach ist dann aber auch wirklich Schluss.

Bei Interesse siehe hierzu:
§ 38 StGB (Strafgesetzbuch), »Dauer der Freiheitsstrafe«
§ 57 StGB, »Aussetzung des Strafrestes bei zeitiger Freiheitsstrafe«
§ 57a StGB, »Aussetzung des Strafrestes bei lebenslanger Freiheitsstrafe«

Drogenkonsum strafbar?

Irrtum:
Drogenkonsum ist verboten.

Richtig ist:
Der Konsum von Betäubungsmitteln ist erlaubt.

Drogenkonsum ist nicht verboten und war es auch noch nie. Wer bisher etwas anderes geglaubt hat, der irrt. Der

Konsum selbst von harten Drogen wie Heroin und Kokain ist vollkommen legal, weil der Staat Selbstgefährdungen im Allgemeinen nicht bestraft. Das leuchtet ein. Denn wenn es in Deutschland nicht einmal strafbar ist, sich selbst zu töten (bzw. es zu versuchen), dann kann natürlich erst recht nicht belangt werden, wer seine Gesundheit und sein Leben durch kiffen und fixen »nur« gefährdet.

Strafbar ist allerdings so gut wie alles andere, was man mit Drogen tun kann. Dazu gehören zum Beispiel Anbau, Herstellung, Handel, Einfuhr, Ausfuhr, Veräußerung, Abgabe, Erwerb und Besitz illegaler Betäubungsmittel ohne schriftliche Genehmigung ihres Erwerbs. Auch jede sonstige Art, sich Drogen zu verschaffen oder sie in den Verkehr zu bringen, ist verboten.

Wenn man sich diese Liste ansieht, stellt man sich unwillkürlich die Frage, wie es möglich sein soll, eine Droge straflos zu konsumieren, wenn man sie vorher weder besessen noch sie sich verschafft haben darf.

In der Tat ist das nur in sehr wenigen Fällen möglich. Wer sich zum Beispiel einen Joint reichen lässt und ihn sofort raucht, »verschafft sich« die Zigarette nicht und besitzt sie auch nicht. Er konsumiert sie nur und ist deshalb straflos. Problematischer wird es bei den beliebten Kifferrunden, in denen Joints reihum von einem zum Nächsten weitergereicht werden. Strafbar macht sich in diesen Fällen auf jeden Fall der Gastgeber, der die Drogen angeschafft hat und sie der Runde zur Verfügung stellt. Strafbar macht sich in den meisten Fällen auch, wer den Joint nicht komplett selbst raucht, sondern ihn in der Runde weiterreicht. Wer sich besonders rechtstreu verhalten will, sollte die Weitergabe des Joints daher mit der Begründung ablehnen: »Tut mir leid, ich mache mich strafbar, wenn ich die Zigarette weiterreiche. Ich muss sie selbst zu Ende rauchen.«

Fast alle Handlungen im Zusammenhang mit illegalen Drogen können also grundsätzlich bestraft werden. Das Bundesverfassungsgericht hat allerdings entschieden, dass die Strafverfolgungsorgane grundsätzlich davon abzusehen haben, Verhaltensweisen zu verfolgen,

> »... *die ausschließlich den gelegentlichen Eigenverbrauch geringer Mengen von Cannabisprodukten vorbereiten und nicht mit einer Fremdgefährdung verbunden sind* ...«[23]

Was unter einer »geringen Menge Cannabis« zu verstehen ist, lässt sich nicht allgemein gültig sagen. Sowohl die Menge als auch die Qualität der Drogen spielen eine Rolle. Als Faustformel kann man sich jedoch merken, dass maximal drei so genannte Konsumeinheiten von insgesamt nicht mehr als sechs Gramm selbst im strengen Bayern noch als geringe Menge durchgehen – und zwar unabhängig vom THC-Wirkstoffgehalt der Droge.[24]

Aber wie gesagt: Theoretisch strafbar ist es auch, nur ein einziges Gramm Haschisch zu besitzen. Die Strafverfolgung wird dann lediglich »in der Regel« eingestellt. Das heißt aber nicht, dass die Regel keine Ausnahmen zulässt. Wer zum Beispiel immer wieder wegen Drogendelikten aufgefallen ist, kann irgendwann auch wegen des Besitzes geringer Mengen bestraft werden.

Bei Interesse siehe hierzu:
§ 29 BtMG (Betäubungsmittelgesetz), »Straftaten«

Fahrerflucht

Irrtum:
Nach einem Unfall reicht ein Zettel an der Windschutzscheibe, um nicht wegen Fahrerflucht bestraft zu werden.

Richtig ist:
Der Unfallbeteiligte muss eine angemessene Zeit auf jemanden warten, der bereit ist, seine Personalien festzustellen.

Das vom Volksmund als »Fahrerflucht« oder »Unfallflucht« bezeichnete Delikt heißt korrekt »Unerlaubtes Entfernen vom Unfallort«. Die entsprechende Vorschrift bestraft unter anderem jeden Unfallbeteiligten, der sich vom Unfallort entfernt, ohne dort eine angemessene Zeit gewartet zu haben, während der sich jemand hätte bereit finden können, seine Person, sein Fahrzeug und die Art seiner Unfallbeteiligung festzustellen.

So weit die Theorie. Aber was bedeutet das in der Praxis? Noch immer glauben viele, es genüge, wenn man nach einem Unfall mit einem parkenden Fahrzeug einfach seine Visitenkarte oder einen Zettel an der Windschutzscheibe hinterlässt, auf dem Name und Adresse festgehalten sind. Man kann es daher gar nicht oft und deutlich genug wiederholen: Ein Zettel an der Windschutzscheibe genügt *nicht*!

Wer an einem Unfall beteiligt ist, muss vielmehr auf jeden Fall eine angemessene Zeit am Unfallort warten. Was eine »angemessene Zeit« ist, lässt sich nicht allgemein gültig sagen. Es hängt zum Beispiel von der Tages- oder Nachtzeit, der Schwere des Unfalls und anderen Faktoren ab. Von wenigen Minuten (bei geringer Beschädigung des geparkten Autos des Nachbarn) bis zu mehreren Stunden (zum Beispiel bei Unfällen mit Toten) wird alles vertreten.[25] Wenn also niemand vor Ort bereit ist, die Personalien des Unfallbeteiligten festzustellen, dann sollte er so schnell wie möglich die Polizei rufen und ihr gegenüber die erforderlichen Angaben machen. Anderenfalls läuft er Gefahr, wegen unerlaubten Entfernens vom Unfallort bestraft zu werden.

Am Unfall beteiligt und damit wartepflichtig ist übrigens nicht nur der Fahrer des Unfallfahrzeugs. Vielmehr gilt jeder als Unfallbeteiligter, dessen Verhalten zur Verursachung des Unfalls beigetragen haben kann. Das kann zum Beispiel auch der Beifahrer sein, der den Fahrer vor dem Unfall abgelenkt hat. Auch ein Fußgänger, der plötzlich auf die Straße läuft und so einen Unfall provoziert, ist natürlich ein Unfallbeteiligter und muss warten.

Bei Interesse siehe hierzu:
§ 142 StGB (Strafgesetzbuch), »Unerlaubtes Entfernen vom Unfallort«
§ 34 Abs. 1 Nr. 5–7 StVO (Straßenverkehrsordnung), »Unfall«

Gefängnisausbruch strafbar?

Irrtum:
Wer aus einem Gefängnis ausbricht, macht sich strafbar.

Richtig ist:
Nur Gefangene, die gemeinsam und gewaltsam aus einem Gefängnis ausbrechen, machen sich strafbar.

Viele wird dies überraschen: Der Ausbruch aus einem Gefängnis ist nicht strafbar! Zwar darf kein Dritter einen Gefangenen aus dem Gefängnis befreien. Wenn der Gefangene jedoch selbst flieht, kann er dafür nicht belangt werden. Denn es gilt der Grundsatz der Straflosigkeit der Selbstbefreiung.

Selbst zu Kaisers Zeiten hatten Gefangene nichts zu befürchten, wenn sie aus dem Gefängnis flohen. Das Reichsgericht stellte 1880 ausdrücklich fest, dass

> *»die von einem Gefangenen mittelst seiner eigenen Thätigkeit bewirkte Befreiung seiner selbst als solche straflos ist.«*[26]

Im gestrengen Bayern wollte man nach dem Zweiten Weltkrieg mit diesem »Missstand« aufräumen. Das bayerische Gesetz Nr. 55 »zur Bestrafung der Entweichung von Gefangenen« vom 26. Oktober 1946 bedrohte Ausbrecher mit einer Mindeststrafe von drei Monaten Gefängnis.

Sechs Jahre später hatte der Bundesgerichtshof (BGH) über die Gültigkeit des bayerischen Sondergesetzes zu entscheiden. Ein Jugendlicher war zur Fürsorgeerziehung in ein Münchner Jugendheim eingewiesen worden. Nachdem er dort mehrmals ausgerissen war, wurde er schließlich im niedersächsischen Göttingen aufgegriffen und dort wegen »Gefangenenentweichung« (!) nach dem bayerischen Gesetz Nr. 55 angeklagt. Der Jugendrichter am Amtsgericht Göttingen weigerte sich jedoch, das bayerische Gesetz anzuwenden, denn in Niedersachsen war Gefangenenentweichung (zumal aus einem Jugendheim) nicht unter Strafe gestellt.

Der BGH gab dem Amtsgericht Göttingen Recht. Das bayerische Gesetz Nr. 55 sei für ungültig zu erachten, da es dem Grundrecht der Gleichheit aller vor dem Gesetz widerspreche. Es könne nicht sein, dass die Selbstbefreiung eines »Gefangenen« nur in einem Teil der Bundesrepublik strafbar sei.[27] Der Jugendliche wurde also nicht bestraft. Ob er anschließend dennoch wieder in bayerische (Jugendheim-)Gefangenschaft geriet oder in Niedersachsen bleiben durfte, ist leider nicht überliefert.

Selbstbefreiung ist also straflos. Wer allerdings jetzt schon zum Telefon greifen möchte, um all seinen inhaftierten Bekannten und Verwandten die frohe Botschaft zu verkünden, sollte erst noch einmal innehalten und weiterlesen. Denn wie so oft gibt es natürlich auch von der Regel der Straflosigkeit der Selbstbefreiung Ausnahmen.

Zum einen können sämtliche Delikte, die in Zusammenhang mit dem Ausbruch verübt werden, verfolgt werden. Wer Gitterstäbe zersägt, begeht natürlich eine Sachbeschädigung, und wer den Wärter bewusstlos schlägt, kann selbstverständlich wegen Körperverletzung angeklagt werden.

Vor allem aber ist die so genannte Gefangenenmeuterei unter Strafe gestellt. Wenn sich gleich mehrere Gefangene zusammenrotten und mit vereinten Kräften und unter Anwendung von Gewalt ausbrechen, hört der Spaß auf. Auf die Täter warten dann zusätzliche Freiheitsstrafen von drei Monaten bis zu zehn Jahren.

Bei Interesse siehe hierzu:
§ 120 Abs. 1 StGB (Strafgesetzbuch), »Gefangenenbefreiung«
§ 121 StGB, »Gefangenenmeuterei«
§ 223 Abs. 1 StGB, »Körperverletzung«
§ 303 Abs. 1 StGB, »Sachbeschädigung«

Gemeingefährlich

Irrtum:
»Gemeingefährlich« bedeutet so viel wie »besonders gefährlich«.

Richtig ist:
Als »gemeingefährlich« werden Gefahren für die Allgemeinheit bezeichnet.

Viele juristische Fachbegriffe haben Eingang in die Umgangssprache gefunden. Auch das Wort »gemeingefährlich« ist so ein Beispiel. Es wird im Alltag sehr häufig im Sinne von »besonders gefährlich« verwendet: »Der Kerl ist doch gemeingefährlich!«

Der inflationäre Gebrauch des Wortes verdeckt dessen eigentliche Bedeutung. In den seltensten Fällen ist der Begriff »gemeingefährlich« wirklich angebracht. Denn wie der Wortlaut bereits vermuten lässt, muss eine *gemeine* Gefahr auch die All-*gemein*-heit betreffen. Sie wird definiert als eine »konkrete Gefahr für eine unbestimmte Anzahl von Menschen oder zahlreiche Sachen von mindestens insgesamt hohem Wert«.[28]

Gemeint sind damit vor allem Katastrophen wie Waldbrände, Überschwemmungen oder radioaktive Verseuchung. Wer derartige Katastrophen hervorruft, riskiert oder ausnutzt, wird in vielen Fällen deutlich härter bestraft als »gewöhnliche« Straftäter. So wird zum Beispiel aus einem Totschlag ein Mord (→*Mord und Totschlag*), wenn der Täter ein gemeingefährliches Mittel zur Tötung einsetzt; aus einem einfachen Diebstahl wird ein Diebstahl in einem besonders schweren Fall, wenn der Täter eine gemeine Gefahr für seine Tat ausnutzt.

Wer sich also wieder einmal über das »geradezu gemeingefährliche Treiben« der ungezogenen, übermütig spielenden Nachbarskinder aufregt, sollte sich darüber im Klaren sein, dass seine Worte etwas zu hart gewählt sein dürften. Denn Feuersbrünste, Flutkatastrophen und Nuklearunfälle werden die Kleinen in den meisten Fällen wohl nicht hervorrufen.

Bei Interesse siehe hierzu:
§ 211 Abs. 2 StGB (Strafgesetzbuch), »Mord«
§ 243 Abs. 1 Nr. 6 StGB, »Besonders schwerer Fall des Diebstahls«

Heimliche Tonbandaufnahmen

Irrtum:
Heimliche Tonbandaufnahmen sind sehr nützliche Beweismittel.

Richtig ist:
Heimliche Tonbandaufnahmen sind als Beweismittel in aller Regel nicht verwertbar.

Immer wieder kommt es vor, dass Mandanten bei ihrem Anwalt erscheinen und ihm versteckt gemachte Tonbandaufnahmen präsentieren, mit denen sie zum Beispiel beweisen wollen, dass ihr Nachbar sie ständig unflätig beleidigt. Andere schneiden heimlich Telefongespräche mit, um so zum Beispiel belegen zu können, dass der Gesprächspartner ihnen Geld schuldet. Und nun solle der Anwalt mal schön Anzeige erstatten oder klagen – Beweismittel genug habe er ja jetzt.

Ganz so einfach ist es jedoch nicht. Wer heimlich das nicht öffentlich gesprochene Wort eines anderen auf einen Tonträger aufnimmt, macht sich strafbar. Der entsprechende Tatbestand im Strafgesetzbuch heißt »Verletzung der Vertraulichkeit des Wortes«. Selbst Richter, Staatsanwaltschaft und Polizei dürfen Gespräche nur unter strengen Voraussetzungen abhören und aufzeichnen. Nur schwere Straftaten, die im Gesetz ausdrücklich aufgezählt sind, können solche Maßnahmen rechtfertigen.

Das rechtswidrige Anfertigen von Tonaufnahmen ist nicht nur strafbar. Es ist obendrein auch noch völlig nutzlos. Denn vor Gericht dürfen rechtswidrig angefertigte Tonaufnahmen des nicht öffentlich gesprochenen Wortes nicht verwertet werden. Der Richter muss so tun, als gebe es die Aufnahme gar nicht. Wenn es außer der Aufnahme keine weiteren Beweismittel gibt, sind ihm daher die Hände gebunden. Für die oben genannten Beispiele heißt das: Der wegen Beleidigung angeklagte Nachbar muss freigesprochen und der säumige Schuldner kann nicht zur Zahlung verurteilt werden.

Wie so viele Irrtümer beruht wohl auch die falsche Vorstellung von der Verwertbarkeit heimlicher Tonaufnahmen auf dem Konsum amerikanischer Filme und Fernsehsendungen. Zahlreiche Grundrechte und Freiheiten, die in Europa selbstverständlich sind, gelten in den USA gar nicht oder nur in sehr eingeschränktem Maße. Dies gilt auch für den Schutz jedes Bürgers vor der Verletzung der Vertraulichkeit des Wortes.

Bei Interesse siehe hierzu:
§ 201 StGB (Strafgesetzbuch), »Verletzung der Vertraulichkeit des Wortes«

Kampfsportarten

Irrtum:
Kampfsportarten darf man zur Selbstverteidigung nur anwenden, wenn man den Gegner vorher warnt.

Richtig ist:
Eine Vorwarnpflicht für Kampfsportler gibt es nicht.

Kampfsportler erklären anderen häufig mit wichtiger Miene, dass sie ihre furchtbar gefährlichen Kampfkünste im Ernstfall nur anwenden dürfen, wenn sie den Gegner vorwarnen (»Vorsicht, ich kann Karate!«). Manche sind sogar der Meinung, sie dürften ihre einstudierten Schläge und Tritte im wirklichen Leben überhaupt nicht einsetzen, sondern nur im Rahmen ihres Trainings bzw. bei Wettkämpfen.

Möglicherweise ist es gar nicht so schlecht, dass dieser unsinnige Irrglaube so weit verbreitet ist. Wer weiß, wie es sonst auf unseren Straßen zuginge. Man fragt sich jedoch unwillkürlich, weshalb so viele Nachwuchs-Bruce-Lees sich mit dem Erlernen von Tae-Kwon-Do, Ving Chun & Co. beschäftigen, wenn sie allen Ernstes glauben, sie dürften das Erlernte gar nicht, auch nicht zur Selbstverteidigung, oder nur dann anwenden, wenn sie den Angreifer vorher auch noch ausdrücklich darauf aufmerksam machen, dass sie vorhaben, ihm gleich die Nase einzuschlagen. Wer so dumm ist, riskiert selbst einen Nasenbeinbruch.

Grundsätzlich gilt: Wer sich in einer echten Notwehrsituation befindet, d.h. wer sich zum Beispiel gegen einen tätlichen Angriff auf Leib oder Leben zur Wehr setzen muss, der hat prinzipiell die Möglichkeit, den Angriff mit allen erdenklichen Mitteln abzuwehren. Er darf seine Kampfkünste anwenden; er darf auch Waffen benutzen und er darf den Angreifer sogar töten, wenn der Angriff nur so beendet werden kann. Denn es gilt der Grundsatz: »Das Recht braucht dem Unrecht nicht zu weichen.«

Selbstverständlich gibt es keinen Grundsatz ohne Ausnahme. Das gewählte Verteidigungsmittel muss »erforderlich und geboten« sein. Es darf daher kein unerträgliches Missverhältnis zwischen dem angegriffenen Rechtsgut und der gewählten Verteidigungsform liegen. Wer einmal eine leichte Ohrfeige einstecken muss, hat also nicht das Recht, den Ohrfeigenden gleich mit einem Karate-Todestritt ins Jenseits zu befördern. Im Falle eines ernsthaften, brutalen Angriffs hat der Verteidiger jedoch das Recht, den Angreifer mit allen Mitteln, auch durch die Anwendung von Kampfsportarten, abzuwehren. Eine Vorwarnung muss er nicht aussprechen. Wenn der Angreifer sein Opfer unterschätzt hat, ist das sein eigenes Pech.

Ganz anders sieht es allerdings aus, wenn man sich nicht in einer Notwehrsituation befindet. Dann nämlich darf man ohnehin überhaupt keine körperliche Gewalt anwenden, also erst recht keine Kampfsportarten. Kampfsportler müssen in einem solchen Fall damit rechnen, dass sie nicht nur wegen *einfacher* Körperverletzung verurteilt werden, sondern sogar wegen *gefährlicher* Körperverletzung. Eine gefährliche Körperverletzung liegt vor, wenn sie zum Beispiel mittels einer Waffe oder einer lebensgefährlichen Behandlung erfolgt. Die Wucht der Tritte eines Kampfsportlers kann aus einem leichten Turnschuh ein gefährliches Werkzeug machen, das einer Waffe gleichzustellen ist. Auch ganz ohne weitere Hilfsmittel wie Schuhe oder Schlagringe können die Schläge, Tritte oder Würgegriffe eines Kampfsportlers lebensgefährlich sein. Er hat dann unter Umständen eine weit höhere Strafe zu erwarten als ein kampfunerfahrener Schläger.

Bei Interesse siehe hierzu:
§ 223 StGB (Strafgesetzbuch), »Körperverletzung«
§ 224 StGB, »Gefährliche Körperverletzung«

Kuppelei

Irrtum:
Kuppelei ist heute nicht mehr strafbar.

Richtig ist:
Auch heute noch kann »Kuppelei« in bestimmten Fällen bestraft werden.

Im Jahre 1954 musste der Bundesgerichtshof (BGH) über die Rechtsfrage entscheiden, in welchen Fällen »Kuppelei gegenüber Verlobten« strafbar ist. Folgendes war geschehen:

Eine 20-jährige Frau war von ihrem Verlobten im achten Monat schwanger. Der Mann wollte sich von seiner ersten Frau scheiden lassen und seine neue Partnerin heiraten. Die Mutter der jungen Frau stand der geplanten Heirat zunächst ablehnend gegenüber. Sie stellte ihre Bedenken erst zurück, nachdem der Pfarrer ihr erklärt hatte, dass auch eine kirchliche Eheschließung möglich sein werde. Trotzdem duldete die Mutter zunächst nicht, dass der Verlobte im Zimmer ihrer Tochter übernachtete. Sie gestattete nur Besuche am Tag und gegen Abend. Erst nach der Scheidung des Mannes von seiner ersten Frau erlaubte die Mutter, dass er eine Nacht bei ihrer Tochter – also seiner zukünftigen Ehefrau – verbringen dürfe.

Die ganze Sache flog auf und die Mutter wurde wegen Kuppelei strafrechtlich verurteilt. Der Große Senat für

Strafsachen des BGH bestätigte, dass das Verhalten des verlobten Paares gegen die geschlechtliche Zucht verstoßen habe. Sie hätten erst nach der Hochzeit miteinander verkehren dürfen. Das Gericht bestätigte außerdem, dass Eltern nur in unzumutbaren Ausnahmesituationen straflos ausgehen, wenn sie dulden, dass zwei Verlobte im selben Zimmer übernachten.[29]

Die Entscheidung erlangte traurige Berühmtheit als ein Paradebeispiel für die unglaublichen Moralvorstellungen der 50er Jahre. Heute sind derart haarsträubende Urteile natürlich nicht mehr möglich. Der Kuppeleitatbestand wurde im Jahre 1973 aus dem Strafgesetzbuch entfernt.

So weit ist den meisten die aktuelle Rechtslage bekannt. Denn wie wohl jeder weiß, ist das Sexualstrafrecht als Folge der so genannten sexuellen Revolution erheblich liberalisiert worden. Weit weniger bekannt ist jedoch, dass bestimmte Formen der Kuppelei auch heute noch strafbar sind, auch wenn sie nicht mehr ausdrücklich unter diesen Begriff gefasst werden.

So ist es zum Beispiel verboten, Jugendlichen unter 18 Jahren eine Wohnung zu vermieten, wenn anzunehmen ist, dass sie dort als Prostituierte arbeiten werden. Der Vermieter macht sich ansonsten wegen Ausbeutung von Prostituierten strafbar.

Noch strenger ist das Gesetz, sobald Minderjährige unter 16 Jahren betroffen sind. Wer Jugendlichen unter 16 Jahren die Gelegenheit gewährt, sexuelle Handlungen an anderen vorzunehmen, macht sich strafbar. Ein Lehrer darf einen 15-jährigen Schüler während einer Klassenfahrt also nicht im Zimmer der gleichaltrigen Freundin unterbringen. Er könnte sonst wegen der Förderung sexueller Handlungen Minderjähriger belangt werden.

Für Eltern gelten weniger strenge Regeln. Sie stehen nicht gleich mit einem Bein im Gefängnis, wenn sie ihrem minderjährigen Nachwuchs erlauben, den Freund oder die Freundin bei sich übernachten zu lassen. Denn ihnen wird ein gewisses Verantwortungsbewusstsein zugetraut.

Eltern machen sich erst dann strafbar, wenn sie durch ihre Erlaubnis ihre »Erziehungspflicht gröblich verletzen«. In der juristischen Literatur wird teilweise allen Ernstes vertreten, dass dies zum Beispiel dann der Fall sein soll, wenn sie dulden, dass ihre Kinder sich »pervers oder homosexuell betätigen« oder wenn sie der Tochter »wechselnden Geschlechtsverkehr« gestatten.[30]

Das Gesetz selbst definiert dagegen nicht genau, wann eine »gröbliche Verletzung der Erziehungspflicht« vorliegt. Und das ist wohl auch sinnvoll. Denn auf diese Weise bleibt den Gerichten ein gewisser Spielraum, ihre Rechtsprechung den sich ändernden Moralvorstellungen im Bereich der Sexualität anzupassen. Und den Eltern bleibt es erspart, regelmäßig kontrollieren zu müssen, ob ihr Nachwuchs auch ja keine »perversen« Handlungen vornimmt, sondern nur anständigen heterosexuellen Geschlechtsverkehr mit nicht zu oft wechselnden Sexualpartnern praktiziert.

Bei Interesse siehe hierzu:
§ 180 StGB (Strafgesetzbuch), »Förderung sexueller Handlungen Minderjähriger«
§ 180 a Abs. 2 StGB, »Ausbeutung von Prostituierten«

Lebenslänglich = 15 Jahre?

Irrtum:
Wer zu lebenslanger Haft verurteilt wird, ist spätestens nach 15 Jahren wieder auf freiem Fuß.

Richtig ist:
In vielen Fällen bedeutet lebenslang tatsächlich lebenslang.

Nach einem weit verbreiteten Gerücht soll es in Deutschland keine lebenslange Gefängnisstrafe mehr geben. Zwischen »lebenslang« und »lebenslänglich« gebe es einen Unterschied. Jeder Täter, der zu »lebenslänglich« verurteilt werde, sei nämlich spätestens nach 15 Jahren wieder in Freiheit. Gerne wird dieser Irrtum zum Anlass für Schimpftiraden über das vermeintlich lasche deutsche Strafrecht genommen. Immer wieder ereifern sich Menschen darüber, dass selbst Kinderschänder und Massenmörder angeblich irgendwann wieder auf freien Fuß gesetzt werden müssen.

Man mag über das deutsche Strafrecht denken, was man will. Und mit Sicherheit stimmt es, dass die von den Gerichten verhängten Strafen in einigen Fällen keine wirksame Abschreckung für Straftäter darstellen. Die Annahme, alle zu lebenslanger Haft verurteilten Täter würden automatisch nach 15 Jahren entlassen, ist jedoch falsch. Sie beruht auf einem Missverständnis:

Im Jahre 1977 hatte das Bundesverfassungsgericht (BVerfG) über die Frage zu entscheiden, ob eine lebenslange Freiheitsstrafe bei Mord mit dem Grundgesetz vereinbar sei oder ob ihr Vollzug gegen die Menschenwürde verstoße. Das BVerfG urteilte, dass die lebenslange Freiheitsstrafe zulässig ist. Es stellte jedoch klar, dass dem Verurteilten zumindest grundsätzlich eine Chance verbleiben muss, irgendwann einmal wieder in die Freiheit entlassen zu werden.[31]

Die Voraussetzungen, unter denen zu lebenslanger Haft verurteilte Täter vorzeitig entlassen werden können, wurden gesetzlich geregelt. Ein Täter hat Aussicht auf vorzeitige Entlassung, wenn

- er 15 Jahre der Strafe verbüßt hat,
- eine besondere Schwere seiner Schuld nicht die weitere Vollstreckung gebietet,
- die Entlassung unter Berücksichtigung des Sicherheitsinteresses der Allgemeinheit verantwortet werden kann
- und der Verurteilte in die Entlassung einwilligt.

Ob diese Voraussetzungen vorliegen, wird frühestens nach 15 Jahren Haft überprüft. Wenn das Gericht im Urteil die besondere Schwere der Schuld festgestellt hat, wird die Möglichkeit einer Freilassung erstmals nach 18 Jahren geprüft. Eine besonders schwere Schuld liegt zum Beispiel vor, wenn der Täter mehrere Menschen umgebracht hat oder mit äußerster Brutalität und Grausamkeit vorgegangen ist.

Eine automatische Haftentlassung nach 15 oder 18 Jahren gibt es also nicht. Die durchschnittliche Haftdauer der »Lebenslänglichen« ist demzufolge auch erheblich länger. In Nordrhein-Westfalen liegt sie im Durchschnitt bei 20 Jahren und zwei Monaten.

Bei psychisch kranken oder für die Allgemeinheit besonders gefährlichen Tätern besteht außerdem die Möglichkeit, dass sie in ein psychiatrisches Krankenhaus eingeliefert oder in Sicherungsverwahrung genommen werden. Die Einlieferung in die Psychiatrie oder die Sicherungsverwahrung ist zeitlich nicht befristet. Solange der Täter nicht geheilt ist oder von ihm keine Gefahr mehr für die Allgemeinheit ausgeht, hat er überhaupt keine Chance auf Entlassung. Er wird tatsächlich zeit seines Lebens nie mehr in Freiheit gelangen.

Bei Interesse siehe hierzu:
§ 57 Abs. 1 StGB (Strafgesetzbuch), »Aussetzung des Strafrestes bei zeitiger Freiheitsstrafe«
§ 57a Abs. 1 StGB, »Aussetzung des Strafrestes bei lebenslanger Freiheitsstrafe«
§ 63 StGB, »Unterbringung in einem psychiatrischen Krankenhaus«
§ 66 StGB, »Unterbringung in der Sicherungsverwahrung«

Mord und Totschlag

Irrtum:
Ein Mord ist geplant, ein Totschlag geschieht im Affekt.

Richtig ist:
Die Abgrenzung zwischen einem »Mord mit Überlegung« und einem »Totschlag im Affekt« gibt es in Deutschland seit 1941 nicht mehr.

»Das war kein Totschlag, sondern Mord, denn die Tat geschah nicht im Affekt, sondern war geplant!« Nichts an diesem Satz ist richtig. Dennoch würden ihn die meisten wohl so als zutreffend unterschreiben. Es ist erstaunlich: Obwohl Mord und Totschlag zu den schlimmsten Verbrechen gehören, die unsere Rechtsordnung kennt, ist kaum jemandem der tatsächliche Unterschied zwischen den beiden Delikten klar. Stattdessen hält sich mit einer geradezu faszinierenden Hartnäckigkeit die oben zitierte falsche Abgrenzung. Sie hat sich so fest in das Bewusstsein der breiten Öffentlichkeit eingegraben, dass selbst Gerichtsreporter in ihren Berichten über Strafprozesse immer wieder fälschlicherweise behaupten, es sei in der mündlichen Verhandlung um die Frage gegangen, ob ein »geplanter Mord« oder ein »Totschlag im Affekt« vorgelegen habe – ungeachtet der Tatsache, dass diese Frage in den vergangenen Jahrzehnten mit Sicherheit in keinem deutschen Gerichtssaal diskutiert wurde.

Wie ist es zu diesem Beispiel »juristischen Aberglaubens« gekommen? Und was ist der wirkliche Unterschied zwischen Mord und Totschlag? Der Reihe nach:

Das römische Recht kannte tatsächlich eine Unterscheidung zwischen »Mord mit Überlegung« und »Totschlag im Affekt«. Auch in Deutschland gab es sie einmal, aber nur bis 1941. Dann wurde diese Abgrenzung abgeschafft, allerdings ohne dass sich dies jemals herumgesprochen hätte. Was den Mord bereits seit 1941 wirklich vom Totschlag unterscheidet, sind die so genannten Mordmerkmale. Sie sind im Strafgesetzbuch einzeln aufgeführt:

- Tötung aus Mordlust;
- Tötung zur Befriedigung des Geschlechtstriebs;
- Tötung aus Habgier;
- Tötung aus sonstigen niedrigen Beweggründen;
- heimtückische Tötung;
- grausame Tötung;
- Tötung mit gemeingefährlichen Mitteln;
- Tötung, um eine andere Straftat zu ermöglichen oder zu verdecken.

Wenn eines dieser Mordmerkmale erfüllt ist, liegt ein Mord vor, selbst wenn die Tat im Affekt geschah. Umgekehrt kann ein Totschlag genauso lange und minutiös geplant sein wie ein Mord.

Zwei Beispiele: Ein Einbrecher, der einen überraschend auftauchenden Zeugen erschießt, um zu verhindern, dass dieser ihn bei der Polizei identifiziert, begeht einen Mord, auch wenn er im Affekt handelt (»Tötung, um eine andere Straftat zu verdecken«). Eine misshandelte Ehefrau, die ihren Mann (weder heimtückisch noch grausam) tötet, um sich nach Jahren von ihrem Peiniger zu befreien, begeht dagegen »nur« einen Totschlag, auch wenn sie die Tat seit langem geplant hatte.

Diese beiden Beispiele zeigen, dass es für die Abgrenzung von Mord und Totschlag heute keine Rolle mehr spielt, ob die Tat geplant war oder im Affekt geschah.

Bei Interesse siehe hierzu:
§ 211 StGB (Strafgesetzbuch), »Mord«
§ 212 StGB, »Totschlag«

Mundraub

Irrtum:
Wer Lebensmittel aus Hunger stiehlt, begeht nur einen straflosen Mundraub.

Richtig ist:
Der Mundraubtatbestand wurde schon 1976 abgeschafft. Der Diebstahl von Lebensmitteln war schon immer strafbar und ist es auch heute noch.

Den Kirschenklau aus Nachbars Garten oder den Ladendiebstahl aus Hunger halten viele für ein Kavaliersdelikt. »Das ist ja nur Mundraub!«, heißt es dann. Und der Dieb glaubt, er könne nicht bestraft werden. Das stimmt so nicht und hat auch noch nie gestimmt.

Früher gab es im Strafgesetzbuch tatsächlich einmal den Tatbestand des »Mundraubes«. Der Täter eines Mundraubes ging jedoch auch schon damals nicht straffrei aus. Die Strafe fiel lediglich geringer aus als bei einem gewöhnlichen Diebstahl.

Als Mundraub galt damals das Entwenden von »Nahrungs- oder Genussmitteln in geringer Menge oder von unbedeutendem Wert zum alsbaldigen Verzehr«. Diese mussten allerdings nicht unbedingt aus Hunger entwendet worden sein. Mit »Genussmitteln« waren noch nicht einmal ausschließlich Lebensmittel gemeint. Auch Zigaretten und Parfüm galten als Genussmittel, die unter den Mundraubtatbestand fielen.[32] Und Stallhasen betrachtete das Reichsgericht als Nahrungsmittel[33] – auch an ihnen konnte man also Mundraub üben. Der Diebstahl von Blumen und Torf (als Feuerungsmaterial) war dagegen nicht privilegiert.[34]

Schon Mitte der siebziger Jahre wurde der Mundraubtatbestand jedoch abgeschafft. Ob man Lebensmittel oder andere Dinge entwendet, macht seitdem keinen Unterschied mehr. In beiden Fällen wird der Täter wegen Diebstahls bestraft. Dies erscheint auch sinnvoll. Denn immerhin sind Lebensmittel heute ein Wirtschaftsgut wie jedes andere auch. Die Zeiten von Hunger und Not sind in Deutschland – hoffentlich für immer – vorbei. Es gibt also keinen Grund mehr, den Diebstahl von Lebensmitteln weniger hart zu bestrafen als den Diebstahl anderer Dinge. Darum: Aufgepasst beim Kirschenklau – »Mundraub« ist Diebstahl!

Bei Interesse siehe hierzu:
§ 242 StGB (Strafgesetzbuch), »Diebstahl«

Nötigung

Irrtum:
Wer einen anderen belästigt, »nötigt« ihn.

Richtig ist:
Nötigung setzt einen Nötigungserfolg und eine gewisse Intensität der Einwirkung voraus.

Ein Straftatbestand, der von jedermann im Munde geführt, aber von kaum jemandem in seiner Bedeutung verstanden wird, ist die Nötigung nach § 240 des Strafgesetzbuches.

Im Allgemeinen wird »Nötigung« in etwa synonym verwendet mit Begriffen wie »Belästigung«, »Ausüben von Druck« oder »auf die Nerven gehen«. Viele glauben daher, dass zum Beispiel dichtes Auffahren und Betätigen der →*Lichthupe* auf der Autobahn immer gleich eine Nötigung sei. Denn schließlich fühlt man sich durch ein solches Verhalten ja belästigt. So schnell ist der Tatbestand der Nötigung jedoch nicht erfüllt. Zwei Umstände werden zumeist verkannt:

Zum Ersten setzt eine Nötigung die Anwendung von Gewalt oder die »Drohung mit einem empfindlichen Übel« voraus. Das »übliche« Drängeln auf der Autobahn ist zwar ordnungswidrig und kann mit Geldbußen und Punkten in Flensburg geahndet werden, gilt in den meisten Fällen jedoch noch nicht als Gewaltanwendung. Die Grenze zwischen bloßer Ordnungswidrigkeit und strafbarer Nötigung ist erst dann überschritten, wenn das Drängeln eine ganz erhebliche Intensität erreicht. Dabei kommt es darauf an, wie schnell die Fahrzeuge fahren, wie dicht der Hintermann auffährt, wie lange er drängelt und wie oft er die Hupe oder Lichthupe betätigt. Denn grundsätzlich haben Hupe und Lichthupe sogar gerade die Aufgabe, den Vordermann darauf aufmerksam zu machen, dass man überholen will. Selbst wer bis zu fünf Meter herankommt, dabei hupt und mit aufgeblendetem Licht fährt, begeht nur dann eine strafbare Nötigung, wenn er den abgedrängten Vordermann auf diese Weise über eine Strecke von mehreren hundert Metern unter Druck setzt.[35] Erst dann wird eine Gewaltanwendung bejaht. Bei Abständen unter einem Meter kann auch schon eine kürzere Strecke genügen.[36]

Zweitens – und vor allem – setzt eine Nötigung voraus, dass der Täter einen *Nötigungserfolg* erzielt. Sich lediglich belästigt zu fühlen, reicht nicht aus. Der Genötigte muss durch die Nötigungshandlung vielmehr zu einem Tun, Dulden oder Unterlassen gezwungen werden. Für unser Beispiel heißt das: Gewaltanwendung in Form von erheblich zu dichtem Auffahren und viel zu intensivem Betätigen der Lichthupe stellt nur dann eine Nötigung dar, wenn der Hintermann den Genötigten tatsächlich zu einem Verhalten – zum Beispiel zu einem Spurwechsel – veranlasst. Wer sich dagegen nicht in Angst und Schrecken versetzen lässt und sein Verhalten in keiner Weise ändert (also beispielsweise nicht auf die rechte Spur wechselt), der wird auch zu nichts genötigt. Der übermäßig drängelnde Hintermann hat sich dann nur wegen *versuchter* Nötigung strafbar gemacht. Seine Tat wird daher in der Regel etwas milder geahndet. Außerdem hat er sich natürlich ordnungswidrig verhalten und muss, wie gesagt, mit einer empfindlichen Geldbuße und Punkten in Flensburg rechnen.

Bei Interesse siehe hierzu:
§ 240 StGB (Strafgesetzbuch), »Nötigung«
§ 1 StVO (Straßenverkehrsordnung), »Grundregeln«
§ 4 StVO, »Abstand«
§ 16 StVO, »Warnzeichen«

Notwehr

Irrtum:
Notwehr ist nur gegen tätliche Angriffe zulässig.

Richtig ist:
Gegen jede Form von Angriffen darf man grundsätzlich Notwehr üben.

Was unter Notwehr zu verstehen ist, glaubt jeder genau zu wissen: Notwehr liegt dann vor, wenn man sich gegen einen tätlichen Angriff auf Leib oder Leben zur Wehr setzt.

Falsch ist diese Annahme natürlich nicht. Denn in der Tat hat man gegenüber einem rechtswidrigen tätlichen Angriff das Recht zur Notwehr. Aber Notwehr ist auch noch in ganz anderen Situationen erlaubt. Es muss nicht unbedingt ein Angriff auf Leib oder Leben vorliegen, es reichen auch Angriffe zum Beispiel auf die Ehre, das Eigentum, die Freiheit oder das Hausrecht. Wer also beleidigt, bestohlen oder eingesperrt wird, darf sich notfalls mit Gewalt wehren. Wer einen anderen vergeblich auffordert, das Haus zu verlassen, darf sein Hausrecht ausüben, indem er den anderen gewaltsam vor die Tür setzt.

Wer in berechtigter Notwehr handelt, hat grundsätzlich die Möglichkeit, den Angriff mit allen erdenklichen Mitteln – bis hin zur Tötung des Angreifers – abzuwehren. Das Verteidigungsmittel muss allerdings »erforderlich und geboten« sein. Das ist nicht der Fall, wenn ein unerträgliches Missverhältnis zwischen dem angegriffenen Rechtsgut und der gewählten Verteidigung liegt. Deutsche Gerichte haben daher entschieden, dass es nicht erlaubt ist, den Diebstahl von Biergläsern durch Revolverschüsse zu vereiteln oder Selbstschussanlagen zur Abwehr von Pfirsichdiebstählen aufzustellen.[37] Es sollte also niemand auf die Idee kommen, bei der nächsten Beleidigung gleich zur Pistole zu greifen.

Das Recht zur Notwehr hat übrigens nicht nur der Angegriffene selbst. Wer einen anderen gegenüber einem Angreifer verteidigen will, hat die gleichen Rechte. Die Notwehr wird dann allerdings als »Nothilfe« bezeichnet.

Bei Interesse siehe hierzu:
§ 32 StGB (Strafgesetzbuch), »Notwehr«

Polizistenmord

Irrtum:
Es gibt ein Delikt des Polizistenmordes.

Richtig ist:
Das Strafgesetzbuch kennt unter anderem die Tatbestände Mord, Totschlag und fahrlässige Tötung, aber kein spezielles Delikt des »Polizistenmordes«.

Immer wieder kann man in der Presse Nachrichten wie diese lesen: »Mann wegen Polizistenmordes zu lebenslanger Freiheitsstrafe verurteilt.«

Viele Menschen glauben aufgrund solcher Formulierungen, bei »Polizistenmord« handele es sich um ein spezielles, im Strafgesetzbuch besonders geregeltes Delikt. Die Vorstellung, bei einem Polizistenmord werde intensiver nach dem Täter gefahndet als bei einem »gewöhnlichen« Mord, hat diesen Irrtum wohl noch zusätzlich gefördert, ebenso wie der traditionelle Autoritätsanspruch dieses Berufsstandes. Ein ähnliches Missverständnis besteht im Hinblick auf den Tatbestand der →*Beamtenbeleidigung*, den es ebenfalls nicht gibt.

Selbstverständlich macht es keinen Unterschied, ob man einen Polizisten tötet oder Angehörige eines anderen Berufsstandes. Das Leben eines jeden Menschen ist gleich viel wert. Es gibt keinen Grund, »Polizistenmörder« anders zu behandeln als jeden anderen Mörder auch. Ein spezieller Straftatbestand des »Polizistenmordes« würde daher keinen Sinn ergeben.

Bei Interesse siehe hierzu:
§ 211 StGB (Strafgesetzbuch), »Mord«
§ 212 StGB, »Totschlag«

Privatdetektive und Rechtsanwälte

Irrtum:
Strafverteidiger beauftragen ständig Privatdetektive.

Richtig ist:
»Matulas« gibt es in den USA. In Deutschland arbeiten Strafverteidiger und Privatdetektive nur selten zusammen.

Die Krimiserie »Ein Fall für zwei« ist ein schönes Beispiel für eine deutsche Fernsehproduktion, deren Macher offensichtlich zu viele amerikanische Detektivfilme gesehen haben. Sie ist genauso unrealistisch wie viele andere deutsche Kriminalfilme und Serien, die ein stark verfälschtes Bild vom Alltag eines deutschen Rechtsanwalts oder Privatdetektivs vermitteln.

In Amerika ist es tatsächlich so, dass Strafverteidiger häufig Privatdetektive wie Josef Matula beauftragen. Ihre Aufgabe ist es, entlastendes Material für den angeklagten Mandanten des Rechtsanwalts zu sammeln. Diese Notwendigkeit ergibt sich aus einer Besonderheit des amerikanischen Rechtswesens.

Ein deutscher Strafrichter muss von Amts wegen ermitteln, ob der Angeklagte tatsächlich der Täter sein kann. Wenn er Zweifel daran hat, was eigentlich geschehen ist, muss er weitere Ermittlungen anstellen lassen. Auch der Staatsanwalt ist verpflichtet, nicht nur belastende, sondern auch entlastende Umstände zu ermitteln. Anders als in Deutschland gibt es in den USA hingegen keinen Amtsermittlungsgrundsatz. Der Richter lässt sich sämtliches Beweismaterial ganz einfach von Staatsanwaltschaft und Verteidigung liefern und entscheidet dann ausschließlich auf Grund der Informationen, die ihm die beiden Seiten liefern. Er selbst muss also überhaupt nichts ermitteln. Auch amerikanische Staatsanwälte sind nicht verpflichtet, zu Gunsten des Angeklagten Ermittlungen anzustellen. Einem Angeklagten bleibt in den USA daher häufig gar nichts anderes übrig, als selbst einen Privatdetektiv damit zu beauftragen, entlastendes Material zu sammeln. In der Praxis vermittelt häufig der Rechtsanwalt des Angeklagten einen Privatdetektiv, mit dem er in solchen Fällen regelmäßig zusammenarbeitet.

Matula & Co. gibt es in den USA also tatsächlich. In

Deutschland dagegen ist die Zusammenarbeit von Strafverteidigern und Detektiven die Ausnahme. Sie kommt vor, jedoch sehr viel seltener, als Serien wie »Ein Fall für zwei« es suggerieren.

Schutzaltersgrenze bei sexuellen Handlungen

Irrtum:
Die Schutzaltersgrenze für sexuelle Handlungen liegt bei 16 bzw. 18 Jahren.

Richtig ist:
In vielen Fällen sind homo- und heterosexuelle Kontakte Erwachsener bereits zu 14-jährigen Jugendlichen erlaubt.

In einer Fernsehsendung wurde über folgenden Fall berichtet: Ein 25-jähriger Mann hatte ein mehrmonatiges Verhältnis mit einem 14-jährigen Mädchen. Es soll sich um eine echte Liebesbeziehung gehandelt haben. Nachdem die Beziehung im Streit zerbrach, drohte das Mädchen dem früheren Liebhaber an, Strafanzeige gegen ihn zu erstatten, da es zwischen den beiden auch zu – einvernehmlichem – Geschlechtsverkehr gekommen war. Der Mann nahm sich wegen der vermeintlich drohenden Freiheitsstrafe das Leben.

Auch ohne nähere Informationen über den Hintergrund der Beziehung wird man wohl Zweifel äußern dürfen, ob diese wirklich gleichberechtigt war. Um eine moralische Bewertung des Falles soll es an dieser Stelle jedoch nicht gehen. Allein seine rechtlichen Aspekte sollen beleuchtet werden. Und das Ergebnis der rein juristischen Betrachtung wird viele überraschen: Es spricht einiges dafür, dass der Mann starb, weil er einem verbreiteten Rechtsirrtum aufsaß. Wie viele andere glaubte er offensichtlich, dass in Deutschland eine allgemeine Schutzaltersgrenze von 16 oder gar 18 Jahren gelte. Tatsächlich gilt jedoch: Nur sexuelle Handlungen Erwachsener mit Kindern bis einschließlich 13 Jahren sind in jedem Fall strafbar. Ab 16 Jahren sind sexuelle Kontakte dagegen grundsätzlich zulässig. Ausnahmen bestehen für bestimmte Kontakte mit abhängigen Schutzbefohlenen (zum Beispiel Schülern). Für Jugendliche im Alter von 14 und 15 Jahren gelten die folgenden, stark differenzierenden Übergangsregelungen:

18- bis 20-jährigen Heranwachsenden sind sexuelle Kontakte zu 14- und 15-jährigen Jugendlichen grundsätzlich erlaubt. Etwas anderes gilt nur, wenn die sexuellen Handlungen ausnahmsweise als Missbrauch zu gelten haben. Wann aber ist einvernehmlicher Geschlechtsverkehr Missbrauch? Das Gesetz nennt nur zwei Fälle: Missbräuchlich und damit verboten ist der Kontakt nur dann, wenn der Heranwachsende eine Zwangslage des Jugendlichen ausnutzt oder für den Sex ein Entgelt bezahlt. In allen anderen Fällen sind die sexuellen Handlungen straflos, und zwar völlig unabhängig vom Reifegrad des Jugendlichen. Der Jugendliche muss also noch nicht einmal die vom Gesetz so bezeichnete »Fähigkeit zur sexuellen Selbstbestimmung« haben, die man am treffendsten mit »Der Jugendliche weiß schon, was er tut« übersetzen könnte.

Für Erwachsene über 21 Jahren gilt eine etwas schärfere Regelung. Auch ihnen sind sexuelle Kontakte zu 14- und 15-jährigen Jugendlichen zwar grundsätzlich erlaubt. Neben den beiden gerade genannten Ausnahmen (Ausnutzung einer Zwangslage und Verkehr gegen Entgelt) gilt für sie jedoch noch eine dritte Einschränkung: Wegen des großen Altersunterschiedes muss bei über 21-Jährigen gesichert sein, dass der 14- oder 15-jährige Partner bereits die

Fähigkeit zur sexuellen Selbstbestimmung hat. Jugendliche, die mit so viel älteren Personen Verkehr haben, müssen also über eine gewisse Reife verfügen und »wissen, was sie tun«. Unterstellt man diesen Reifegrad in dem oben geschilderten Fall, dann hieße das, dass der 25-Jährige wegen des Geschlechtsverkehrs mit seiner 14-jährigen Freundin nicht hätte bestraft werden können. Seine Angst, die ihn in den Selbstmord trieb, war also unbegründet.

Übrigens gelten alle oben beschriebenen Regelungen für homo- und heterosexuelle Kontakte gleichermaßen. Der berühmte Paragraph 175 des Strafgesetzbuches wurde in den Neunzigerjahren noch unter der Regierung Kohl abgeschafft. Er hatte für männliche Homosexualität eine deutlich höhere Schutzaltersgrenze von 18 Jahren vorgesehen. Heute gibt es keine Bestimmungen mehr, die homosexuelle Handlungen gesondert unter Strafe stellen.

Bei Interesse siehe hierzu:
§ 174 StGB (Strafgesetzbuch), »Sexueller Missbrauch von Schutzbefohlenen«
§ 176 StGB, »Sexueller Missbrauch von Kindern«
§ 182 StGB, »Sexueller Missbrauch von Jugendlichen«

Schwarzfahren strafbar?

Irrtum:
Fahren ohne Fahrkarte in öffentlichen Verkehrsmitteln ist immer strafbar.

Richtig ist:
»Schwarzfahrer« machen sich nur strafbar, wenn sie sich die Beförderung »erschlichen« haben.

Ein begrifflicher Irrtum sei vorab klargestellt: Das Delikt, das im Allgemeinen als »Schwarzfahren« bezeichnet wird, heißt juristisch korrekt »Erschleichen von Leistungen«. Diese Bezeichnung zeigt bereits, dass wegen »Schwarzfahrens« strafrechtlich nur belangt werden kann, wer sich die Beförderung »erschlichen« hat.

Das Merkmal des »Erschleichens« wirft ein Problem auf. Denn in den meisten öffentlichen Verkehrsmitteln finden heutzutage gar keine Zugangskontrollen mehr statt. Jeder kann ungehindert U- und S-Bahnen besteigen, unabhängig davon, ob er sich vorher eine Fahrkarte gekauft hat oder nicht. Wie also soll man sich heute überhaupt noch eine Beförderung »erschleichen«? Es ist schließlich niemand da, den man über seine Zugangsberechtigung täuschen könnte.

Einige Juristen haben aus diesem Umstand gefolgert, dass eine strafbare Beförderungserschleichung nur dann vorliegt, wenn jemand zumindest täuschungsähnliche Manipulationen vornimmt oder zum Beispiel Kontrollen umgeht.[38] Das Bundesverfassungsgericht hat anders entschieden. Es erachtet es als ausreichend, wenn »der Täter sich durch sein Verhalten mit dem Anschein der Ordnungsmäßigkeit umgibt«[39].

Das bedeutet allerdings im Umkehrschluss, dass jemand, der sein Schwarzfahren demonstrativ zur Schau stellt, kaum wegen Beförderungserschleichung bestraft werden kann. Wer also einen Button oder ein T-Shirt mit der Aufschrift »Ich bin Schwarzfahrer!« trägt und diesen Umstand schon beim Einsteigen den umstehenden Fahrgästen offen kundtut (»Guten Tag allerseits, ich werde jetzt schwarzfahren!«), bei dem wird es sehr schwierig werden, zu begründen, dass er sich die Beförderungsleistung »erschlichen« und damit strafbar gemacht hat.[40]

In diesem Zusammenhang soll mit einem weiteren Irrtum aufgeräumt werden: Die Strafe für Schwarzfahren ist keineswegs das erhöhte Beförderungsentgelt, dass der Kontrolleur vom Schwarzfahrer verlangt, wenn er erwischt wird. Bei dem erhöhten Beförderungsentgelt handelt es sich lediglich um einen zivilrechtlichen Anspruch des Verkehrsunternehmens gegen jeden, der ohne Fahrkarte in Bus oder Bahn angetroffen wird. Auch wer sich die Beförderung nicht erschlichen hat, muss dieses Entgelt bezahlen. Da er sich aber nicht strafbar gemacht hat, kann gegen ihn nicht obendrein noch eine Geld- oder gar Gefängnisstrafe verhängt werden. Er gilt also als nicht vorbestraft. Wer dagegen den Tatbestand der Leistungserschleichung verwirklicht hat, haftet nicht nur *zivil*rechtlich auf Zahlung eines erhöhten Beförderungsentgelts, sondern muss zusätzlich noch mit *straf*rechtlichen Konsequenzen rechnen, nämlich mit der Einleitung eines Strafverfahrens.

Bei Interesse siehe hierzu:
§ 265 a StGB (Strafgesetzbuch), »Erschleichen von Leistungen«

Schwarzhandel mit Eintrittskarten

Irrtum:
Wer Eintrittskarten verkauft, macht sich wegen Schwarzhandel strafbar.

Richtig ist:
Der Verkauf von Eintrittskarten ist grundsätzlich zulässig.

Wer sich privat ein Auto kauft, hat das gute Recht, es anschließend weiterzuverkaufen. Auch wer gewerbsmäßig mit neuen oder gebrauchten Autos handeln will, darf dies tun. Natürlich muss er in diesem Fall bei der zuständigen Behörde ein Gewerbe anmelden. Wie aber sieht es aus, wenn man mit Eintrittskarten für Fußballspiele oder Konzerte handeln will? Das geht natürlich nicht. Denn mit Eintrittskarten dürfen nur die jeweiligen Veranstalter selbst handeln. Jede Form von Schwarzhandel ist dagegen strafbar.

So oder so ähnlich stellt sich zumindest ein großer Teil der Bevölkerung die Rechtslage zum Schwarzhandel mit Eintrittskarten vor. Und tatsächlich ist es natürlich ein Ärgernis, wenn Schwarzhändler große Mengen von Eintrittskarten aufkaufen, um sie dann mit hohen Preisaufschlägen vor dem ausverkauften Stadion an den Mann zu bringen. Ob der Verkauf von Eintrittskarten deshalb jedoch generell verboten ist, ist eine ganz andere Frage. Hier muss man genau unterscheiden: Wer gewerbsmäßig Waren anbietet, ohne eine feste Verkaufsstelle zu besitzen, benötigt eine Reisegewerbekarte. Jemand, der sich mit 50 Eintrittskarten vor ein Stadion stellt, um diese zu verkaufen, sollte also eine Reisegewerbekarte vorweisen können. Dies wird ihm jedoch nicht möglich sein. Denn das Gesetz verbietet den Verkauf von Wertpapieren durch Reisegewerbetreibende. Nach einer Gerichtsentscheidung gelten auch Eintrittskarten als Wertpapiere. Daraus folgt, dass der gewerbsmäßige Verkauf von Tickets vor Stadien tatsächlich verboten ist.

Ganz anders sieht es jedoch aus, wenn ein gewerbsmäßiges Handeln nicht nachgewiesen werden kann. Wer plötzlich erkrankt und deshalb seine Eintrittskarten verkaufen will, der handelt nicht gewerbsmäßig und verhält sich daher auch nicht ordnungswidrig, wenn er versucht, sein Ticket zu verkaufen.

Unproblematisch ist es auch, wenn Eintrittskarten nicht im Reisegewerbe, d. h. nicht vor dem Stadion stehend aus der Manteltasche heraus verkauft werden, sondern beispielsweise von zu Hause aus. Ebay-Auktionen sind keine Reisegewerbetätigkeit. Man benötigt für sie also auch keine behördliche Genehmigung in Form einer Reisegewerbekarte.

Von Gesetzes wegen ist der Verkauf von Eintrittskarten demnach in den meisten Fällen nicht verboten. Aus diesem Grund verbieten manche Sport- bzw. Konzertveranstalter die Weitergabe von Tickets ganz einfach in ihren allgemeinen Geschäftsbedingungen (dem »Kleingedruckten«). Solche pauschalen Weitergabeverbote sind jedoch unwirksam, weil sie den Kartenkäufer unangemessen benachteiligen.

Dieser muss grundsätzlich die Möglichkeit haben, eine einmal erworbene und bezahlte Karte wieder zu verkaufen. Schließlich könnte er hierfür ja gute Gründe haben – zum Beispiel Krankheit oder Verhinderung. Daher verurteilte das Amtsgericht Frankfurt vor der Fußballweltmeisterschaft 2006 den DFB zur Umschreibung von Eintrittskarten auf einen Kläger, der die Tickets zum Achtfachen des regulären Preises bei Ebay erstanden hatte (AG Frankfurt a.M., Urteil vom 20. 04. 2006, Az. 31 C 3120/05 – 17). Der DFB habe seine Zustimmung zur Weitergabe der Karte nicht unbillig verweigern dürfen. Der bloße Wunsch, den Schwarzmarkthandel einzudämmen, reicht nach dieser Entscheidung nicht in allen Fällen aus, um den Weiterverkauf zu untersagen, und zwar selbst dann nicht, wenn die Tickets für ein Vielfaches des ursprünglichen Preises verkauft werden.

Etwas anderes hätte gegolten, wenn es sich bei dem Ebay-Käufer etwa um einen polizeibekannten Hooligan gehandelt hätte. Auch die Weitergabe von Tickets zu Werbezwecken kann der DFB verbieten, um die offiziellen WM-Sponsoren zu schützen.

Bei Interesse siehe hierzu:
§ 307 Abs. 1 BGB (Bürgerliches Gesetzbuch), »Inhaltskontrolle von Allgemeinen Geschäftsbedingungen«
§ 55 Abs. 1, 2 GewO (Gewerbeordnung), »Reisegewerbekarte«
§ 56 Abs. 1 Nr. 1 h GewO, »Im Reisegewerbe verbotene Tätigkeiten«

Spannen verboten?

Irrtum:
Spannen ist verboten.

Richtig ist:
Spanner können nur in Ausnahmefällen bestraft werden.

»Spanner«, die nachts mit Ferngläsern um die Häuser schleichen oder mit Spiegeln bewaffnet in Umkleidekabinen lauern, erregen zu Recht Empörung. Das gilt vor allem für technisch besonders gut ausgerüstete Voyeure, die in Solarien, Hotelzimmern oder Damentoiletten mit Handykameras oder gar Livecams Aufnahmen von ihren arglosen Opfern machen und diese ins Internet stellen.

Wer einen Spanner »auf frischer Tat« ertappt und die Polizei verständigt, um ihn seiner Bestrafung zuzuführen, wird jedoch in vielen Fällen feststellen müssen, dass eine Bestrafung gar nicht möglich ist. Denn das heimliche Beobachten von Menschen, selbst mit technischen Hilfsmitteln wie Spiegeln, verborgenen »Gucklöchern« oder Ferngläsern erfüllt keinen Straftatbestand. Selbst das Filmen und Fotografieren der Personen und der anschließende private Konsum der Aufnahmen war lange Zeit nicht strafbar. Erst seit 2004 ist es bei Strafe verboten, unbefugt Bildaufnahmen von einer anderen Person zu machen, wenn diese sich in ihrer Wohnung oder einem anderen »gegen Einblick besonders geschützten Raum« aufhält. Gemeint sind damit z. B. Umkleide- oder Sonnenstudiokabinen. Strafbar sind die Aufnahmen allerdings nur dann, wenn durch die Aufnahmen der »höchstpersönliche Lebensbereich« der gefilmten Person verletzt wird. Vor allem die massenhafte Verbreitung von Nacktaufnahmen heimlich gefilmter Opfer im Internet soll durch dieses neue Gesetz gestoppt werden.

Schon bisher war es darüber hinaus strafbar, wenn derlei Bildaufnahmen nicht nur privat »konsumiert«, sondern weiter verbreitet oder gar öffentlich zur Schau gestellt wurden. Auch heimliche Tonaufnahmen waren bereits früher strafbar. Aus diesem Grund tun Fernsehteams, die mit versteckter Kamera drehen, nachträglich immer so, als sei der Ton während des heimlichen Drehs abgeschaltet gewesen. Die wortwörtliche Nachvertonung beruht dann angeblich nicht auf einem Tonmitschnitt, sondern auf einem »Gedächtnisprotokoll« des Kameramannes, das in der Regel allerdings von ganz verblüffender Präzision ist.

Den eher traditionell ausgerüsteten Spanner, der sich auf klassische Beobachtungshilfen wie Spiegel, Fernglas oder Guckloch beschränkt, wird man übrigens auch nach der neuen Gesetzlage künftig nicht belangen können. Solange er keine rechtsverletzenden Bild- oder Tonaufnahmen macht, handelt er nicht strafbar.

Bei Interesse siehe hierzu:
§ 201 StGB (Strafgesetzbuch), »Verletzung der Vertraulichkeit des Wortes«
§ 201a StGB, »Verletzung des höchstpersönlichen Lebensbereichs durch Bildaufnahmen«

§ 22 KUG (Kunsturhebergesetz), »Recht am eigenen Bilde«
§ 33 KUG, »Strafvorschrift«

Trinken bis zur Schuldunfähigkeit

Irrtum:
Wer völlig betrunken ist, kann sich nicht strafbar machen, weil er schuldunfähig ist.

Richtig ist:
Auch betrunkene Straftäter können zur Rechenschaft gezogen werden. Notfalls werden sie dafür bestraft, dass sie sich überhaupt betrunken haben.

»Ich saufe einfach so viel, bis ich schuldunfähig bin. Wenn ich dann eine Straftat begehe, kann ich dafür nicht belangt werden.« Es gibt tatsächlich Zeitgenossen, die an diesen Unsinn glauben. Sie unterliegen einem Missverständnis.

Es ist richtig, dass ein Täter grundsätzlich nicht wegen Straftaten zur Rechenschaft gezogen werden kann, die er im Zustand der Schuldunfähigkeit begangen hat. Richtig ist auch, dass schwere Trunkenheit diesen Zustand herbeiführen kann. Als Faustregel gilt: Ab drei Promille Blutalkoholkonzentration ist ein Täter derart beeinträchtigt, dass er schuldunfähig ist. Die Grenze kann in Ausnahmefällen auch darüber oder darunter liegen. Es kommt insoweit ganz auf den Einzelfall an. Wer kein geübter Trinker ist und schon bei »nur« zwei Promille schwerste Ausfallerscheinungen zeigt, kann bereits als schuldunfähig gelten. Umgekehrt kann dieser Zustand auch bei mehr als drei Promille möglicherweise noch nicht erreicht sein. Das gilt vor allem für besonders schwerwiegende Straftaten wie Mord und Totschlag. Denn auch drei Promille im Blut enthemmen einen Menschen nicht unbedingt so weit, dass er ohne weiteres ein Tötungsdelikt begeht.

Selbst wenn man sich jedoch schuldunfähig getrunken hat, bedeutet dies keineswegs, dass man einen Freibrief zur Begehung von Straftaten hat. Wer sich ganz bewusst betrinkt, um dann zum Beispiel einen Einbruch zu begehen, kann ohnehin mit keiner Straffreiheit rechnen. Denn er hat die Tat ja noch im Zustand der Schuldfähigkeit geplant. Dies reicht aus, um ihn wegen des Einbruchs zu bestrafen. Die Juristen sprechen von einer so genannten »vorsätzlichen actio libera in causa« – einer (noch) freien, d.h. nicht in schuldunfähigem Zustand begangenen, vorsätzlichen und für die Straftat ursächlichen Tathandlung.

Wegen einer »fahrlässigen actio libera in causa« kann außerdem sogar bestraft werden, wer während des Sichbetrinkens fahrlässigerweise nicht bedacht hat, dass er in diesem Zustand eine bestimmte Tat begehen könnte.

Wie aber ist ein Täter zu behandeln, der überhaupt nicht damit rechnen konnte, dass er im betrunkenen Zustand eine Straftat begehen könnte? Ein solcher Täter kann wegen der begangenen Tat tatsächlich nicht bestraft werden, und zwar auch nicht über den Umweg der vorsätzlichen oder fahrlässigen actio libera in causa. Das heißt jedoch noch lange nicht, dass er ungeschoren davonkommt. Für ihn sieht das Strafgesetzbuch noch einen speziellen Auffangtatbestand vor. Wer sich bis zur Schuldunfähigkeit betrinkt und dann eine Straftat begeht, die für ihn vorher nicht absehbar war, kann immer noch dafür bestraft werden, dass er sich überhaupt betrunken hat. Er wird dann zwar nicht wegen Einbruchsdiebstahl, Mord oder Raub bestraft, wohl aber wegen des Delikts des »Vollrausches«.

Sich zu betrinken ist in Deutschland also tatsächlich eine Straftat. Sie wird jedoch nur geahndet, wenn der Betrunkene in diesem Zustand andere Straftatbestände verwirklicht, für die er auf Grund seines Alkoholkonsums nicht zur Verantwortung gezogen werden kann. Der Vollrausch kann dann mit bis zu fünf Jahren Gefängnis bestraft werden.

Fazit: Auch volltrunkene Straftäter müssen letztlich immer büßen. Sie werden entweder dafür bestraft, dass sie sich vorsätzlich betrunken haben, um dann eine Straftat zu begehen (= vorsätzliche actio libera in causa), oder dafür, dass sie beim Trinken fahrlässig nicht bedacht haben, dass sie eine Straftat begehen könnten (= fahrlässige actio libera in causa), oder aber zumindest dafür, dass sie sich überhaupt betrunken haben (= Vollrausch). Ihre Schuldunfähigkeit gibt ihnen demnach in keinem Fall einen Freifahrtschein zum Begehen von Straftaten.

Bei Interesse siehe hierzu:
§ 20 StGB (Strafgesetzbuch), »Schuldunfähigkeit wegen seelischer Störungen«
§ 323 a StGB, »Vollrausch«

Üble Nachrede

Irrtum:
Wenn ich Gerüchte nur weitererzähle, kann ich mich nicht strafbar machen.

Richtig ist:
Auch das bloße Weiterverbreiten fremder Gerüchte kann als üble Nachrede gelten und strafbar sein.

Unbewiesene Gerüchte über andere weiterzuerzählen halten viele für harmlosen Tratsch. Doch die Schwelle zu einer strafbaren üblen Nachrede ist erheblich niedriger, als die meisten ahnen.

Wegen übler Nachrede macht sich strafbar, wer Tatsachen über einen anderen weiterverbreitet, die nicht bewiesen sind, die diesen jedoch verächtlich machen oder ihn im öffentlichen Ansehen herabwürdigen können.

Dabei ist man auch dann nicht vor Strafe geschützt, wenn man sich von dem Gerede distanziert und es nur unter dem Siegel der Verschwiegenheit (»Aber auf keinen Fall weitererzählen!«) verbreitet. Selbst wer ausdrücklich darauf hinweist, dass jemand anders das Gerücht in die Welt gesetzt habe und es völlig unglaubwürdig und überhaupt nicht bewiesen sei, kann sich strafbar machen. Denn auch dann trägt er ja immerhin dazu bei, dass die Geschichte weiterhin im Umlauf bleibt.[41] Die Klatschbasen dieser Welt sollten sich also darüber im Klaren sein, dass ihre Lieblingsfreizeitbeschäftigung sie irgendwann einmal vor den Strafrichter führen könnte.

Für die Medien gilt übrigens grundsätzlich nichts anderes. Die Presse hat genauso wenig ein generelles »Recht auf Tratsch« wie der Normalbürger. Allerdings können sich Zeitungen, Funk und Fernsehen in manchen Fällen auf das Grundrecht der Pressefreiheit berufen. Sie müssen die Möglichkeit haben, die Öffentlichkeit umfassend zu unterrichten. Für sie gilt daher der strafrechtliche Rechtfertigungsgrund der »Wahrnehmung berechtigter Interessen«. Unter diesen Rechtfertigungsgrund kann auch eine Berichterstattung über unbewiesene Gerüchte fallen. Dabei sind jedoch hohe Anforderungen an die journalistische Sorgfaltspflicht zu stellen. Tatsachen, die die Medien verbreiten wollen, müssen mit der nach den Umständen gebotenen Sorgfalt auf Inhalt, Herkunft und Wahrheit geprüft werden.

Diese Sorgfaltspflicht verletzte ein Journalist, der sich einmal vor dem Landgericht Hamburg für einen Artikel mit der Überschrift »Der Kneifer von Z.« verantworten musste. Er hatte in einer großen deutschen Wochenzeitschrift Folgendes geschrieben (Namen von Personen und Städten sind unkenntlich gemacht):

> *»Marie Luise W., Kanzlei-Angestellte des Amtsgerichts X., stieg die Treppe zu ihrem Bürozimmer hinauf, als sie sich plötzlich in die Kehrseite gekniffen fühlte. Eine Stimme untermalte den Angriff im rheinischen Tonfall: »Wat gibt et hier leckere Mädchen!«*
> *Fräulein W. sah sich bestürzt um, stürmte in ihren Amtsraum und klagte dort über den fremden Unhold. Zwei Bürokollegen wollten sich eben empören, als der Kneifer eintrat und sich vorstellte: Landgerichtspräsident Dr. Y., eben zur Visite bei dem ihm unterstellten Amtsgericht X. eingetroffen.*
> *So jedenfalls wird der Z.-Besuch in einem Brief geschildert, den ein Bürger von X. unlängst dem nordrhein-westfälischen Justizminister geschrieben hat. Aufgebracht fragte der Absender: »Meinen Sie, dass dieser Herr viele Beamte und Angestellte führen kann?«*[42]

Die angeblichen Verfehlungen des Landgerichtspräsidenten waren nicht erwiesen. Der Journalist wurde daher in erster Instanz wegen übler Nachrede verurteilt. Erst das Oberlandesgericht Hamburg hob die Verurteilung auf – jedoch nur, weil die Rechtsabteilung des Zeitschriftenverlages den Artikel irrtümlich für unproblematisch gehalten hatte. Der Journalist durfte nach Einschätzung des Gerichts auf die Aussage des Verlagsjuristen vertrauen. Er habe nicht wissen können, dass seine Äußerungen strafbar waren (→ *Unwissenheit schützt vor Strafe nicht*). Nur aus diesem Grund kam er letztlich mit einem Freispruch davon.

Bei Interesse siehe die Landespressegesetze der einzelnen Bundesländer, zum Beispiel:
§ 3 LPrG NW (Landespressegesetz Nordrhein-Westfalen), »Öffentliche Aufgabe der Presse«
§ 6 LPrG NW, »Sorgfaltspflicht der Presse«
§ 186 StGB (Strafgesetzbuch), »Üble Nachrede«
§ 193 StGB, »Wahrnehmung berechtigter Interessen«

Unwissenheit schützt vor Strafe nicht

Irrtum:
Unwissenheit schützt vor Strafe nicht.

Richtig ist:
In einer ganzen Reihe von Fällen schützt »Unwissenheit« sehr wohl vor Strafe.

Eine alte Volksweisheit lehrt uns: »Unwissenheit schützt vor Strafe nicht.« Doch sooft dieser Spruch auch wiederholt wird, so falsch ist er – jedenfalls in seiner Absolutheit. Denn wegen einer vorsätzlichen Straftat kann sich nur strafbar machen, wer alle relevanten Tatumstände kennt. Unwissende können also sehr wohl vor Strafe geschützt sein.

Ein Beispiel: Wer einen Stein durch eine fremde Fensterscheibe wirft, macht sich nicht wegen Sachbeschädigung strafbar, wenn er glaubte, das Fenster sei geöffnet gewesen. Denn ihm war überhaupt nicht klar, dass er eine Fensterscheibe zerstören würde. Er hatte also keinen Vorsatz. Und wer keinen Vorsatz hat, kann allenfalls wegen fahrlässiger Tatbegehung bestraft werden. Fahrlässige Sachbeschädigung ist jedoch vom Gesetz nicht mit Strafe bedroht. Der Täter muss zwar den angerichteten Schaden ersetzen, wenn er zumindest hätte erkennen *können*, dass das Fenster geschlossen war. (Hatte er diese Möglichkeit nicht, ist noch nicht einmal ein Schadensersatz fällig.) Strafrechtliche Sanktionen braucht er jedoch nicht zu befürchten. Seine Unwissenheit hat ihn also sehr wohl vor Strafe geschützt.

Das Gesetz geht mit der Privilegierung »Unwissender« sogar noch weiter. Täter, die einem so genannten »unvermeidbaren Verbotsirrtum« aufliegen, werden nicht bestraft. Ein Verbotsirrtum liegt vor, wenn der Täter zwar sämtliche relevanten Tatumstände kannte, ihm aber trotzdem nicht klar war, dass er etwas Verbotenes tut. Unvermeidbar kann ein solcher Verbotsirrtum zum Beispiel dann sein, wenn sich der Täter vor seiner Tat kompetenten Rechtsrat eingeholt hat. Wenn ein Jurist ein bestimmtes Verhalten eindeutig als rechtmäßig einstuft, kann der Ratsuchende in der Regel auf diese Auskunft vertrauen. Sein Irrtum ist unvermeidbar.

Auch hierfür ein Beispiel: Ein Bundeswehrleutnant hatte einen Unfall, bei dem er sich eine Querschnittslähmung zuzog. Gegen viele Widerstände setzte er durch, dass er trotz seiner Behinderung weiterhin als Reserveoffizier tätig sein und wieder an Wehrübungen teilnehmen durfte. Die Zeitschrift *Titanic* führte ihn daraufhin in einer Liste der »sieben peinlichsten Persönlichkeiten des Monats« auf und schrieb:

> *»Noch obszöner ist freilich die Vorstellung, dass ein Querschnittsgelähmter im Rollstuhl zu einer Wehrübung einrückt. Nicht weil er müsste – nein, er wollte unbedingt. (...) M. freut sich nun ›unheimlich‹ aufs Kriegspielen. ›Dein Kopf ist doch völlig o.k.‹, will er sich gesagt haben, ›warum solltest du der Bundeswehr nicht weiterhin als Reserveoffizier nützlich sein?‹ Eine müßige Frage, da schon die Voraussetzung offenbar falsch ist.«*[43]

Das Amtsgericht Frankfurt a.M. sah in diesem Text eine Beleidigung, da er die geistigen Fähigkeiten des Soldaten in Zweifel zog. Es bestrafte den Autor dennoch nicht. Es billigte ihm vielmehr einen unvermeidbaren Verbotsirrtum zu, der die Beleidigung entschuldigte. Denn eine Juristin des *Titanic*-Verlages hatte den Text vor der Veröffentlichung geprüft und für zulässig befunden. Auf ihre – falsche – Aussage durfte der *Titanic*-Journalist vertrauen, so das Amtsgericht.[44]

In vielen Fällen sind Verbotsirrtümer dagegen natürlich vermeidbar. Selbstverständlich kann niemand ein Kilo Drogen importieren und anschließend behaupten, er habe nicht gewusst, dass das strafbar ist. Selbst wenn der Richter ihm diesen Irrtum abnimmt, wird er den Importeur bestrafen. Denn ein solcher Verbotsirrtum war ganz sicher vermeidbar.

Bei Interesse siehe hierzu:
§ 16 StGB (Strafgesetzbuch), »Irrtum über Tatumstände«
§ 17 StGB, »Verbotsirrtum«

Waffenschein für Gaspistolen

Irrtum:
Wer Gas-, Signal- oder Schreckschusspistolen mit sich führt, braucht keinen Waffenschein.

Richtig ist:
Wer Gas-, Signal- oder Schreckschusspistolen mit sich führt, braucht seit 2003 den so genannten »Kleinen Waffenschein«.

Deutsche Reisende, die ihre Gaspistole mit in den Urlaub nehmen wollten, fielen schon früher häufig aus allen Wolken, wenn sie an der Grenze von den Zollbeamten des Nachbarlandes darauf aufmerksam gemacht wurden, dass es dort nicht erlaubt ist, Gas- oder Schreckschusspistolen mit sich zu führen. Dass dies in Deutschland seit 2003 genauso ist, hat sich immer noch nicht überall herumgesprochen. Zwar dürfen Volljährige nach wie vor Gas-, Schreckschuss- oder Signalpistolen erwerben und besitzen, wenn diese ordnungsgemäß zugelassen sind. Wer sie jedoch außerhalb seiner Wohnung mit sich führen will, benötigt heute den so genannten »Kleinen Waffenschein«. Wer volljährig, zuverlässig und zum Führen einer Waffe körperlich und geistig geeignet ist, erhält den kleinen Waffenschein gegen eine Verwaltungsgebühr von derzeit 50,00 €[45].

Wer keinen Kleinen Waffenschein hat und trotzdem immer noch Gas-, Schreckschuss- oder Signalpistolen führt, macht sich strafbar und kann mit einer Freiheitsstrafe bis zu drei Jahren bestraft werden. Ausnahmen gelten zum Beispiel für Bergsteiger und Schiffsführer. Um ihnen die Möglichkeit zu geben, im Notfall Hilfe herbeizuholen, benötigen sie keine Erlaubnis zum Führen einer Signalpistole, wenn sie in den Bergen bzw. auf See sind. Auch wer bei Sportwettkämpfen das Startsignal gibt, braucht für seine Schreckschusspistole keinen Waffenschein. Alle anderen sollten schnell einen beantragen, wenn sie weiterhin straflos mit ihrer Gaspistole spazieren gehen wollen.

Bei Interesse siehe hierzu:
§ 10 Abs. 4 WaffG (Waffengesetz), »Erteilung von Erlaubnissen zum Erwerb, Besitz, Führen und Schießen« i. V. m. Anlage 2 Abschnitt 2 Unterabschnitt 3 Nr. 2 und 2.1 WaffG, »Waffenliste«

Wechselgeld unterschlagen

Irrtum:
Wer zu viel erhaltenes Wechselgeld behält, macht sich strafbar.

Richtig ist:
Im Regelfall ist es nicht strafbar, zu viel herausgegebenes Wechselgeld zu behalten.

Manch einer fühlt sich als Dieb oder Betrüger, wenn er die Kassiererin im Supermarkt nicht darauf aufmerksam macht, dass sie ihm zu viel Wechselgeld herausgegeben hat. Und zweifellos hat er Recht damit, dass er sich unmoralisch verhält. Ob er wegen seiner Tat allerdings auch juristisch belangt werden kann, ist eine ganz andere Frage.

Ein Dieb ist er zunächst einmal ganz sicher nicht. Denn einen Diebstahl begeht nur, wer einem anderen etwas gegen dessen Willen wegnimmt. Die Kassiererin gibt das Geld jedoch freiwillig heraus. Sie irrt sich lediglich über die korrekte Höhe des Wechselgeldes.

Auch ein Betrug liegt in aller Regel nicht vor. Wenn sich die Kassiererin schlicht verrechnet hat, trifft den Kunden keine Schuld an ihrem Irrtum. Zu einem Betrug gehört immer eine Täuschung. Ein Käufer, der lediglich einen Irrtum der Kassiererin ausnutzt, täuscht diese jedoch nicht. Da er nicht verpflichtet ist, sie auf ihren Fehler aufmerksam zu machen, hat er sich auch nicht wegen Betrugs strafbar gemacht.

Etwas anderes gilt nur, wenn die Kassiererin ihn zum Beispiel fragt, ob ihre Berechnung stimmt. Wer dann lügt und den Irrtum der Kassiererin aufrechterhält, indem er ihr bewusst eine falsche Antwort gibt, der macht sich unter Umständen wegen Betrugs strafbar. Er geht nur dann straffrei aus, wenn seine Antwort gar keinen Einfluss darauf hatte, ob die Kassiererin das errechnete Wechselgeld auszahlt oder nicht.[46]

Die zuletzt geschilderte Fallkonstellation wird in der Praxis freilich selten vorkommen. In aller Regel kann man daher davon ausgehen, dass es nicht strafbar ist, zu viel herausgegebenes Wechselgeld zu behalten. Ob es fair ist, muss jeder für sich entscheiden.

Bei Interesse siehe hierzu:
§ 242 StGB (Strafgesetzbuch), »Diebstahl«
§ 263 StGB, »Betrug«

Zechprellerei strafbar?

Irrtum:
Wer ein Restaurant verlässt, ohne zu bezahlen, begeht »Zechprellerei« und macht sich stets strafbar – es sei denn, er hat vorher drei Mal nach der Rechnung gefragt oder eine halbe Stunde auf diese gewartet.

Richtig ist:
Den Straftatbestand der Zechprellerei gibt es überhaupt nicht. Man muss auch nicht drei Mal nach der Rechnung fragen oder eine halbe Stunde darauf warten.

Wenn ein Restaurant- oder Kneipengast seine Rechnung nicht bezahlen kann oder will, hat der Wirt natürlich die Möglichkeit, ihn auf Zahlung zu verklagen. Der Gast wird dann gerichtlich dazu gezwungen, die Rechnung zu begleichen. Viele Wirte begnügen sich jedoch nicht damit, eine zivilrechtliche Zahlungsklage anzudrohen. Häufig rufen sie gleich nach der Polizei. Sie verlangen nicht nur ihr Geld, sondern drohen dem Gast außerdem noch mit einer Strafanzeige wegen »Zechprellerei«. So versuchen sie, zusätzlichen Druck auf ihn auszuüben. Tatsache ist jedoch: Ein Straftatbestand der Zechprellerei existiert in Deutschland nicht.

Und das ist auch sinnvoll. Denn warum sollte es immer gleich strafbar sein, ausgerechnet eine Restaurant-, Kneipen- oder Hotelrechnung nicht zu bezahlen? Schließlich käme auch niemand auf den Gedanken, dass es eine Straftat sei, Telefon- oder Handwerkerrechnungen nicht zu begleichen. Oder hat schon einmal jemand was von »Telefonrechnungsprellerei« gehört?

Gastronomen werden es nicht gern hören, aber sie haben gegenüber anderen Unternehmen oder Personen, die Rechnungen stellen, keine Sonderrechte. Es ist nicht die Aufgabe der Strafjustiz, ihnen beim Eintreiben ihrer Forderungen zu helfen.

Heißt das, man kann in Deutschland niemals bestraft werden, wenn man ein Restaurant verlässt, ohne zu zahlen? Ganz so einfach ist es natürlich nicht. Wer schon bei der Bestellung weiß, dass er die Rechnung nicht bezahlen kann oder will, der begeht einen Betrug. Denn er täuscht dem Gastwirt seine Zahlungsbereitschaft oder Zahlungsfähigkeit nur vor. Wer ein Restaurant also verlässt, ohne zu bezahlen, muss zwar nicht »drei Mal nach der Rechnung fragen« oder »eine halbe Stunde auf sie warten«, um straffrei auszugehen. Er sollte aber eine glaubhafte Erklärung dafür haben, warum er ursprünglich angeblich bezahlen wollte, es dann aber doch nicht getan hat. Wer sein Verhalten nicht erklären kann, muss damit rechnen, dass er bestraft wird – zwar nicht wegen »Zechprellerei«, aber wegen Betruges.

Viel gastronomenfreundlicher ist man übrigens in der Schweiz. Das Schweizerische Strafgesetzbuch kennt tatsächlich den Straftatbestand der Zechprellerei. Wer dort ein Restaurant verlässt, ohne zu bezahlen, kann sich selbst dann strafbar machen, wenn er bei der Bestellung eigentlich noch bezahlen wollte. Bei unseren eidgenössischen Nachbarn macht es strafrechtlich also wirklich einen Unterschied, ob man eine Restaurantrechnung nicht bezahlt oder ob man lediglich eine Telefonrechnung nicht begleicht.

Bei Interesse siehe hierzu:
§ 263 StGB (Strafgesetzbuch), »Betrug«
Art. 149 Schweizerisches StGB, »Zechprellerei«

Zwangsarbeit

Irrtum:
In Deutschland gibt es keine Zwangsarbeit.

Richtig ist:
Strafgefangene dürfen in Deutschland zur Zwangsarbeit herangezogen werden.

Bei dem Wort »Zwangsarbeit« denkt man an Häftlinge in gestreifter Sträflingskleidung, die mit Fußketten gefesselt in einem Steinbruch bei sengender Hitze Schwerstarbeit leisten müssen. Man denkt also an Zustände, wie sie in der zivilisierten Welt zum Glück seit langem nicht mehr vorkommen – jedenfalls nicht in den östlich des Nordatlantik gelegenen Kulturnationen.

Der Glaube, in Deutschland gebe es keine Zwangsarbeit mehr, ist jedoch ein Irrglaube. Natürlich sind die oben geschilderten Zustände hierzulande längst düstere Vergangenheit. Dennoch gibt es auch in Deutschland Zwangsarbeit. Gemeint sind nicht etwa die Ein-Euro-Jobber, die sich jetzt möglicherweise angesprochen und in ihrer Haltung bestätigt fühlen, sie würden zu »Fronarbeit verdonnert«. Angesichts drohender Arbeitslosengeldkürzungen veranlasst Hartz IV zwar viele zur Aufnahme gemeinnütziger Arbeiten im Rahmen von Ein-Euro-Jobs. Von Zwangsarbeit zu sprechen, geht in diesem Zusammenhang jedoch sicherlich entschieden zu weit.

In deutschen Gefängnissen dagegen gibt es sehr wohl Zwangsarbeit. Das Grundgesetz sieht ausdrücklich vor, dass die – ansonsten verbotene – Zwangsarbeit bei gerichtlich angeordneter Freiheitsentziehung ausnahmsweise zulässig ist. Strafgefangene müssen zwar nicht mehr in den Steinbruch, sie können jedoch auch heute noch zum sprichwörtlichen Tütenkleben in der Gefängniswerkstatt zwangsverpflichtet werden. Ausnahmen gelten nur für Gefangene über 65 Jahre und gegebenenfalls für werdende und stillende Mütter. Alle anderen müssen jede Arbeit annehmen, zu der sie aufgrund ihres körperlichen Zustandes in der Lage sind. Die Justizvollzugsanstalten hören den Begriff »Zwangsarbeit« in diesem Zusammenhang natürlich nicht gern. Sie sprechen lieber von »arbeitstherapeutischen

Maßnahmen«, mit denen der Gefangene resozialisiert werden soll. So segensreich diese Maßnahmen tatsächlich auch sein mögen, in wortwörtlicher Anlehnung an die Formulierung im Grundgesetz ist es dennoch gerechtfertigt, sie als Zwangsarbeit zu bezeichnen.

Bei Interesse siehe hierzu:
Art. 12 Abs. 3 GG (Grundgesetz), »Berufsfreiheit«
§ 41 Abs. 1 StVollzG (Strafvollzugsgesetz), »Arbeitspflicht«

Straßenverkehr

Abschließen des Autos

Irrtum:
Ob ich mein geparktes Auto oder Motorrad abschließe oder nicht, ist meine Privatsache.

Richtig ist:
Geparkte Kraftfahrzeuge müssen gegen unbefugte Benutzung gesichert werden.

Ein Auto oder Motorrad schließt man ab, um es vor Diebstahl zu schützen. Ob man das Fahrzeug unverschlossen stehen lässt und so das Diebstahlsrisiko eingeht oder ob man es sichert, ist also jedem selbst überlassen – könnte man meinen.

So ist es aber nicht. Führer eines Kraftfahrzeugs sind verpflichtet, alle vorgeschriebenen und vorhandenen Sicherungen zu betätigen, wenn sie ihr Fahrzeug auf einer jedermann zugänglichen Fläche unbewacht abstellen.[47] Die Beobachtung des Fahrzeugs beispielsweise aus dem Friseurladen während des Haareschneidens gilt dabei nicht als Bewachung.[48]

Nur wenigen ist diese Regelung bekannt. Sie wurde in die Straßenverkehrsordnung aufgenommen, weil es eben nicht nur den Fahrer etwas angeht, wenn sein Fahrzeug gestohlen wird. Es muss vielmehr auch im Interesse der Allgemeinheit verhindert werden, dass Personen im Straßenverkehr herumfahren, die zum Beispiel alkoholisiert sind oder gar keine Fahrerlaubnis besitzen.

Aus diesem Grund kann nachlässigen Fahrern, die ihr Kfz ungesichert stehen lassen, ein Bußgeld auferlegt werden. Das Fahrzeug kann unter Umständen sogar kostenpflichtig abgeschleppt werden.[49] Außerdem muss der Halter für Schäden haften, die ein Dieb bei seiner Schwarzfahrt anrichtet, falls das Fahrzeug durch sein Verschulden nicht ausreichend gesichert war.

Bei Interesse siehe hierzu:
§ 14 Abs. 2 StVO (Straßenverkehrsordnung), »Sorgfaltspflichten beim Ein- und Aussteigen«
§ 7 Abs. 3 StVG (Straßenverkehrsgesetz), »Haftung des Fahrzeughalters«

Allgemeine Verkehrskontrolle

Irrtum:
Eine allgemeine Verkehrskontrolle ist nur dann zulässig, wenn sie sich an alle vorbeifahrenden Fahrzeuge richtet.

Richtig ist:
Die Polizei darf auch bei nur einem Fahrzeug eine allgemeine Verkehrskontrolle vornehmen.

Eine allgemeine Verkehrskontrolle heißt zwar »allgemein«, das heißt aber noch lange nicht, dass sie sich deswegen auch an die Allgemeinheit richten muss. Dies ist nicht jedem Bürger klar, wenn er auf einer stark befahrenen Straße als Einziger von einem überholenden Polizeiwagen herausgewunken wird. Besserwisserisch belehrt manch einer die Beamten dann darüber, dass eine *allgemeine* Kontrolle ja wohl kaum an nur *einem* Fahrer vorgenommen werden könne. Und überhaupt: »Haben Sie eigentlich nichts Besseres zu tun? Fangen Sie lieber richtige Verbrecher, anstatt harmlose Bürger anzuhalten! Immerhin zahle ich mit meinen Steuergeldern Ihr Gehalt!«

Solche Sprüche kennt jeder Polizist zur Genüge. Auch die tausendste Wiederholung macht sie nicht geistreicher. Eine allgemeine Verkehrskontrolle setzt natürlich nicht voraus, dass eine komplette Straße von 20 Polizeibeamten abgesperrt und jeder dritte Wagen überprüft wird. Sie ist vielmehr auch verdachtsunabhängig möglich. Ein Fahrer muss also nicht einmal auffällig langsam oder in Schlangenlinien fahren. Die Polizei hat vielmehr das Recht, ihn jederzeit auch ohne konkreten Anlass aus dem Straßenverkehr herauszufischen und zu überprüfen. Eine allgemeine Verkehrskontrolle heißt also nicht deshalb so, weil die Allgemeinheit kontrolliert wird, sondern weil ein einzelner Fahrer einmal »ganz allgemein« überprüft werden soll. Der Fahrer ist dann verpflichtet, Führerschein und Fahrzeugpapiere vorzuweisen. Er muss zum Beispiel auch den obligatorischen Verbandskasten oder das Warndreieck vorzeigen, wenn die Beamten es sehen wollen. Eine grundlose Durchsuchung des Fahrzeugs muss er dagegen nicht dulden. Wenn also nicht gerade eine blutverschmierte Hand aus dem Kofferraum ragt, muss der Fahrer den Deckel nicht öffnen.

So viel zur Rechtslage. Und was die Sache mit den Steuergeldern und den Verbrechern angeht: Bevor man harmlose Polizeibeamte mit derlei Sprüchen behelligt, mag sich einmal jeder selbst überlegen, ob es wirklich sinnvoll wäre, wenn mit den Steuergeldern ausschließlich flüchtige Bankräuber eingefangen würden, oder ob der Staat nicht auch dafür sorgen sollte, dass die Verfolgungsjagd auf sicheren und sorgfältig verkehrsüberwachten Straßen stattfindet.

Bei Interesse siehe hierzu:
§ 36 Abs. 5 StVO (Straßenverkehrsordnung), »Zeichen und Weisungen der Polizeibeamten«

Anhänger und Wohnwagen parken

Irrtum:
Anhänger und Wohnwagen dürfen unbegrenzt geparkt werden.

Richtig ist:
Anhänger und Wohnwagen dürfen maximal 14 Tage an der gleichen Stelle parken.

Immer wieder sieht man, dass Anhänger ohne Zugfahrzeug oder Wohnwagen wochenlang auf öffentlichen Straßen geparkt werden. Oft haben die Besitzer dabei keinerlei Unrechtsbewusstsein. Sie kommen gar nicht auf die Idee, dass dies unzulässig sein könnte. Denn schließlich darf man Autos ja auch so lange parken, wie man will.

Für Anhänger – und dazu gehören auch Wohnanhänger – gibt es jedoch eine Sonderregelung. Ohne Zugfahrzeug dürfen sie nicht länger als zwei Wochen geparkt werden. Einzige Ausnahme sind entsprechend gekennzeichnete Parkplätze.

Wer ein Bußgeld vermeiden will, sollte den (Wohn-)anhänger also entweder nur zusammen mit dem dazugehörigen Auto parken oder ihn ab und zu wenigstens für eine gewisse Zeit »bewegen« und anschließend möglichst an anderer Stelle wieder abstellen. Wer leider wieder nur denselben Parkplatz findet, sollte darauf achten, dass die Stellung der Ventile an den Rädern eine andere ist als zuvor. Denn die Ventilstellung wird von den Politessen häufig notiert, um so nachweisen zu können, dass der Anhänger zwischendurch keineswegs, wie behauptet, entfernt und »ganz zufällig« wieder am gleichen Platz abgestellt wurde wie vorher.

Bei Interesse siehe hierzu:
§ 12 Abs. 3b StVO (Straßenverkehrsordnung): »Halten und Parken«

Arztausfahrt

Irrtum:
In der Straßenverkehrsordnung gibt es den Begriff der »Arztausfahrt«.

Richtig ist:
Ausfahrt ist Ausfahrt.

Der Autor dieses Buches gibt zu, dass er für die Aufnahme dieses Irrtums rein persönliche Motive hat. An der Garagenausfahrt meines früheren Nachbarn in Köln prangt noch heute unübersehbar ein Schild mit der Aufschrift: »Arztausfahrt! Tag und Nacht freihalten! Auch gegenüber!«

Wer dort auch nur eine Minute hält (zugegebenermaßen im absoluten Haltverbot), wird augenblicklich auf diesen Umstand hingewiesen. Ein Fenster öffnet sich und man vernimmt die empörte Mahnung: »Dies ist eine Arztausfahrt!« Wer angesichts dieser Mitteilung nicht sogleich in Ehrfurcht erstarrt, der ist versucht, etwa zu entgegnen: »Angenehm. Ich bin ein Ingenieurssohn und dies ist ein

Rechtsanwaltsauto. Ich lade etwas aus und bin sofort wieder weg.«

Ausfahrt ist Ausfahrt und Haltverbot ist Haltverbot. Der Straßenverkehrsordnung ist es völlig egal, welcher Tätigkeit ein zugeparkter Garagenbesitzer nachgeht. Für Ärzte gelten also keine Sonderregeln. Den Begriff der »Arztausfahrt« gibt es im deutschen Recht nicht.

Selbstverständlich kann Falschparken Menschenleben kosten. Vor allem können falsch geparkte Fahrzeuge Rettungswege versperren. Das gilt aber überall und nicht nur vor den Häusern von Ärzten; ob diese nun Bereitschaftsdienste haben oder nicht. Haltverbote sollten daher generell befolgt werden. Es gibt keine Haltverbote erster und zweiter Klasse und auch keine Ausfahrtenbesitzer erster und zweiter Klasse.

Auffahrunfälle

Irrtum:
Wer auffährt, hat Schuld.

Richtig ist:
Nicht immer hat der Auffahrende Schuld.

Die wohl bekannteste Schuldregel bei Auffahrunfällen im Straßenverkehr lautet: »Wer auffährt, hat Schuld.« Doch so bekannt diese Regel ist, so häufig wird sie auch missverstanden. Denn der simple Grundsatz vom Auffahrenden, der angeblich immer Schuld hat, gilt bei weitem nicht in allen Fällen.

Wenn sich zwischen zwei Verkehrsteilnehmern ein Unfall ereignet hat, muss das Gericht zunächst einmal rekonstruieren, was eigentlich passiert ist. Schuld am Unfall hat derjenige, der vorsätzlich oder fahrlässig gegen Verkehrsregeln verstoßen und so den Unfall verursacht hat. Möglicherweise ist dies nur einer der beiden Verkehrsteilnehmer. Dann muss dieser den vollen Schaden tragen. Denkbar ist aber auch, dass beide Verkehrsteilnehmer einen Fehler gemacht haben. Dann müssen sie gemeinsam für den Schaden aufkommen. Das Gericht muss lediglich eine Haftungsquote festlegen, zum Beispiel im Verhältnis 50/50 oder 70/30. Als dritte Möglichkeit kommt in Betracht, dass keiner der beiden Unfallbeteiligten etwas falsch gemacht hat, sondern ein Dritter ausschließlich für den Unfall verantwortlich ist. Dann muss dieser sämtliche Kosten übernehmen.

Man kann es sich also nicht so einfach machen, immer pauschal dem Auffahrenden die Schuld am Unfall zu geben. Zuzugeben ist jedoch, dass eine zu hohe Geschwindigkeit des Auffahrenden oder ein zu geringer Sicherheitsabstand die häufigsten Unfallursachen sind. Wenn sich ein Auffahrunfall ereignet hat, dann spricht deshalb zunächst einmal der so genannte »Beweis des ersten Anscheins« dafür, dass der Hintermann zu schnell war oder nicht genügend Sicherheitsabstand einhielt. Betrüger machen sich diesen Umstand mitunter zu Nutze. Sie provozieren bewusst Auffahrunfälle, indem sie zum Beispiel ganz plötzlich und unerwartet bremsen.

Doch ein bloßer »Beweis des ersten Anscheins« ist noch lange kein endgültiger Beweis. Der erste Anschein kann vielmehr auch widerlegt werden. Wenn der Vordermann zum Beispiel grundlos eine Vollbremsung hingelegt hat, kann er nicht damit rechnen, dass ihm sein gesamter Schaden ersetzt wird.

Recht erhielt daher eine Fahrerin, die auf ein Auto auffuhr, weil sich dieses an einer grünen Ampel zunächst in Bewegung setzte, dann aber plötzlich und unerwartet wieder bremste.

Schlechte Karten haben auch die allseits beliebten Verkehrserzieher, die dem Hintermann nur einmal eine Lehrstunde in Straßenverkehrsrecht erteilen wollten. Wer aus solch hobbypädagogischen Gründen bremst, verstößt selbst gegen die Straßenverkehrsordnung und muss nicht nur mit einem Bußgeld und Punkten in Flensburg rechnen, sondern auch mit einem Zivilverfahren auf Schadensersatz und Schmerzensgeld oder gar mit einer Strafanzeige wegen fahrlässiger Körperverletzung bzw. Tötung, falls beim Unfall Menschen zu Schaden gekommen sind.

Tierfreunde mögen es verzeihen: Auch für Igel, Eichhörnchen oder sonstige Kleintiere darf man keine gefährliche Vollbremsung machen. Tut man es doch, so muss man im Falle eines Unfalles zumindest einen Teil des Schadens selbst tragen. Anders sieht es allerdings aus, wenn man sich auf der Straße plötzlich einem kapitalen Rehbock gegenübersieht. In diesem Fall ist man natürlich nicht gezwungen, einfach »draufzuhalten«.

Und noch ein letztes Beispiel soll zeigen, dass nicht immer der Auffahrende Schuld hat. Eine Autofahrerin fädelte sich von einer Autobahnauffahrt kommend direkt auf die Überholspur ein. Ein sehr schnell fahrendes Auto konnte dort nicht mehr rechtzeitig bremsen und fuhr hinten auf. Auch diese Fahrerin musste natürlich für den kompletten Schaden aufkommen. Der Auffahrende musste nichts bezahlen.

Bei Interesse siehe hierzu:
§ 4 Abs. 1 StVO (Straßenverkehrsordnung), »Abstand«

Blinken bei abknickender Vorfahrt

Irrtum:
Solange ich auf der Vorfahrtsstraße bleibe, muss ich nicht blinken. Wenn ich die Vorfahrtsstraße verlasse, muss ich auf jeden Fall blinken.

Richtig ist:
Wer abbiegen will, muss immer blinken, wer nicht abbiegt, muss nicht blinken. Ob man sich auf einer Vorfahrtsstraße befindet oder nicht, spielt keine Rolle.

Eigentlich ist es ganz einfach: Wer abbiegen will, muss den Blinker betätigen, wer nicht abbiegt, muss nicht blinken. Obwohl diese Regel im Grundsatz jedem Autofahrer klar ist, gibt es eine Verkehrssituation, in der sie in der Praxis immer wieder missachtet wird, und zwar allen Aufklärungsbemühungen zum Trotz. Die Rede ist von abknickenden Vorfahrtsstraßen.

Viele Fahrer glauben, sie müssten nicht blinken, solange sie auf der Vorfahrtsstraße bleiben, egal, ob diese abknickt oder nicht. Umgekehrt blinken sie zum Beispiel nach rechts, wenn sie die nach links abknickende Vorfahrt verlassen und geradeaus weiterfahren. Beides ist jedoch falsch. Ob man blinken muss oder nicht, hängt nur davon ab, ob man abbiegt oder nicht. Ob man sich gerade auf einer Vorfahrtsstraße befindet, spielt dabei überhaupt keine Rolle. Denn der offizielle Name des Blinkers ist schließlich »Fahrtrichtungsanzeiger«. Er soll die Fahrtrichtung anzeigen und nicht, ob man beabsichtigt, von einer vorfahrtberechtigten Straße auf eine nicht vorfahrtberechtigte Straße zu wechseln. Andernfalls müsste man ihn »Vorfahrtstraßenanzeiger« nennen.

Bei Interesse siehe hierzu:
§ 9 Abs. 1 S. 1 StVO (Straßenverkehrsordnung), »Abbiegen, Wenden und Rückwärtsfahren«

Einhändig Fahrrad fahren

Irrtum:
Einhändig Fahrrad fahren ist gefährlich und deshalb verboten.

Richtig ist:
Nur freihändiges Fahrradfahren ist verboten.

Jedes Kind weiß, dass es verboten ist, freihändig Fahrrad zu fahren. Viele glauben, dass es auch untersagt ist, nur eine Hand am Lenker zu haben. Für diese Vermutung sprechen sogar gute Gründe. Denn in der Tat ist es erheblich sicherer, wenn beide Hände den Lenker fest umfassen. Wer plötzlich bremsen oder einem Hindernis ausweichen muss, riskiert, den Lenker zu verreißen, wenn er ihn nur mit einer Hand hält. Trotzdem ist es erstaunlicherweise nicht verboten, einhändig Fahrrad zu fahren. Solange man noch in der Lage ist, sein Fahrrad zu kontrollieren – und davon geht die Rechtsprechung bei durchschnittlichen Fahrradfahrern im Allgemeinen aus –, darf man sogar schwere Gegenstände mit einer Hand radelnd transportieren.

Nicht erlaubt ist es allerdings, beim Fahrradfahren zu telefonieren, es sei denn, man verwendet ein Headset und steckt das Handy in die Tasche. Das Handy in der Hand ist also auch beim Fahrradfahren tabu, jedenfalls dann, wenn man es nicht einfach nur transportiert, sondern es zum Telefonieren oder SMS-Verschicken benutzt.

In bestimmten Situationen ist einhändiges Fahrradfahren nicht nur erlaubt, sondern sogar geboten, zum Beispiel dann, wenn der Radfahrer anzeigen will, dass er vorhat, abzubiegen. Dies geschieht bekanntlich mit dem ausgestreckten linken oder rechten Arm. Zu einer sinnvollen Verkehrserziehung für Kinder gehört es daher, mit ihnen einhändiges Fahrradfahren zu üben. Man sollte ihnen jedoch erklären, dass sie diese Fähigkeit nur dann anwenden sollten, wenn sie einen Wechsel der Fahrtrichtung anzeigen wollen. In allen anderen Fällen ist es sicherer, beide Hände am Lenker zu haben, auch wenn dies vom Gesetz nicht ausdrücklich vorgeschrieben ist.

Bei Interesse siehe hierzu:
§ 23 Abs. 1a, 3 StVO (Straßenverkehrsordnung), »Sonstige Pflichten des Fahrzeugführers«

Geschwindigkeitsbegrenzungen nach Einmündungen

Irrtum:
Wenn eine Geschwindigkeitsbegrenzung nach einer Einmündung nicht durch ein weiteres Verkehrsschild wiederholt wird, gilt sie nicht mehr.

Richtig ist:
Einmündungen heben Geschwindigkeitsbegrenzungen nicht auf.

Viele Autofahrer glauben, eine Geschwindigkeitsbegrenzung gelte nach einer Kreuzung oder Einmündung nicht mehr, wenn sie dahinter nicht durch ein neues Schild wiederholt werde. Dies trifft jedoch nicht zu. Es gibt vielmehr nur drei Möglichkeiten, eine Geschwindigkeitsbegrenzung zu beenden:

- Schon zu Beginn der geschwindigkeitsbegrenzten Strecke kann ein Schild von vornherein ihre Länge (z.B. 800 Meter) angeben.
- Wenn die Geschwindigkeitsbegrenzung zusammen mit einem Schild angeordnet wird, das auf eine bestimmte Gefahr hinweist, gilt sie an dem Punkt als aufgehoben, wo klar ist, dass die Gefahr von da an nicht mehr besteht.
- Das Zeichen 278 der Straßenverkehrsordnung (durchgestrichene Geschwindigkeitsbegrenzung) zeigt das Ende der Verbotsstrecke an.

Eine Einmündung beendet ein Tempolimit also nicht. Das gilt auch für die Fahrzeuge, die von der Einmündung aus auf die Straße mit der Geschwindigkeitsbegrenzung abbiegen. Auch sie müssen sich an die zulässige Höchstgeschwindigkeit halten, obwohl sie sie überhaupt nicht kennen können. Ob sie im Falle eines Verstoßes gegen das Tempolimit allerdings eine Geldbuße auferlegt bekommen, ist eine andere Frage.

Für alle anderen Streckenverbote gilt übrigens das Gleiche. Auch ein Überholverbot ist nicht aufgehoben, wenn es nach einer Einmündung nicht wiederholt wird.

Haltverbot, eingeschränktes

Irrtum:
Im »Parkverbot« (eingeschränktes Haltverbot) darf ich maximal drei Minuten halten.

Richtig ist:
Zum Ein- und Aussteigen und für Ladegeschäfte gibt es im eingeschränkten Haltverbot keine zeitliche Begrenzung.

»Im Parkverbot darf man nur zum Be- und Entladen anhalten und dann auch nur maximal drei Minuten lang stehen bleiben.« So glauben jedenfalls viele. Tatsache ist, dass an diesem Satz wirklich alles falsch ist.

Mit der Begrifflichkeit fängt es schon an. Das im Volksmund »Parkverbot« genannte Zeichen 286 der Straßenverkehrsordnung (rot umfasster blauer Kreis mit einem diagonalen roten Strich von oben links nach unten rechts) heißt richtig »eingeschränktes Haltverbot« – und zwar ohne »e« zwischen »Halt« und »verbot«.

Wie das Schild korrekt zu bezeichnen ist und ob man es mit oder ohne »e« schreibt, mag zugegebenermaßen von untergeordneter Wichtigkeit sein. Was es bedeutet, sollte aber jedem Autofahrer klar sein. Dass man im eingeschränkten Haltverbot nur maximal drei Minuten stehen darf, um ein- oder auszuladen, ist ein immer wieder gehörtes Missverständnis. Tatsächlich darf man im eingeschränkten Haltverbot aus jedem beliebigen Grund anhalten. Wer also neben dem Zeichen Nr. 286 stoppt, um die schöne Natur zu bewundern, eine schnelle Mahlzeit einzunehmen oder die CD zu wechseln, der darf dies tun. Er muss allerdings nach drei Minuten weiterfahren. Wer dagegen das Fahrzeug be- oder entladen will, für den gilt die Dreiminutenregel nicht. Zwar müssen Ladevorgänge ohne Verzögerung durchgeführt werden; man sollte also zwischendurch nicht gerade Mittag essen gehen. Wenn dieses Gebot zur Eile beachtet wird, ist es jedoch überhaupt kein Problem, wenn der Ladevorgang länger als drei Minuten dauert.

Nichts anderes gilt beim Ein- und Aussteigen: Natürlich muss ein Fahrzeug nicht nach drei Minuten weiterfahren, wenn es einmal etwas länger dauert, bis z. B. ein Rollstuhlfahrer oder eine feuchtfröhliche Busladung schwankender Kegelbrüder sicher ein- oder ausgestiegen ist.

Bei Interesse siehe hierzu:
§ 41 Abs. 2, Zeichen 286 StVO (Straßenverkehrsordnung), »Vorschriftszeichen, Eingeschränktes Haltverbot«

Kinder als Fahrradfahrer

Irrtum:
Wenn die Eltern dabei sind, dürfen Kinder mit dem Fahrrad auf dem Radweg oder der Fahrbahn fahren.

Richtig ist:
Erst ab acht Jahren dürfen Kinder mit dem Fahrrad den Radweg oder die Fahrbahn benutzen, egal ob die Eltern dabei sind oder nicht.

Viele Eltern unterschätzen noch immer die Gefahren, die einem Kind drohen, wenn es mit seinem Rad auf dem Radweg oder gar auf der Fahrbahn fährt. Jedenfalls solange sie ihr Kind vorne und hinten sozusagen im Konvoi eskortieren, halten sie diese Gefahren für beherrschbar und ihr Tun für legal. Doch dies ist ein Irrtum.

Die Straßenverkehrsordnung hält für Rad fahrende Kinder im Straßenverkehr eine eindeutige Regelung bereit: Kinder bis zu sieben Jahren *müssen* mit ihrem Fahrrad den Gehweg benutzen. Dabei spielt es überhaupt keine Rolle, ob ihre Eltern dabei sind oder nicht – wobei die Eltern ihrerseits den Gehweg auch in diesem Fall nicht zum Fahrradfahren benutzen dürfen, sondern auf der Straße oder dem Radweg fahren müssen. Acht- und neunjährige Kinder haben die Wahl: Sie *dürfen* noch den Gehweg benutzen, haben aber auch schon das Recht auf dem Radweg oder der Fahrbahn zu fahren. Kinder ab zehn Jahren dürfen dagegen überhaupt nicht mehr auf dem Gehweg fahren. Sie müssen also den Radweg oder die Fahrbahn benutzen.

Was viele Eltern ebenfalls nicht wissen: Beim Überqueren einer Fahrbahn müssen die Kinder absteigen. Sie dürfen also nicht einfach von einem Gehweg auf den nächsten fahren.

Bei Interesse siehe hierzu:
§ 2 Abs. 5 StVO (Straßenverkehrsordnung), »Straßenbenutzung durch Fahrzeuge«

Langsamfahrer

Irrtum:
Es gibt keine Mindestgeschwindigkeit auf deutschen Straßen. Ich darf deshalb so langsam fahren, wie ich will.

Richtig ist:
Es gibt zwar keine generelle Mindestgeschwindigkeit. Ich darf trotzdem nicht den Verkehr durch unangemessen langsames Fahren behindern.

Autofahrer, die innerorts ohne ersichtlichen Grund beinahe mit Schrittgeschwindigkeit vor sich hin schleichen, sind ein

Ärgernis für den Verkehr, der sich hinter ihnen staut. Manchmal fragt man sich, weshalb diese Fahrer ihren Wagen nicht gleich in der Garage stehen lassen und zu Fuß gehen. Viel später wären sie möglicherweise nicht am Ziel. Und Spaziergänge an der frischen Luft können bei niedrigem Blutdruck sicher nicht schaden. Nicht weniger verkehrsbehindernd sind die klassischen Sonntagsfahrer, die auf kilometerlangen Landstraßen ohne Überholmöglichkeiten riesige Schlangen produzieren, »weil man sich ja nicht immer so hetzen muss«. Und schließlich muss man auch auf Autobahnen häufig abbremsen, weil irgendein Schleicher meint, das von ihm für angemessen erachtete Tempo sei auch allen anderen Fahrern zuzumuten.

All diesen Langsamfahrern ist in der Regel eines gemein: Sie haben kein Unrechtsbewusstsein, weil sie davon ausgehen, dass es auf deutschen Straßen zwar Höchstgeschwindigkeiten gibt, aber keine Mindestgeschwindigkeiten. Mit dieser Annahme haben sie grundsätzlich sogar Recht. Wenn nicht ausnahmsweise durch das Verkehrszeichen Nr. 275

eine bestimmte Mindestgeschwindigkeit (hier von 30 km/h) vorgeschrieben ist, gibt es tatsächlich keine generelle Mindestgeschwindigkeit, an die sich jeder Fahrer halten muss. Das heißt aber nicht, dass jeder so langsam fahren darf, wie er will. Die Straßenverkehrsordnung verbietet es, ohne triftigen Grund so langsam zu fahren, dass man den Verkehrsfluss behindert. Wann aber liegt eine Verkehrsflussbehinderung vor? Diese Frage kann nicht allgemeingültig beantwortet werden. Man kann also beispielsweise nicht pauschal feststellen: »Wo 100 km/h erlaubt sind, muss man mindestens 80 km/h schnell fahren.« Es kommt vielmehr immer auf die Umstände des Einzelfalls an. Zwei Beispiele aus der Praxis zur Erläuterung:

Ein Autofahrer, der auf einer unübersichtlichen 3 km langen Strecke mit einer Geschwindigkeit von 40–50 km/h fuhr, obwohl 100 km/h erlaubt waren, und hinter dem sich schon nach einem Kilometer eine Schlange von sieben Fahrzeugen bildete, beging nach Auffassung des Amtsgerichts Gemünden eine Verkehrsordnungswidrigkeit[51].

Gleiches galt für einen Fahrer, der auf einer Autobahn die nächste Ausfahrt benutzen wollte. Da ihm die Schlange auf der rechten Spur zu langsam vorankam, wechselte er auf die mittlere der drei Fahrspuren und fuhr über eine Strecke von 500 m deutlich langsamer als (zuvor) alle anderen dortigen Fahrzeuge an der Kolonne vorbei, um sich bei nächster Gelegenheit weiter vorne einzufädeln. Dies durfte er nach einem Urteil des OLG Köln jedoch nicht. Der Fahrer hielt auf der mittleren Spur schließlich sogar an, um sich kurz vor Erreichen der Ausfahrt in den stockenden Verkehr auf der rechten Spur einzuordnen. Dies war natürlich erst recht nicht zulässig. Das Gericht wurde hier sehr deutlich: Der Fahrer hätte nicht anhalten dürfen, sondern geradeaus an der Ausfahrt vorbeifahren müssen. Der Umweg über die nächstmögliche Abfahrt war ihm nach Einschätzung des Gerichts durchaus zuzumuten[52].

Wer nun einwendet, es gebe nun einmal Fahrer, die sich unsicher fühlen, wenn sie zu schnell fahren, dem sei zugestimmt. Natürlich gehört es zu den Pflichten jedes Fahrers, auch auf schwächere und unsichere Verkehrsteilnehmer Rücksicht zu nehmen. Das Gebot zur Rücksichtnahme gilt allerdings für beide Seiten. Nicht nur zu schnelles, sondern auch zu langsames Fahren kann eine Gefährdung des Straßenverkehrs bedeuten. Wer also derart unsicher ist, dass er es sich (wie oben im ersten Beispiel) nicht einmal zutraut, schneller als 40 bis 50 km/h zu fahren, wenn 100 km/h zulässig sind, der sollte sich überlegen, ob es nicht besser wäre, das Auto ganz stehen zu lassen.

Bei Interesse siehe hierzu:
§ 3 Abs. 2 StVO (Straßenverkehrsordnung), »Geschwindigkeit«

Lichthupe

Irrtum:
Man darf die Lichthupe nicht benutzen, um auf der Autobahn den Vordermann zu einem Wechsel auf die rechte Fahrspur zu veranlassen.

Richtig ist:
Außerhalb geschlossener Ortschaften ist es sogar eine Hauptaufgabe der Lichthupe, Überholabsichten anzukündigen.

Die Lichthupe ist ein Warnzeichen. Sie darf verwendet werden, wenn ein Fahrer sich oder einen anderen gefährdet sieht. Viele benutzen die Lichthupe jedoch auch zu einem anderen Zweck. Auf der Autobahn kündigen schnellere Fahrzeuge ihre Überholabsicht an, indem sie einige Male kurz aufblenden. Das vorausfahrende Fahrzeug wird damit aufgefordert, von der linken auf die rechte Spur zu wechseln.

Nun hat jeder schon einmal irgendwo gelesen, dass

Drängeln auf der Autobahn als *Nötigung* bestraft werden kann. Bestärkt durch dieses rudimentäre verkehrsstrafrechtliche Hintergrundwissen, reagieren viele recht allergisch, wenn der Hintermann, es wagt, ihnen per Lichthupe mitzuteilen, dass sie zu langsam fahren. Um dem vermeintlichen Rowdy eine Lektion in Verkehrserziehung zu erteilen, bleiben sie dann absichtlich noch etwas länger auf der linken Spur und überholen auch noch den allerletzten LKW, bis sie sich endlich – ganz gemächlich – nach rechts bequemen.

Was die wenigsten wissen: Es ist keineswegs verboten, Hupe und Lichthupe zu benutzen, um langsamere Fahrzeuge von der linken Spur herunterzukomplimentieren. Es ist sogar eine wesentliche Aufgabe von Hupe und Lichthupe, Überholabsichten anzukündigen. Das Gesetz gestattet ausdrücklich die Verwendung von Schall- und Leuchtzeichen, wenn ein Fahrer außerhalb geschlossener Ortschaften überholen will. Hupe und Lichthupe dürfen allerdings immer nur kurz und stoßweise und insgesamt nicht länger als einige Sekunden betätigt werden. Denn das reicht, um den Vordermann darauf aufmerksam zu machen, dass man überholen will. Wer Hupe oder Lichthupe dagegen übertrieben oft und lange betätigt oder gar zudem zu dicht auffährt, verlässt den Bereich des rechtlich Zulässigen und verhält sich zumindest ordnungswidrig. In besonders extremen Fällen kann der grundsätzlich erlaubte Gebrauch dieser Warninstrumente auch als Nötigung oder versuchte Nötigung bestraft werden.

Bei Interesse siehe hierzu:
§ 5 Abs. 5 StVO (Straßenverkehrsordnung), »Überholen«
§ 16 Abs. 1 StVO, »Warnzeichen«
§ 240 StGB (Strafgesetzbuch), »Nötigung«

Mindestgeschwindigkeit auf Autobahnen

Irrtum:
Auf der Autobahn gilt eine Mindestgeschwindigkeit von 60 km/h.

Richtig ist:
Weder für Autobahnen noch für sonstige Straßen gilt eine generelle Mindestgeschwindigkeit.

Der häufig gehörte Irrtum, wonach auf Autobahnen eine Mindestgeschwindigkeit von 60 km/h gelte, beruht auf einem Missverständnis. Autobahnen dürfen zwar in der Tat nur von Kraftfahrzeugen benutzt werden, deren durch die Bauart bestimmte Höchstgeschwindigkeit mehr als 60 km/h beträgt. Das heißt aber nicht, dass sie dort auch mindestens 60 km/h schnell fahren *müssen*. Die Straßenverkehrsordnung schreibt lediglich vor, dass Kraftfahrzeuge nicht ohne triftigen Grund so langsam fahren dürfen, dass sie den Verkehrsfluss behindern. Diese Regel gilt übrigens nicht nur auf Autobahnen, sondern auf allen Straßen.

Ein triftiger Grund für langsames Fahren liegt zum Beispiel dann vor, wenn ein voll beladenes Fahrzeug ganz einfach nicht schneller fahren kann. Auch ein kranker oder verletzter Beifahrer, der auf einer schlechten Straße vor Erschütterungen bewahrt werden muss, sowie natürlich ungünstige Verkehrslagen oder schlechte Wetterbedingungen können dazu führen, dass man nicht nur langsam fahren darf, sondern es möglicherweise sogar *muss*.

Bei Interesse siehe hierzu:
§ 3 Abs. 2 StVO (Straßenverkehrsordnung), »Geschwindigkeit«
§ 18 Abs. 1 StVO, »Autobahnen und Kraftfahrstraßen«

Nebelscheinwerfer und Nebelschlussleuchte

Irrtum:
Nebelscheinwerfer darf man anmachen, wann man will, die Nebelschlussleuchte nur bei schlechter Sicht.

Richtig ist:
Nebelscheinwerfer darf man nur bei erheblich behinderter Sicht durch Nebel, Schneefall oder Regen benutzen, die Nebelschlussleuchte nur bei weniger als 50 m Sichtweite durch Nebel, nicht aber durch Schneefall oder Regen.

Der oben beschriebene Irrtum ist nur ein Beispiel unter vielen falschen Vorstellungen zum Thema »Wann darf ich eigentlich Nebelscheinwerfer und Nebelschlussleuchten einschalten?«. Wohl die meisten deutschen Autofahrer geraten bei dieser Frage reichlich ins Schwimmen und produzieren die unterschiedlichsten Antworten. Man weiß natürlich, dass schlechte Sicht herrschen muss, und vielleicht erinnert man sich auch noch vage daran, dass die Grenze von 50 Metern Sichtweite irgendeine Rolle spielt. Alles Weitere ist in der Regel Spekulation und jahrelanges »Durchwurschteln nach Gefühl« in der täglichen Fahrpraxis: Man macht die Lichter halt an, wenn man es selbst für sinnvoll hält, und bisher hat es einem auch noch kein Polizist verboten.

Man sollte jedoch nicht darauf vertrauen, dass das immer so bleibt. Denn wer Nebelscheinwerfer oder -schlussleuchte einschaltet, ohne es zu dürfen, begeht eine Ordnungswidrigkeit und kann kostenpflichtig verwarnt werden oder sogar ein Bußgeld auferlegt bekommen.

Wann also darf man die Lichter einschalten?

Besonders streng ist das Gesetz bei der Nebelschlussleuchte. Sie darf man tatsächlich nur bei Nebel einschalten, also nicht etwa auch bei Regen oder Schneefall. Grund hierfür ist ihre sehr starke Blendwirkung. Außerdem gilt die schon zitierte 50-Meter-Regelung: Als Folge des Nebels darf die Sichtweite nicht mehr als 50 Meter betragen. Das ist der Abstand, der auf der Autobahn in der Regel zwischen zwei Leitpfosten besteht. Übrigens darf man in solchen Situationen auch nicht schneller als 50 km/h fahren.

Für die Nebelscheinwerfer gilt eine andere Regelung. Anders als ihr Name vermuten lässt, darf man sie nicht nur bei Nebel benutzen. Sie dürfen vielmehr auch bei Regen oder Schneefall eingeschaltet werden. Allerdings muss die Sicht durch schlechte Wetterverhältnisse erheblich beeinträchtigt sein. Und dazu gehört mehr als nur ein bisschen Spritzwasser des vorausfahrenden Fahrzeuges.

Hat man zwei funktionierende Nebelscheinwerfer eingeschaltet, ist es übrigens empfehlenswert, nur mit Standlicht zu fahren. Denn bei gleichzeitiger Verwendung von Abblend- oder gar Fernlicht und Nebelscheinwerfern besteht die Gefahr, dass man sich selbst blendet. Außerdem geht die Wirkung von Nebelscheinwerfern im Abblendlicht leicht unter. Die Straßenverkehrsordnung erlaubt daher ausdrücklich, dass man in solchen Fällen außer den Nebelscheinwerfern nur das Standlicht einschaltet.

Bei Interesse siehe hierzu:
§ 3 Abs. 1 Satz 3 StVO (Straßenverkehrsordnung), »Geschwindigkeit«
§ 17 Abs. 3 StVO, »Beleuchtung«

Parken auf dem Gehweg

Irrtum:
In engen Straßen ist es gestattet, mit zwei Rädern auf dem Gehweg zu parken.

Richtig ist:
Parken auf dem Gehweg ist nur erlaubt, wo es ausdrücklich durch ein Verkehrsschild zugelassen ist.

Immer wieder kann man vor allem in engen Straßen parkende Autos sehen, die mit zwei Rädern auf dem Gehweg stehen. Viele glauben, diese Form des Parkens sei erlaubt, wenn auf der Fahrbahn nicht genug Platz ist, um ein Fahrzeug abzustellen.

Doch das stimmt nicht. Nur wo ein entsprechendes Verkehrsschild das Parken auf dem Gehweg ausdrücklich erlaubt, darf man sein Fahrzeug auch so abstellen.[53] Überall sonst muss man auf der Fahrbahn parken. Ist dort dafür nicht genug Platz, weil die Straße zu eng ist, dann darf man überhaupt nicht parken, sondern muss weiterfahren.

Bei Interesse siehe hierzu:
§ 2 Abs. 1 StVO (Straßenverkehrsordnung), »Straßenbenutzung durch Fahrzeuge«
§ 12 Abs. 1 Nr. 1, Abs. 4a StVO, »Halten und Parken«

Parklücken blockieren

Irrtum:
Fußgänger dürfen Parklücken blockieren.

Richtig ist:
Das Blockieren von Parklücken ist ordnungswidrig.

Diese Situation kennt wohl jeder: Man möchte mit dem Auto in eine Parklücke einfahren, muss aber feststellen, dass ein Fußgänger sie für das Auto eines Freundes oder Verwandten, der ganz bestimmt gleich kommt, freihält. Um es ganz deutlich zu sagen: Ein solches Verhalten ist nicht nur in hohem Maße unsozial, sondern stellt sogar eine Ordnungswidrigkeit dar. Es ist Fußgängern nicht erlaubt, Parklücken für Autos freizuhalten, die noch nicht selbst vor Ort und im Begriff sind, in die Parklücke einzufahren. Denn Parklücken sind nicht für Fußgänger gemacht, sondern für Autos. Und für die Autos gilt der alte Sinnspruch: »Wer zuerst kommt, mahlt zuerst.« Das erste Auto, das sich einer Parklücke nähert, die in Wildwest-Manier von einem Fußgänger besetzt gehalten wird, darf also in die Parklücke einfahren. Immer wieder kommt es in solchen Situationen zu Konflikten. Das Oberlandesgericht des Landes Sachsen-Anhalt hatte über folgenden Fall zu entscheiden[54]:

Eine Polizeianwärterin hatte nach dem Einkaufen keine Lust, einen Pappkarton mit Safttüten zu dem Auto ihres Begleiters zu tragen, das in einer hinteren Parkreihe stand. Sie stellte sich deshalb samt Karton in eine gerade frei werdende Parklücke und blockierte sie für ihren Begleiter. Eine Autofahrerin wollte in diese Parklücke einfahren. Die angehende Polizistin jedoch wich nicht von der Stelle, was die Autofahrerin nicht davon abhielt, dennoch in die Parklücke zu fahren. Nach mehrfachem kurzem Anhalten und Weiterfahren berührte sie die stur an ihrem Platz verharrende Polizeianwärterin schließlich am Knie. Der Karton mit den Safttüten ging dabei zum Teil zu Bruch und seine

Besitzerin verließ schließlich die Parklücke, so dass die Autofahrerin einparken konnte. Die angehende Ordnungshüterin zeigte die Autofahrerin wegen Nötigung an. Letztinstanzlich wurde die Angeklagte freigesprochen. Das Gericht war der Auffassung, die Nötigungshandlung sei nicht verwerflich, d.h. sozialethisch nicht zu missbilligen gewesen. Denn immerhin sei die Autofahrerin maßvoll in die Parklücke hineingefahren. Sie habe immer wieder angehalten und der Blockiererin so die Möglichkeit gegeben, sich zu entfernen. Abgesehen davon habe der Autofahrerin ein Notwehrrecht zugestanden, da die Blockade rechtswidrig war.

An dieser Stelle soll klargestellt werden, dass es natürlich ganz anders ausgesehen hätte, wenn die Autofahrerin schnell in die Parklücke hineingefahren wäre und die Polizistin sogar verletzt hätte. In einem solchen Fall wäre eine Verurteilung wegen Nötigung und Körperverletzung durchaus in Betracht gekommen. Anders sieht es auch aus, wenn ein Fußgänger ein Auto in die Parklücke einweist, das tatsächlich als erstes dort angekommen ist. In diesem Fall gilt wieder der oben zitierte Grundsatz, dass die Parklücke dem Autofahrer zusteht, der sie als Erster erreicht.

Bei Interesse siehe hierzu:
§ 12 Abs. 5 StVO (Straßenverkehrsordnung) »Halten und Parken«

Parkplatzschild »Hier gilt die StVO!«

Irrtum:
Wenn auf einem Schild steht: »Hier gilt die StVO!«, dann stimmt das.

Richtig ist:
Die StVO gilt nicht überall, wo Schilder dies behaupten.

Das Schild »Hier gilt die StVO!« kennt jeder Autofahrer. Man findet es auf öffentlichen und privaten Parkplätzen, in Parkhäusern und überall sonst, wo jemand meint, dass dort die Straßenverkehrsordnung (StVO) gelten solle.

Aber stimmen die Schilder auch? Kann man wirklich belangt werden, wenn man sich nicht an das Schild hält? Und darf man sich blind darauf verlassen, dass andere Fahrer die Regeln der StVO einhalten? In vielen Fällen keineswegs. Denn die Straßenverkehrsordnung gilt nur dort, wo öffentlicher Verkehr stattfindet. Das kann zwar auch auf Privatgrundstücken der Fall sein, aber nur dann, wenn sie für den allgemeinen Straßenverkehr offen stehen. Das gilt beispielsweise für Supermarktparkplätze. Denn hier darf jeder beliebige Kunde parken. Es gilt aber zum Beispiel nicht für abgesperrte Parkplätze von Firmen oder Vereinen. Hier parken nur die Angestellten beziehungsweise die Vereinsmitglieder. Unmittelbar gilt die Straßenverkehrsordnung dort deshalb nicht. Ein Firmeninhaber oder ein Vereinsvorstand können auch nicht einfach Schilder aufstellen und bestimmen, dass die StVO nun auf ihrem Grundstück gelten solle. Nur der Staat selbst kann den räumlichen Geltungsbereich seiner Gesetze festlegen. Und auf nichtöffentlichen Parkplätzen gilt die Straßenverkehrsordnung nun einmal nicht, ganz egal, wie viele Schilder das Gegenteil behaupten.

Jedem Grundstücksbesitzer steht es jedoch frei, sich eigene Regeln zur Benutzung seines Parkplatzes zu überlegen und sie jedem vorzuschreiben, der den Parkplatz benutzen will. Parkwillige haben dann nur die Wahl, diese Regeln entweder zu akzeptieren oder umzukehren und woanders zu parken. Welche Regeln der Parkplatzbetreiber wählt, ist dabei grundsätzlich ihm überlassen. Wenn er will, kann er auf seinem Parkplatz auch den aus England bekannten Linksverkehr einführen. Und natürlich hat er auch die Möglichkeit, Regeln festzulegen, die ganz oder teilweise den Bestimmungen der Straßenverkehrsordnung entsprechen. Dies kann durch das bekannte Schild »Hier gilt die StVO« geschehen. Aber wie gesagt: Die StVO gilt dann nicht *unmittelbar*, sondern nur *mittelbar*. Parkplatzbetreiber und Nutzer einigen sich also lediglich darauf, dass alle so tun sollen, als gelte die Straßenverkehrsordnung tatsächlich.

Diese Unterscheidung zwischen unmittelbarer und mittelbarer Anwendbarkeit der StVO ist keineswegs spitzfindig, sondern hat große praktische Bedeutung. Ein Verstoß gegen die Straßenverkehrsordnung kann durch Polizisten oder Politessen nämlich nur dann geahndet werden, wenn die StVO unmittelbar gilt. Auf öffentlichen Supermarktparkplätzen ist das der Fall. Wer dagegen einem Arbeitskollegen auf dem abgesperrten Firmenparkplatz die Vorfahrt nimmt, braucht nicht zu fürchten, dass er deswegen Punkte in Flensburg kassiert. Denn er hat keine Ordnungswidrigkeit begangen. Übrigens muss er auch nicht unbedingt den gesamten Schaden ersetzen, den er am Auto des Kollegen angerichtet hat. Dieser durfte nämlich nicht blind darauf vertrauen, dass sich der Unfallverursacher an die Rechts-vor-links-Regel der StVO hält. Das Landesarbeitsgericht Bremen stellte in einem solchen Fall klar, dass ein vorfahrtsberechtigter Unfallbeteiligter die Hälfte seines Schadens selbst zahlen musste. Wegen der für einen Parkplatz typischen Verhältnisse (schmale Fahrspuren, unübersichtliche Kreuzungen, unklare Fahrbahnlinien) habe er von vornherein damit rechnen müssen, dass seine Vorfahrt vom Kollegen missachtet wird. Er hätte also abbremsen müssen und nicht auf sein Recht pochen dürfen. Man kann sich daher merken: Das Schild »Hier gilt die StVO« ist mit größter Vorsicht zu genießen. Sich auf seine Geltung zu verlassen, kann riskant sein.

Bei Interesse siehe hierzu:
§ 1 StVO (Straßenverkehrsordnung), »Grundregeln«
§ 8 StVO, »Vorfahrt«

Radfahrer auf dem Zebrastreifen

Irrtum:
Radfahrer haben auf dem Zebrastreifen Vorfahrt.

Richtig ist:
Radfahrer haben auf dem Zebrastreifen nur dann Vortritt, wenn sie ihr Rad schieben.

Dieser Irrtum kann zu besonders gefährlichen Situationen führen: Radfahrer betrachten sich häufig als eine Art »Beinahe-Fußgänger«. Bei Bedarf wechseln sie schon einmal auf den Bürgersteig und überqueren zusammen mit den Fußgängern einen Zebrastreifen. Natürlich steigen sie dabei nicht ab. Trotzdem gehen sie ganz selbstverständlich davon aus, dass die Autofahrer warten und sie die Straße überqueren lassen müssen.

Dies ist jedoch nicht richtig. Die Straßenverkehrsordnung ist in diesem Punkt eindeutig: An Fußgängerüberwegen müssen Fahrzeuge (mit Ausnahme von Schienenfahrzeugen) nur anhalten, wenn Fußgänger oder Roll- bzw. Krankenfahrstuhlfahrer die Fahrbahn überqueren möchten. Radfahrer sind also nur dann geschützt, wenn sie ihr Fahrrad schieben[55]!

Wenn es also zu einem Unfall zwischen einem mit mäßiger Geschwindigkeit fahrenden Auto und einem Fahrradfahrer kommt, der den Zebrastreifen verkehrswidrig befährt, kann der Radfahrer keinen vollen Ersatz seines Schadens verlangen[56].

Dies soll jetzt natürlich keinen Autofahrer dazu veranlassen, künftig »voll draufzuhalten«, wenn ein Radfahrer sich anschickt, einen Zebrastreifen fahrend zu überqueren. Auch gegenüber Verkehrsteilnehmern, die sich verkehrswidrig verhalten, ist man zur Rücksicht verpflichtet. Man darf sie auf keinen Fall gefährden. Und mit dem verkehrswidrigen Verhalten vieler Radfahrer muss man in der Praxis ganz einfach rechnen. Wer hier rechthaberisch auf seine Vorfahrt pocht und nicht anhält, riskiert nicht nur die Gesundheit des Radfahrers, sondern auch ein Bußgeld- oder gar Strafverfahren.

Bei Interesse siehe hierzu:
§ 1 StVO (Straßenverkehrsordnung), »Grundregeln«
§ 26 StVO, »Fußgängerüberwege«

Rechts überholen bei Stau

Irrtum:
Motorräder dürfen bei Stau auf der Autobahn zwischen den Kolonnen hindurch fahren.

Richtig ist:
Auch für Motorradfahrer und auch bei Stau gilt das Rechtsüberholverbot.

Motorradfahrer schildern gerne, dass sie beim Fahren ein »Gefühl der Freiheit« empfinden. Mit manch einem von ihnen scheint der »Freiheitsdrang« jedoch mitunter ein wenig durchzugehen. Jedenfalls geschieht es immer wieder, dass Motorradfahrer sich bei Stau oder zäh fließendem Verkehr zwischen den Fahrzeugschlangen hindurchschlängeln und so die vor ihnen stehenden oder langsam fahrenden Fahrzeuge auf derselben Spur rechts überholen.

Diese Freiheit gewährt ihnen die Straßenverkehrsordnung jedoch nicht. Denn das Rechtsüberholverbot gilt für alle Fahrzeuge, also auch für Motorräder. Wenn der Verkehr so dicht ist, dass sich Schlangen gebildet haben, darf man zwar auch rechts überholen. Das gilt jedoch nur, wenn der Überholende auch einen freien Fahrstreifen zur Verfügung hat. Ist das nicht der Fall, müssen auch Motorradfahrer geduldig in der Schlange warten. Sie dürfen den Vordermann auf keinen Fall auf dessen Spur rechts überholen.

Es liegt letztlich im eigenen Interesse der Motorradfahrer, dass sie sich auch bei Stau an das Rechtsüberholverbot halten. Denn das Hindurchfahren zwischen Kolonnen ist außerordentlich gefährlich. Auch für Motorräder kann es bereits dann sehr eng werden, wenn die überholten Fahrzeuge sich innerhalb ihrer Spur nach rechts oder links bewegen.

Noch gefährlicher wird es natürlich, wenn vorausfahrende Fahrzeuge die Spur sogar wechseln. Kommt es in derartigen Situationen zu einem Unfall mit einem Motorrad, das gerade unerlaubt zu überholen versucht, haftet der Motorradfahrer – sofern er den Zusammenstoß überlebt – allein für den gesamten Schaden. Denn das vorausfahrende Fahrzeug muss keinesfalls damit rechnen, dass sich von hinten Motorräder nähern, die unerlaubt überholen wollen.[57]

Bei Interesse siehe hierzu:
§ 5 Abs. 1 StVO (Straßenverkehrsordnung), »Überholen«
§ 7 Abs. 2, 2a StVO, »Benutzung von Fahrstreifen durch Kraftfahrzeuge«

Reißverschlussverfahren

Irrtum:
Wenn eine Fahrspur wegfällt, müssen sich alle Fahrzeuge so früh wie möglich auf den benachbarten freien Fahrstreifen einordnen.

Richtig ist:
Das Reißverschlussverfahren erfordert, dass alle Fahrzeuge so nah wie möglich an das Hindernis heranfahren und erst dann auf die frei bleibende Spur wechseln.

Es scheint ein vollkommen hoffnungsloses Unterfangen zu sein. Allen Aufklärungsbemühungen zum Trotz versteht der überwiegende Teil der deutschen Autofahrer nach wie vor weder den Sinn noch die Funktionsweise des berühmten Reißverschlusssystems.

Wo eine Schlange ist, da muss man sich hinten anstellen – nach diesem völlig unsinnigen Prinzip verfährt leider immer noch die Mehrheit der Verkehrsteilnehmer, wenn eine Fahrspur wegfällt, quasi nach dem Motto: »Was am Sparkassenschalter richtig ist, kann im Straßenverkehr nicht verkehrt sein.«

Schon hunderte von Metern vor dem Hindernis bildet sich so auf der frei bleibenden Spur eine gigantische Schlange, während der Platz auf der wegfallenden Spur überhaupt nicht genutzt wird. Nur vereinzelt fahren einige

Autos an dem Stau vorbei und ordnen sich – vorschriftsmäßig – erst kurz vor dem Hindernis auf die frei bleibende Fahrspur ein.

Diese Fahrer haben das Reißverschlusssystem verstanden. Nicht verstanden haben es dagegen all diejenigen Zeitgenossen, die sich scheinbar brav schon einen halben Kilometer zu früh hinten anstellen und auf diese Weise den Verkehr unnötig behindern. Denn natürlich ist es sinnvoller, wenn auch die wegfallende Fahrspur so lange wie möglich, das heißt bis kurz vor dem Hindernis, genutzt wird. Der Stau könnte auf diese Weise erheblich verkürzt werden. Stattdessen werden diejenigen Autofahrer, die sich korrekt verhalten, als rücksichtslose Vordrängler betrachtet. Gerne geben einige besonders motivierte »Verkehrserzieher« in diesen Fällen noch einmal extra viel Gas, um das überholende Fahrzeug kurz vor dem Hindernis nur ja nicht hereinzulassen. Dabei sind sie es selbst, die durch ihr Verhalten gegen die Straßenverkehrsordnung verstoßen. Denn diese schreibt eindeutig vor, dass den am Weiterfahren gehinderten Fahrzeugen der Wechsel des Fahrstreifens zu ermöglichen ist, und zwar im Reißverschlussverfahren: Jedes Auto auf der rechten Spur muss also eines von der linken hereinlassen.

Bei Interesse siehe hierzu:
§ 7 Abs. 4 StVO (Straßenverkehrsordnung), »Benutzung von Fahrstreifen durch Kraftfahrzeuge«

Trunkenheit im Straßenverkehr

Irrtum:
Nur betrunkene Kraftfahrer riskieren ihren Führerschein.

Richtig ist:
Auch betrunkene Fahrradfahrer, Rollstuhlfahrer und sogar Fußgänger können ihren Führerschein verlieren.

Dass betrunkene Autofahrer ihren Führerschein riskieren, weiß wohl jeder. Vor allem Fahrradfahrer und Fußgänger fühlen sich dagegen meist sicher. Sie kommen in der Regel gar nicht auf den Gedanken, dass auch ihnen die Fahrerlaubnis entzogen werden kann, wenn sie betrunken am Straßenverkehr teilnehmen. Genau das kann ihnen aber passieren!

Ein betrunkener Fahrradfahrer muss ab 1,6 Promille damit rechnen, dass die Führerscheinstelle ihn zum berühmten »Idiotentest« (der so genannten medizinisch-psychologischen Untersuchung, kurz MPU) schickt. Der Führerschein wird ihm entzogen, wenn die Untersuchung zu dem Ergebnis kommt, dass er sich in betrunkenem Zustand nicht genügend im Griff hat, so dass sich die Tat wiederholen könnte.

Aber selbst Fußgänger laufen Gefahr, dass man ihnen die Fahrerlaubnis entzieht, wenn Anhaltspunkte dafür vorliegen, dass sie ein Alkoholproblem haben. Ein Beispiel soll dies zeigen:

Ein Taxifahrer war in 33 Jahren Dienstzeit nicht ein einziges Mal alkoholisiert am Steuer aufgegriffen worden. 1995 erschien er jedoch als Fußgänger sturzbetrunken auf einer Polizeiwache. Mehr als fünf Jahre später – am Rosenmontag 2001 – fand man ihn erneut in ebenfalls stark angeheitertem Zustand auf einem Bürgersteig liegen. Er hatte mehr als zwei Promille Alkohol im Blut. Diese beiden Vorfälle reichten aus, um von ihm die Teilnahme an einer MPU zu verlangen. Die Führerscheinstelle argumentierte, dass der Mann stark an Alkohol gewöhnt sein müsse, sonst hätte er diesen Promillewert überhaupt nicht erreichen können. Die Kosten der MPU sollte er selbst tragen. Der Mann weigerte sich jedoch, die sehr teure Untersuchung vornehmen zu lassen, und verlor schon allein aufgrund dieser Weigerung seine Fahrerlaubnis. Er klagte gegen diese Entscheidung und unterlag auch vor Gericht.

Jeder, dem es auch schon passiert ist, dass er als Fußgänger innerhalb von fünfeinhalb Jahren zweimal betrunken war – davon einmal im Karneval (!) –, sollte sich also zukünftig sehr in Acht nehmen. Nur allzu leicht kann man sich mit einem derart »maßlosen« Lebenswandel böse Konsequenzen einhandeln.

Bei Interesse siehe hierzu:
§ 2 Abs. 2 Nr. 3 StVG (Straßenverkehrsgesetz), »Fahrerlaubnis und Führerschein«
§ 3 Abs. 1 FeV (Fahrerlaubnis-Verordnung), »Einschränkung und Entziehung der Zulassung«

TÜV und AU abgelaufen

Irrtum:
Den TÜV und die AU darf man bis zu zwei Monate lang straflos überziehen.

Richtig ist:
Auch ein einziger Tag abgelaufener TÜV oder AU kann bereits ein Verwarn- oder Bußgeld kosten.

Ein häufig gehörtes Missverständnis ist die Frist von zwei Monaten, die man die fällige Hauptuntersuchung (HU) und Abgasuntersuchung (AU) gefahrlos überziehen dürfe.

Innerhalb dieser zwei Monate drohten dem Halter des Fahrzeugs keine Konsequenzen, wenn er mit abgelaufener Plakette erwischt wird.

Dies stimmt so nicht. Eine Ordnungswidrigkeit begeht bereits, wer den TÜV-Termin auch nur einen Tag überzieht. Grundsätzlich steht es nun im Ermessen des Polizeibeamten oder der Bußgeldbehörde, in welcher Höhe sie ein Verwarn- oder Bußgeld festsetzen. Dabei richten sie sich jedoch in aller Regel nach den Vorgaben des bundeseinheitlichen Tatbestandskatalogs. Der sieht für Verstöße bis zu zwei Monaten zwar tatsächlich noch keine Verwarn- bzw. Bußgelder vor. Erst ab zwei Monaten werden 15,– € für die unterlassene HU oder AU fällig. Verstöße von vier bis acht Monaten (bei unterlassener HU) kosten 25,– €. Alles was darüber hinausgeht, schlägt mit 40,– € zu Buche. Außerdem drohen Punkte in der Flensburger Verkehrssünderkartei.

Aber wie gesagt: Diese Sätze gelten nur in der *Regel*. Wenn besondere Umstände vorliegen, dürfen der Polizeibeamte oder die Bußgeldbehörde ohne weiteres von den Regelsätzen abweichen. Dass ein Abweichen nach unten möglich ist, weiß jeder Polizeibeamte. Dass sie jedoch auch härtere Verwarngelder fordern dürfen als im Tatbestandskatalog vorgesehen, ist selbst Polizisten nicht immer bekannt.

Ein praktisch besonders wichtiges Beispiel sind vorsätzliche Verkehrsordnungswidrigkeiten. Wer genau weiß, dass er sein Fahrzeug schon längst dem TÜV hätte vorführen müssen, aber trotzdem weiterfährt, ohne sich um einen Termin für die Hauptuntersuchung zu kümmern, also vorsätzlich den TÜV-Termin überzieht, für den gelten die eher moderaten Sätze des Tatbestandskataloges nicht. Denn dieser bezieht sich nur auf *fahrlässige* Verstöße.

Niemand sollte sich also zu sicher fühlen, wenn er vier Wochen nach Fälligkeit des TÜV-Termins kontrolliert wird und den Polizisten auf deren Vorhaltung großspurig erläutert, dass er genau über seine Rechte informiert sei und deshalb immer die zweimonatige Schonfrist ausnutze; solange die nicht abgelaufen sei, könne der Polizist ihm überhaupt nichts anhaben. Wenn der vermeintlich so informierte Bürger Pech hat, handelt er sich in einem solchen Fall eine Anzeige wegen einer vorsätzlichen Tat ein. Und die kann deutlich härter geahndet werden als im Tatbestandskatalog vorgesehen – auch schon einen Tag nach Ablauf der TÜV-Plakette.

Bei Interesse siehe hierzu:
TBNR 329113, 329119, 329610, 347100, 347600, Bundeseinheitlicher Tatbestandskatalog für Straßenverkehrsordnungswidrigkeiten

Unfall I: Immer die Polizei rufen?

Irrtum:
Nach einem Unfall muss man unbedingt die Polizei rufen, um die Beweise zu sichern. Die Versicherungen verlangen das.

Richtig ist:
Nicht für jeden Blechschaden muss man die Polizei alarmieren.

Wie selbstverständlich rufen viele Menschen nach jedem Unfall, sei er auch noch so klein, die Polizei herbei. Sie glauben, es könne ansonsten Schwierigkeiten mit der Versicherung geben. Denn nur die Polizei sei in der Lage, die Beweise zu sichern, mit denen später die Schuld des Unfallverursachers nachgewiesen werden kann.

Bei einem bloßen Blechschaden kann die Polizei jedoch in aller Regel nicht viel mehr tun, als die Personalien der Unfallbeteiligten festzustellen, ihnen tröstende Worte zukommen zu lassen und dem Unfallverursacher eine kostenpflichtige Verwarnung zu erteilen. Darauf, dass die Polizei darüber hinaus irgendwelche Beweise sichert oder gar aufbewahrt, sollte man sich lieber nicht verlassen. Dies erledigt man besser selbst. Wofür gibt es schließlich Handykameras? Soweit ersichtlich verlangt daher auch keine Versicherung, dass nach jedem Unfall unbedingt die Polizei herbeizurufen ist.

Insbesondere bei kleinen Blechschäden sollte man sich deshalb überlegen, ob man die Polizeibeamten wirklich beim Pizzaessen stören und zum Unfallort zitieren muss. Der unschuldige Geschädigte jedenfalls hat meist keinen wirklichen Vorteil davon. Und der Unfallverursacher hat sogar einen Nachteil. Denn er riskiert eine kostenpflichtige Verwarnung oder gar Punkte in Flensburg. Für ihn kann es also durchaus sinnvoll sein, sich großzügig zu zeigen und mit dem Unfallgegner zu einer gütlichen Einigung zu gelangen. Für beide Seiten kann es sich so lohnen, die Angelegenheit ohne die Polizei zu regeln. Und auch die »Freunde und Helfer« werden es in aller Regel zu schätzen wissen, wenn man ihnen unnötige Mehrarbeit erspart.

Unfall II: Niemals etwas zugeben?

Irrtum:
Wenn man einen Unfall verursacht hat, darf man am Unfallort auf gar keinen Fall einräumen, was geschehen ist, sondern muss lügen oder schweigen. Ansonsten verliert man den Versicherungsschutz.

Richtig ist:
Man sollte lediglich kein Schuldanerkenntnis abgeben.

Hartnäckig hält sich das Gerücht, man dürfe nach einem selbst verschuldeten Unfall auf gar keinen Fall zugeben, was passiert ist. Denn damit, so glauben viele, gebe man ein Schuldanerkenntnis ab und verliere den Versicherungsschutz.

Richtig ist zwar, dass man am Unfallort kein Schuldanerkenntnis abgeben sollte. Denn in den Allgemeinen Bedingungen für die Kraftfahrversicherung wird den Versicherten untersagt, die Schuld am Unfall ganz oder teilweise ohne vorherige Zustimmung des Versicherers einzugestehen. Man sollte also zum Beispiel keinesfalls ein Papier unterschreiben, auf dem es etwa heißt »Ich übernehme die volle Schuld am Verkehrsunfall«. Verstößt man gegen diese Obliegenheit aus dem Haftpflichtversicherungsvertrag, so kann man in der Tat seinen Versicherungsschutz verlieren.

Nicht alles, was viele für ein Schuldanerkenntnis halten, ist jedoch auch eines. Es ist zum Beispiel unproblematisch, einzuräumen, was tatsächlich geschehen ist. Wer also einem anderen die Vorfahrt genommen hat, der kann den Polizeibeamten gegenüber, die den Unfall aufnehmen, ohne weiteres angeben: »Ich bin bei Rot über die Ampel gefahren.« Er sollte dieses Verhalten jedoch nicht bewerten, indem er außerdem noch unterschreibt: »Und damit habe ich den Unfall schuldhaft verursacht.«

Diese Unterscheidung mag erbsenzählerisch wirken. Zu Recht könnte man sich fragen: Wenn ich zugeben darf, dass ich die rote Ampel missachtet habe, weshalb darf ich dann nicht auch ausdrücklich meine Schuld am Unfall einräumen? Die Antwort ist simpel: Weil die Versicherung selbst prüfen will, ob der Verkehrsverstoß tatsächlich einer war und ob er vor allem schuldhaft zum Unfall geführt hat. Verkehrsrechtliche Laien können die Schuldfrage mit gesundem Menschenverstand zwar in vielen Fällen ebenfalls richtig beurteilen, aber eben nur in vielen und nicht in allen.

Wenn die Unfallbeteiligten den Schaden selbst protokollieren, ohne die Polizei zu rufen, dann ist es entgegen häufiger Befürchtungen auch völlig unschädlich, den so genannten Europäischen Unfallbericht auszufüllen und zu unterschreiben. Man bekommt ihn von jedem Versicherer oder im Internet. Jeder Autofahrer sollte zwei Exemplare dieses normierten Unfallberichts im Handschuhfach liegen haben. In ihm können die Unfallbeteiligten minutiös festhalten, wie der Unfall geschehen ist. Wertungen im Sinne eines Schuldeingeständnisses enthält der Europäische Unfallbericht nicht. Man riskiert also nicht den Verlust des Versicherungsschutzes, wenn man ihn unterschreibt.

Bei Interesse siehe hierzu:
§ 7 Abs. 2 Nr. 1 AKB (Allgemeine Bedingungen für die Kraftfahrversicherung), »Obliegenheiten im Versicherungsfall«

Unfall III: Straße blockiert lassen?

Irrtum:
Wenn man einen Unfall verursacht hat, sollte man die Unfallstelle völlig unverändert lassen, bis die Polizei eintrifft.

Richtig ist:
Jedenfalls bei bloßen Blechschäden sollte man die Unfallfahrzeuge auf die Seite fahren.

Immer wieder erlebt man es nach Unfällen, dass die Beteiligten ihre Autos exakt so stehen lassen, wie sie nach dem Unfall zum Stehen kamen. Offensichtlich ist der Glaube weit verbreitet, man dürfe oder sollte nichts verändern, bevor nicht die Polizei eingetroffen ist, um den Unfall aufzunehmen. Auf diese Weise entstehen im Extremfall kilometerlange, vollkommen überflüssige Staus.

Dass es vor allem bei leichten Blechschäden nicht immer nötig und oft sogar wenig sinnvoll ist, die Polizei herbeizurufen, wurde bereits oben ausgeführt (→ *Unfall I: Immer die Polizei rufen?*). Wenn es jedoch nicht einmal erforderlich ist, die Polizei zu informieren, dann kann es erst recht nicht erforderlich sein, sein Unfallauto bis zu deren Eintreffen quer auf der Fahrbahn stehen zu lassen. Wer Beweise sichern möchte, sollte Fotos von der Unfallstelle machen, aber nicht den gesamten Straßenverkehr aufhalten. Ansonsten werden ihn die am Unfallort eintreffenden Polizisten auffordern, zuerst einmal sein Auto auf die Seite zu fahren.

Anders sieht es jedoch aus, wenn bei dem Unfall Personen verletzt oder getötet wurden. In einem solchen Fall kann der nachfolgende Verkehr im Zweifel durchaus ein wenig warten. Denn immerhin geht es dann um die Beweissicherung im Zusammenhang mit Straftaten wie fahrlässige Körperverletzung oder fahrlässige Tötung.

Verkehrserziehung mit der Hupe

Irrtum:
Es ist zulässig, andere Verkehrsteilnehmer mit der Hupe darauf aufmerksam zu machen, dass sie gerade einen Verkehrsverstoß begehen.

Richtig ist:
Hupen darf nur, wer außerhalb geschlossener Ortschaften überholt oder wer sich oder andere gefährdet sieht.

Verkehrserziehung war und ist vor allem in Deutschland schon immer ein beliebter Breitensport. Hinz und Kunz fühlen sich hier zu Lande bemüßigt und berechtigt, wildfremden Menschen ungefragt Lektionen in Straßenverkehrsrecht zu erteilen. »So etwas kostet 30 €!«, rufen sie zum Beispiel Fahrradfahrern zu, die den Radweg auf der falschen Seite befahren. »Ein tolles Vorbild für die Kinder sind Sie!«, ist ein anderer Klassiker, mit dem Spaziergänger beim Überqueren einer roten Fußgängerampel selbst auf den verlassensten Landstraßen gerne angegangen werden.

Es sei einmal dahingestellt, ob nicht auch schlechte Vorbilder pädagogisch sinnvoll eingesetzt werden können: »Das was der Mann da macht, darfst du auf keinen Fall nachmachen. Das ist sehr gefährlich!« Hierüber mögen sich die Pädagogen streiten. Tatsache ist jedenfalls, dass Verkehrsverstöße anderer Personen niemanden etwas angehen. Jeder Mensch muss selbst entscheiden, ob er 30 € Geldbuße riskieren oder ein schlechtes Vorbild abgeben will. Über die Einhaltung gesetzlicher Vorschriften hat alleine der Staat zu wachen. Ein Grundrecht, anderen Menschen besserwisserische Lektionen in Verkehrserziehung aufzuzwingen, besteht daher nicht.

In besonderem Maße gilt dies für die verbreitete Unsitte, andere Verkehrsteilnehmer mittels Hupe oder Lichthupe wegen eines Verkehrsverstoßes zu ermahnen. Hupe und Lichthupe dürfen außerhalb geschlossener Ortschaften verwendet werden, um eine Überholabsicht anzukündigen. Im Übrigen darf sie nur benutzen, wer sich oder andere akut gefährdet sieht. Niemand hat also das Recht, Fußgänger, die gerade eine rote Ampel überquert haben, nun aber keinerlei Gefahr mehr darstellen, empört anzuhupen. Dagegen ist es sehr wohl zulässig, einen Fußgänger, der ganz offensichtlich nicht auf den Straßenverkehr achtet, zu warnen, bevor er einen Rotlichtverstoß begeht und sich und andere auf diese Weise in Gefahr bringt.

Zusammengefasst heißt das: Hobbypolizisten, die Hupe oder Lichthupe nicht dazu benutzen, um andere vor einer akut drohenden Gefahr zu warnen, sondern sie als Erziehungsmittel oder Instrument zum Druckablassen missbrauchen, verhalten sich nicht nur dreist und anmaßend, sondern begehen sogar selbst eine Ordnungswidrigkeit, die mit Verhängung einer Geldbuße geahndet werden kann.

Bei Interesse siehe hierzu:
§ 16 Abs. 1 StVO (Straßenverkehrsordnung), »Warnzeichen«

Vorfahrt von Straßenbahnen

Irrtum:
Straßenbahnen haben immer Vorfahrt.

Richtig ist:
Straßenbahnen haben keine »eingebaute Vorfahrt«.

Im Ausland gilt häufig: Straßenbahnen haben immer Vorfahrt vor anderen Verkehrsteilnehmern. Viele glauben, dass auch in Deutschland eine solche Regelung bestehe. Dies trifft jedoch nicht zu. Straßenbahnen haben hierzulande keine »eingebaute Vorfahrt«. Wie jedes Auto und jeder Fußgänger müssen sie sich an die Rechts-vor-links-Regel halten. Von dieser Regel gibt es nur zwei Ausnahmen. An Stellen, an denen das Schild »Vorfahrt gewähren« mit einem zweiten Schild kombiniert wird, das eine Straßenbahn zeigt, hat diese Vorfahrt. Die zweite Ausnahme gilt für Zebrastreifen: Straßenbahnen sind die einzigen Fahrzeuge, die hier nicht wartepflichtig sind.

Man kann sich also merken: Straßenbahnen haben viel seltener Vorfahrt, als manch einer denkt. Ausgerechnet an Zebrastreifen müssen Fußgänger sie jedoch vorbeifahren lassen. Nun mag jeder für sich entscheiden, wie er diese neuen Erkenntnisse für sich umsetzt. Eines ist aber sicher: In vielen Fällen ist es gesünder, gegenüber einem 30-Tonnen-Ungetüm nicht kompromisslos auf seinem Vorfahrtsrecht zu bestehen.

Bei Interesse siehe hierzu:
§ 26 Abs. 1 StVO (Straßenverkehrsordnung), »Fußgängerüberwege«

Warnblinker an beim Falschparken?

Irrtum:
Wenn man nur kurz falsch parkt, sollte man dies mit dem Warnblinker anzeigen.

Richtig ist:
Wer beim Falschparken den Warnblinker setzt, riskiert ein noch höheres Verwarnungsgeld.

Der Autor dieses Buches gibt zu, dass auch er den Warnblinker setzt, wenn er einmal – natürlich nur ganz kurz und in äußersten Notfällen – falsch parkt und das Auto verlässt. Auf diese Weise soll an das Herz der Politesse appelliert werden. Man will signalisieren, dass man gleich wieder zurück ist und dass wirklich ein ganz dringender Notfall vorliegt.

Rein rechtlich betrachtet ist ein solches Vorgehen jedoch vollkommen unsinnig. Natürlich bleibt ein Parkverstoß ein Parkverstoß, egal ob man den Warnblinker setzt oder nicht. Das Einschalten der Warnblinkanlage stellt sogar ganz im Gegenteil noch eine zusätzliche Ordnungswidrigkeit dar. Denn wann das Warnblinklicht benutzt werden darf, ist eindeutig geregelt: Den Warnblinker darf man nur einschalten, wenn man mit dem Fahrzeug liegen bleibt, wenn man ein anderes Fahrzeug abschleppt oder selbst abgeschleppt wird oder wenn man andere vor einer Gefahr warnen will – zum Beispiel vor einem Stau oder vor sehr langsam fahrendem Verkehr auf einer Autobahn. Wenn keiner dieser Fälle vorliegt, darf der Warnblinker nicht gesetzt werden.

Wer also nicht gerade deshalb falsch parkt, weil sein Auto wegen eines Motorschadens liegen geblieben ist, darf die Warnblinkanlage demnach nicht einschalten. So viel zur juristischen Theorie. Aber vielleicht hat manch eine Politesse ja doch ein Einsehen und wartet zumindest ein paar Minuten, bevor sie den warnblinkenden Falschparker aufschreibt. Dies hoffend wird daher wohl auch der Autor in Zukunft weiter so verfahren wie im ersten Absatz beschrieben.

Bei Interesse siehe hierzu:
§ 16 Abs. 1, 2 StVO (Straßenverkehrsordnung), »Warnzeichen«

Verbraucherrecht

Aufreißen von Verpackungen

Irrtum:
Das Aufreißen von Verpackungen verpflichtet zum Kauf.

Richtig ist:
Niemand muss einen Gegenstand kaufen, dessen Verpackung er aufgerissen hat.

Ein weiteres schönes Beispiel aus der unendlichen Liste falscher und irreführender Schilder in Geschäften ist die Behauptung:

»Das Öffnen der Verpackung verpflichtet zum Kauf«

Wenn es nur so einfach wäre, liebe Ladeninhaber! Natürlich ist es ärgerlich, wenn ein Kunde die Verpackung einer Ware aufreißt und sie dann nicht kaufen will. Aber es gilt der Grundsatz: Niemand kann gezwungen werden, etwas zu kaufen und mit nach Hause zu nehmen, was er nicht haben will. Daran können auch all die beliebten Schilder nichts ändern. Das Oberlandesgericht Düsseldorf hat deshalb im Jahre 2000 einen Berliner Einkaufsmarkt dazu verurteilt, ein solches Schild wieder abzuhängen. Der Kunde werde unangemessen benachteiligt, wenn er verpflichtet werde, die ausgepackte Ware zu kaufen[58].

Heißt das, jedermann darf ab sofort im nächsten Supermarkt sämtliche Verpackungen aufreißen, ohne Konsequenzen fürchten zu müssen?

Natürlich nicht! Wer etwas beschädigt, muss für den Schaden aufkommen. Darüber sollten sich auch Supermarktkunden keine Illusionen machen. Es stellt sich aber die entscheidende Frage: Wie hoch ist der zu ersetzende Schaden?

Häufig wird sich die Verpackung problemlos wieder schließen und die Ware weiterhin verkaufen lassen. In einem solchen Fall ist der Kunde nur verpflichtet, den Klebestreifen zu bezahlen, mit dem die Verpackung wieder verschlossen wird. Denn ein größerer Schaden ist nun einmal nicht entstanden. Es wäre vollkommen unangemessen, vom Kunden zu verlangen, dass er das komplette – möglicherweise sehr teure – Gerät bezahlt und mit nach Hause nimmt.

Sollte die Ware ohne intakte Verpackung nicht mehr zum vollen Preis verkauft werden können, müsste der Kunde außerdem noch die Differenz zum ursprünglich ausgezeichneten Preis bezahlen. Kaufen und mitnehmen muss er das Gerät jedoch ebenfalls nicht.

In krassen Ausnahmefällen – zum Beispiel, wenn Lebensmittel ausgepackt werden – ist die Ware vielleicht überhaupt nicht mehr verkäuflich. Dann müsste der Kunde in der Tat den vollen Warenwert ersetzen. Selbst in diesem Extremfall gibt es jedoch immer noch keinen Grund, den Käufer darüber hinaus auch noch zum Kauf und damit auch zur Abnahme der Ware zu zwingen.

Wenn Ihnen also demnächst beim Auspacken der Espressomaschine im Geschäft einfällt, dass Ihr Arzt Ihnen weniger Kaffee zum Frühstück verordnet hat, dann packen Sie die Maschine einfach wieder ein. Wenn sie jetzt nur noch zu einem geringeren Preis verkauft werden kann, müssen Sie zwar für den notwendig gewordenen Preisnachlass aufkommen. Sie müssen das Gerät jedoch nicht mit nach Hause nehmen und sich so der Versuchung aussetzen, gegen den Rat Ihres Arztes zu verstoßen.

Bei Interesse siehe hierzu:
§ 307 Abs. 1 Satz 1 BGB (Bürgerliches Gesetzbuch), »Inhaltskontrolle von Allgemeinen Geschäftsbedingungen«
§ 309 Nr. 5 BGB, »Klauselverbote ohne Wertungsmöglichkeit: Pauschalierung von Schadensersatzansprüchen«
§ 433 Abs. 2 BGB, »Vertragstypische Pflichten beim Kaufvertrag«

Aufschrauben defekter Geräte

Irrtum:
Wer ein defektes Gerät aufschraubt, kann es anschließend nicht mehr reklamieren.

Richtig ist:
Gewährleistungsansprüche bestehen auch bei aufgeschraubten Geräten.

Vor allem an Elektronikartikeln finden sich häufig kleine Siegel, die zerstört werden müssen, wenn man das Gerät aufschrauben will. Auf diese Weise kann der Verkäufer oder Hersteller im Falle einer Reklamation feststellen, ob der Kunde möglicherweise schon selbst einen Reparaturversuch unternommen hat. Bringt man ein solches Gerät zurück ins Geschäft, bekommt man häufig zu hören, dass eine Reklamation leider nicht mehr möglich sei. Schließlich sei das Gerät schon einmal geöffnet worden. Dadurch habe der Käufer bedauerlicherweise alle Gewährleistungsansprüche verloren. Denn immerhin sei es ja möglich, dass der beanstandete Defekt erst durch den Reparaturversuch hervorgerufen wurde.

Möglich mag dies ja sein, aber möglich ist schließlich vieles. Innerhalb der ersten sechs Monate nach Übergabe der Kaufsache an den Kunden kann sich der Verkäufer mit derlei Spekulationen daher nicht vor seiner Gewährleistungspflicht drücken. Wenn er meint, der Käufer selbst habe den Defekt verursacht, dann muss er das hieb- und stichfest beweisen. Die bloße Tatsache, dass ein Gerät schon einmal aufgeschraubt wurde, dürfte in aller Regel kein Beweis dafür sein, dass es gerade dadurch kaputtging. Aus diesem Grund verliert natürlich niemand seine gesetzlichen Gewährleistungsansprüche, wenn er einen Computer oder einen sonstigen Artikel aufschraubt, um zunächst einmal selbst das Innenleben zu inspizieren.

Nach Ablauf der Sechsmonatsfrist muss umgekehrt der Käufer beweisen, dass der reklamierte Defekt nicht von ihm selbst hervorgerufen wurde, sondern schon von Anfang an bestand. Dies wird nun wiederum ihm schwer fallen, allerdings ganz unabhängig davon, ob er das Gerät irgendwann einmal aufgeschraubt hat oder nicht.

Zwei Jahre nach dem Kauf schließlich enden sämtliche Gewährleistungsansprüche des Käufers. Jetzt kann ihm allenfalls noch eine Herstellergarantie helfen, die über die gesetzliche Zweijahresfrist hinausgeht. Herstellergarantien sind jedoch eine rein freiwillige Angelegenheit. Wenn der Hersteller seinen Kunden Garantien einräumt, die ihnen von Gesetzes wegen nicht zustehen, dann kann er das Bestehen des Garantieanspruchs natürlich von allen erdenklichen Bedingungen abhängig machen, also auch davon, dass der gekaufte Artikel noch nicht aufgeschraubt wurde. In Garantiebestimmungen findet man diese Klausel daher tatsächlich häufiger. Hier – aber nur hier – ist sie für den Käufer in der Tat bindend. Er kann in einem solchen Fall nur noch auf die Kulanz des Herstellers hoffen.

Zusammenfassend heißt das: Gegenüber dem Verkäufer spielt es keine Rolle, ob man ein Gerät schon einmal aufgeschraubt hat oder nicht. Die Ansprüche gegen ihn sind in beiden Fällen die gleichen. Lediglich gegenüber dem Hersteller kann es einen Unterschied machen, ob die Kaufsache schon einmal geöffnet wurde oder nicht.

Bei Interesse siehe hierzu:
§ 437 BGB (Bürgerliches Gesetzbuch), »Rechte des Käufers bei Mängeln«
§ 439 BGB, »Nacherfüllung«
§ 440 BGB, »Besondere Bestimmungen für Rücktritt und Schadensersatz«
§ 441 BGB, »Minderung«
§ 476 BGB, »Beweislastumkehr«

Falsche Preisauszeichnung

Irrtum:
Ich habe ein Recht darauf, eine Ware zu dem Preis zu kaufen, mit dem sie ausgezeichnet ist.

Richtig ist:
Preisauszeichnungen sind keine verbindlichen Verkaufsangebote.

Diese Situation kennt wohl jeder: Man hat im Geschäft ein vermeintlich besonders günstiges Schnäppchen entdeckt, bringt es zur Kasse und muss plötzlich erfahren, dass der ausgezeichnete Preis falsch ist. In Wirklichkeit soll die Ware viel mehr kosten.

Viele Geschäfte reagieren in dieser Situation kulant. Wenn die Differenz zum eigentlich gewollten Preis nicht allzu hoch ist, verkaufen sie das Stück preiswerter, damit der Kunde zufrieden ist. Ganz so reibungslos läuft es jedoch nicht immer ab. Oft genug geraten Kunde und Verkäufer über den Preis in Streit. Denn viele Kunden glauben, sie hätten einen Rechtsanspruch darauf, eine Ware zu genau dem Preis zu kaufen, der auf dem Etikett steht. Dies ist jedoch ein Irrtum.

Ein Kauf kommt zustande, indem die eine Partei ein Kaufangebot abgibt und die andere Partei es annimmt. Ein Preisschild stellt im juristischen Sinne jedoch noch kein Angebot des Verkäufers an die Kunden dar, die Ware zum ausgezeichneten Preis zu verkaufen. Sie ist lediglich eine unverbindliche »invitatio ad offerendum«, d. h. eine Einladung des Ladeninhabers an die Kunden, die Ware zur Kasse zu tragen und dort ihrerseits ein Kaufangebot abzugeben. Dieses Kaufangebot des Kunden kann der Verkäufer an der Kasse immer noch ablehnen. Wenn er merkt, dass der Preis, zu dem der Kunde kaufen möchte, zu niedrig ist, hat er also ohne weiteres die Möglichkeit, einen Verkauf zu dem niedrigeren Preis zu verweigern.

Die Preisschilder sind daher lediglich eine Art Orientierungshilfe für die Kunden. Rechtsverbindlich sind sie nicht – und das ist auch sinnvoll so. Man stelle sich einmal vor, ein Autohändler vergisst bei der Preisauszeichnung versehentlich eine Null. Niemand kann ernsthaft glauben, dass man dann einen Anspruch darauf hat, einen Neuwagen für 3900,– € zu kaufen anstatt für die eigentlich vorgesehenen 39000,– €. Und wenn dies für Autos gilt, gibt es keinen

Grund, weshalb für Joghurt, Rasierapparate oder T-Shirts etwas anderes gelten sollte.

Bei Interesse siehe hierzu:
§ 145 BGB (Bürgerliches Gesetzbuch), »Bindung an den Antrag«

Gewährleistung und Garantie

Irrtum:
Gewährleistung und Garantie sind das Gleiche.

Richtig ist:
Gewährleistungsansprüche gelten kraft Gesetzes und nur für ursprüngliche Mängel. Garantien sind freiwillig und gelten auch für später entstandene Mängel.

»Das Gerät können wir nicht umtauschen. Wir müssen es zuerst zum Hersteller einschicken, denn es hat ja noch Garantie.«

»Für reduzierte Ware können wir leider keine Gewährleistung übernehmen.«

Grundfalsche Sätze wie diese hört und liest man immer wieder. Sie kommen zustande, wenn jemand nicht genau weiß, was unter den Begriffen Garantie und Gewährleistung eigentlich zu verstehen ist. Der Unterschied zwischen diesen beiden Rechtsinstituten ist wohl den wenigsten klar. Die meisten wissen nicht einmal, dass es überhaupt einen Unterschied gibt. Sie verwenden die Begriffe in etwa gleichbedeutend. Dabei haben Gewährleistung und Garantie nur eines gemeinsam: Sie regeln, dass der Verkäufer oder Hersteller einer Ware für deren Mängel geradestehen muss. Im Einzelnen gibt es jedoch große Unterschiede. Und genau diese führen immer wieder zu Missverständnissen, und zwar in der Regel zu Lasten der Verbraucher. Was also ist eine Garantie und was versteht man unter Gewährleistung?

Wer zum Beispiel einen kaputten Fernseher kauft, hat das Recht, ihn noch bis zu zwei Jahre nach dem Kauf ins Geschäft zurückzubringen und Reparatur oder wahlweise ein neues Gerät als Ersatz zu verlangen. Dieser Anspruch besteht jedoch nur, wenn der Mangel bereits beim Kauf vorhanden war, auch wenn man ihn möglicherweise noch nicht bemerken konnte. Innerhalb der ersten sechs Monate nach dem Kauf spricht eine so genannte »gesetzliche Vermutung« dafür, dass der Mangel bereits beim Kauf vorlag. Der Verkäufer muss also beweisen, dass der Fernseher ursprünglich völlig in Ordnung war. Dies wird in der Regel nur schwer gelingen. Nach Ablauf von sechs Monaten kehrt sich die Beweislast um. Jetzt muss der Käufer beweisen, dass der Fehler schon zum Zeitpunkt des Kaufes bestand.

Die Ansprüche auf Nachlieferung bzw. Nachbesserung bestehen kraft Gesetzes, ohne dass der Händler sie gegenüber dem Verbraucher ausschließen könnte. Man bezeichnet diese Ansprüche daher als gesetzliche Gewährleistungsansprüche. Sie beziehen sich nur auf die *ursprüngliche* Fehlerfreiheit der Kaufsache und haben nichts mit einer freiwilligen Garantie des Verkäufers oder Herstellers zu tun.

Nun ist dem Verbraucher mit der Verkäuferhaftung allein nicht immer gedient. Wenn sich nach sechs Monaten die Beweislast umkehrt, wird er in der Regel große Schwierigkeiten haben, zu beweisen, dass die Kaufsache schon von Anfang an einen Fehler hatte. Manche Hersteller und auch manche Verkäufer übernehmen für ihre Waren daher eine freiwillige Garantie. Sie dehnen ihre Haftung auch auf solche Mängel aus, die nicht schon von Anfang an existierten, sondern die erst im Laufe der Zeit entstanden sind.

Der Unterschied zwischen Gewährleistung und Garantie ist also, dass die Gewährleistung *kraft Gesetzes* besteht und nur für *ursprünglich vorhandene Fehler* gilt, während die Garantie *freiwillig* übernommen wird und auch für erst *später entstehende Fehler* gilt. Außerdem sind aus Sicht des Verbrauchers die Anspruchsgegner in der Regel verschieden. Gewährleistungsansprüche gelten gegenüber dem Verkäufer, Garantien dagegen meistens gegenüber dem Hersteller.

Dass die Begriffe Garantie und Gewährleistung in der allgemeinen Vorstellung häufig verschwimmen, kann für uninformierte Verbraucher zu erheblichen Nachteilen führen. Das gilt zum Beispiel, wenn Verkäufer versuchen, ihre eigenen Gewährleistungsverpflichtungen hinter der Garantie des Herstellers zu verstecken, frei nach dem Motto: Der Kunde merkt den Unterschied schon nicht. Wenn der Verkäufer auf Grund seiner Gewährleistung selbst haftet, muss der Käufer nicht dulden, dass die Sache erst einmal zum Hersteller eingeschickt wird. Aus diesem Grund ist der erste der beiden eingangs zitierten Sätze falsch.

Der zweite Satz ist wiederum falsch, weil die gesetzlichen Gewährleistungsansprüche gegenüber einem Verbraucher nicht ausgeschlossen werden können. Sie gelten, egal ob die Ware reduziert ist oder nicht. Der Verkäufer hätte lediglich die Möglichkeit, bei reduzierter Ware eine freiwillig gewährte *Garantie* zu beschränken, die er auf nicht reduzierte Ware gibt. Hinsichtlich der gesetzlichen *Gewährleistungsansprüche* hat er diese Möglichkeit nicht.

Weitere Beispiele dafür, wozu ein falsches Verständnis des Gewährleistungsbegriffs führt, sind auch vielen der folgenden Kapitel zu entnehmen.

Bei Interesse siehe hierzu:
§ 437 BGB (Bürgerliches Gesetzbuch), »Rechte des Käufers bei Mängeln«
§ 439 BGB, »Nacherfüllung«
§ 440 BGB, »Besondere Bestimmungen für Rücktritt und Schadensersatz«
§ 441 BGB, »Minderung«

Gutscheine I: Einlöseberechtigung

Irrtum:
Wenn auf einem Geschenkgutschein ein bestimmter Empfänger genannt ist, kann nur dieser den Gutschein einlösen.

Richtig ist:
Geschenkgutscheine können auch von anderen Personen als dem Beschenkten eingelöst werden.

Geschenkgutscheine für einen Kinobesuch oder einen Einkauf in der Parfümerie sind bei einfallslosen Schenkern eine beliebte Alternative zu einem Umschlag mit Bargeld (»Du weißt doch selbst am besten, was du magst. Versprich mir aber, dass du dir auch etwas Schönes davon kaufst, ja?«) oder gar zu den berühmt-berüchtigten S.O.S.-Präsenten (**S**ocken, **O**berhemden, **S**chlips). Häufig finden sich auf den Gutscheinen Leerzeilen, in denen der Name des Beschenkten eingetragen werden kann – »Für die liebe Biggi« oder »Herrn Dr. Bönninghaus zum 50. Wiegenfeste«.

Was aber, wenn Herr Dr. Bönninghaus oder die liebe Biggi gar keine Lust auf einen Kino- oder Parfümeriebesuch haben? Viele glauben, dass ihnen in einer solchen

Situation gar keine andere Wahl bleibt, als den Gutschein dennoch selbst einzulösen. Wie selbstverständlich gehen sie davon aus, dass sie den persönlich ausgestellten Gutschein nicht an andere weitergeben können.

Doch dies ist ein Irrtum. Wenn in einem Geschenkgutschein Schenker und Beschenkter namentlich genannt sind, dann soll damit nur die persönliche Beziehung der beiden zueinander dokumentiert werden. Es soll nicht bestimmt werden, dass nur der Beschenkte die Leistung in Anspruch nehmen darf[59].

Eine solche Beschränkung ergäbe auch gar keinen Sinn. Gutscheine sollen dem Beschenkten schließlich gerade die Freiheit einräumen, selbst über die Verwendung des Geschenks zu entscheiden. Er soll gerade nicht gezwungen sein, ein bestimmtes Geschäft aufzusuchen, um dort irgendetwas zu kaufen, was ihm nicht gefällt. Dem Aussteller des Geschenkgutscheins dürfte es im Übrigen in aller Regel auch gleichgültig sein, wer ihn einlöst. Aus diesen Gründen sind Geschenkgutscheine als Papiere zu betrachten, die von jedermann eingelöst werden können, egal wer auf ihnen als »Berechtigter« vermerkt ist.

Bei Interesse siehe hierzu:
§ 307 Abs. 1 BGB (Bürgerliches Gesetzbuch), »Inhaltskontrolle von Allgemeinen Geschäftsbedingungen«
§ 807 BGB, »Inhaberkarten und -marken«

Gutscheine II: Gültigkeitsfristen

Irrtum:
Abgelaufene Gutscheine können nicht mehr eingelöst werden.

Richtig ist:
Zu kurze Gültigkeitsfristen von Gutscheinen lassen sich nicht ohne weiteres vereinbaren.

Der Anspruch auf Einlösung eines entgeltlichen Kino- oder Einkaufsgutscheins verjährt innerhalb dreier Jahre gerechnet ab dem Ende des Ausstellungsjahres. Oft ist auf dem Gutschein aber ein deutlich früheres Ablaufdatum vermerkt, nach welchem eine Einlösung nach dem Willen des Ausstellers nicht mehr möglich sein soll.

Zwar kann die Gültigkeit entgeltlich erworbener Gutscheine tatsächlich befristet werden. Das gilt vor allem dann, wenn die Befristung individuell zwischen dem Aussteller und dem Empfänger des Gutscheins ausgehandelt wurde. Ein solcher Fall ist jedoch natürlich die Ausnahme. Denn in der Regel wird die Befristung zwischen den Beteiligten nicht verhandelt, sondern vom Gutscheinaussteller einseitig vorgegeben, indem er auf dem Gutschein zum Beispiel vermerkt: »Gültig bis 30. 06. 2007.«

Wenn der Aussteller die Gültigkeitsdauer des Gutscheins auf diese Weise einseitig vorschreibt, muss er gewisse Grenzen beachten. Er kann den Gutschein nicht zu jedem beliebigen Datum ablaufen lassen. Es gibt zeitliche Mindestlaufzeiten, die nicht unterschritten werden dürfen. Genau dies passiert in der Praxis jedoch häufig.

Das Landgericht München I zum Beispiel erklärte eine Gutscheinlaufzeit von 10 Monaten für zu kurz[60]. Sie stelle eine unangemessene Benachteiligung des Kunden dar. Das Oberlandesgericht Hamburg war sogar der Meinung, eine Befristung von weniger als zwei Jahren bei einem Kinogutschein sei zu kurz bemessen[61].

Wer also noch »abgelaufene« Gutscheine besitzt, sollte sie nicht wegwerfen. Wenn die Ablauffrist weniger als zwei

Jahre beträgt, sind die Chancen, den Gutschein doch noch einlösen zu können, recht hoch.

Und wie sieht es aus, wenn der Besitzer des Gutscheins ihn gar nicht einlösen will? Nicht jeder freut sich, wenn er einen Bungee-Sprung zum Geburtstag geschenkt bekommt. Eine Barauszahlung des Gutscheinbetrages ist nach einer Entscheidung des Amtsgerichts Northeim in solchen Fällen jedoch nicht möglich. Sie kommt höchstens in Betracht, wenn der Aussteller des Gutscheins innerhalb der Gültigkeitsdauer nicht mehr in der Lage ist, die geschuldete Leistung zu erbringen[62]. Wenn also zum Beispiel ein Kino seine Pforten für immer schließt, muss es am letzten Tag alle noch nicht abgelaufenen Gutscheine zurücknehmen und den dafür gezahlten Preis an den Besitzer des Gutscheins zurückerstatten.

Bei Interesse siehe hierzu:
§ 307 Abs. 1 BGB (Bürgerliches Gesetzbuch), »Inhaltskontrolle«

Gutscheine III: Gutschrift statt Gewährleistung?

Irrtum:
Wer eine mangelhafte Ware reklamiert, muss eine Gutschrift als Ersatz akzeptieren.

Richtig ist:
Bei einer berechtigten Reklamation muss niemand eine Gutschrift als Ersatz annehmen.

Immer wieder kommt es vor, dass Verkäufer versuchen, ihre Kunden im Falle einer Reklamation mit Gutschriften als

Ersatz für die mangelhafte Kaufsache abzuspeisen. Sie nehmen die Ware zwar zurück. Der Käufer soll jedoch nicht seine gesetzlichen Gewährleistungsansprüche ausüben, sondern lediglich eine Gutschrift erhalten, mit der er sich irgendwann im Sortiment des Verkäufers eine andere Ware aussuchen kann.

Wer wirklich einen Grund zur Beschwerde hat, d.h., wer eine tatsächlich mangelhafte Ware gekauft hat, sollte sich keinesfalls mit einer bloßen Gutschrift zufrieden geben. Er sollte stattdessen auf die Erfüllung seiner gesetzlichen Gewährleistungsansprüche bestehen. Innerhalb der gesetzlichen Gewährleistungsfrist von zwei Jahren muss der Verkäufer einer von Anfang an fehlerhaften Sache die Ware reparieren oder ersetzen. Wenn zwei Reparaturversuche fehlschlagen, kann der Käufer vom Kaufvertrag zurücktreten. Das heißt, er gibt die Ware zurück und erhält sein Geld wieder. Alternativ kann er sich dazu entscheiden, die Kaufsache zu behalten und den Preis angemessen zu mindern. Der Verkäufer muss ihm dann einen Teil des Kaufpreises zurückerstatten.

Eine bloße Gutschrift reicht in Fällen berechtigter Reklamationen also niemals aus. Wer sie dennoch akzeptiert, verzichtet damit gleichzeitig endgültig auf seine gesetzlichen Gewährleistungsansprüche auf Neulieferung bzw. Nachbesserung.

Bei Interesse siehe hierzu:
§ 437 BGB (Bürgerliches Gesetzbuch), »Rechte des Käufers bei Mängeln«
§ 439 BGB, »Nacherfüllung«
§ 440 BGB, »Besondere Bestimmungen für Rücktritt und Schadensersatz«
§ 441 BGB, »Minderung«

Anmerkungen

1 Vgl. *Stefan Machura:* Rechtsfilme und Rechtsalltag, www.ruhr-uni-bochum.de/rsozlog/PD%20Dr_%20%20 Machura/RORFI.pdf.

2 BGHZ (Amtliche Sammlung der Entscheidungen des Bundesgerichtshofs in Zivilsachen) 101, 186–193

3 LG (Landgericht) Ravensburg, NJW (Neue Juristische Wochenschrift) 1987, 3142

4 BAG (Bundesarbeitsgericht), Az. 5 AZR 171/76

5 Absolventen sämtlicher Fachrichtungen können in England und Wales zum Richteramt zugelassen werden, wenn sie bestimmte theoretische und praktische juristische Erfahrungen vorweisen können.

6 *Lutz Meyer-Goßner:* StPO (Strafprozessordnung). 46. Aufl. München 2002, Einl. Rn. 119e

7 Vgl. www.dkhw.de/index.html?a=/spenden/einschulung-mcc.html.

8 *Tröndle/Fischer*, StGB, § 239, Rn.1; *Claus Roxin:* Strafverfahrensrecht. 25. Aufl. München 1999, § 42 D III 2

9 Westlake v. Krebs, 2002-Ohio-7073 (www.sconet.state.oh.us/rod/documents/8/2002/2002-ohio-7073.doc)

10 BGH, GRUR (Gewerblicher Rechtsschutz und Urheberrecht) 1988, 810, 811

11 Vgl. § 2 Abs. 2 Nr. 6 Rundfunkstaatsvertrag.

12 Vgl. *Markus Junker:* Grundwissen Urheberrecht II, http://remus.jura.uni-sb.de/urheberrecht/gw02.html#1bcc.

13 BVerfG (Bundesverfassungsgericht), Az. 1 BvR 649/04

14 *Hans-Theodor Soergel, Jürgen F. Baur:* BGB. 13. Aufl. Stuttgart 1999, § 906, Rn. 99

15 OLG Hamburg, NJW-RR 1987, 657

16 Vgl. BGH, NJW 2003, 1246; *Palandt/Weidenkaff*, BGB, § 537, Rn. 9 m. w. Nachw.
17 Vgl. z. B. www.stadt-koeln.de/bol/steuern/produkte/00914/index.html.
18 Vgl. www.stadt-koeln.de/bol/tiere/hunde/produkte/04239/#kot.
19 Vgl. www.kirchenasyl.de.
20 Vgl. *Ralf Höcker:* Das Grundrecht der Gewissensfreiheit und seine Auswirkungen im Strafrecht. Frankfurt a. M. 2000, S. 90, 111.
21 *Rudolf His:* Das Strafrecht des deutschen Mittelalters, 2. Teil: Die einzelnen Verbrechen. Aalen 1964, S. 121 f.
22 BVerfGE (Amtliche Sammlung der Entscheidungen des Bundesverfassungsgerichts) 90, 145
23 BVerfGE (Amtliche Sammlung der Entscheidungen des Bundesverfassungsgerichts) 90, 145
24 Nachw. bei *Harald H. Körner:* BtMG (Betäubungsmittelgesetz). 5. Aufl. München 2001, § 29, Rn. 1657
25 *Tröndle/Fischer*, StGB, § 142, Rn. 31
26 RGSt. (Amtliche Sammlung der Entscheidungen des Reichsgerichts in Strafsachen) 3, 140
27 BGHSt. (Amtliche Sammlung der Entscheidungen des Bundesgerichtshofs in Strafsachen) 4, 396, 402
28 *Tröndle/Fischer*, StGB, § 243, Rn. 21
29 BGHSt. 6, 46
30 *Eduard Dreher, Herbert Tröndle:* StGB. 48. Aufl. München 1998, § 180, Rn. 13. Die amüsante Kommentierung *Tröndles* wurde von seinem Nachfolgeautor *Fischer* ab der 49. Auflage 1999 dann den Sittlichkeitsvorstellungen der Gegenwart angepasst.
31 BVerfGE 45, 187–271
32 *Eduard Kohlrausch, Richard Lange:* StGB. 43. Aufl. Berlin 1961, § 370
33 RG (Reichsgericht), JW (Juristische Wochenschrift) 1911, 855
34 *Kohlrausch/Lange*, StGB, § 370

35 BayObLG (Bayerisches Oberstes Landesgericht), VRS (Verkehrsrechtssammlung) 79, 15; OLG Celle, VRS 38, 431; OLG Hamm, DAR (Deutsches Autorecht) 74, 76; OLG Karlsruhe, VRS 43, 105; OLG Köln, VRS 61, 425
36 OLG Köln, VRS 67, 224
37 RGSt. 23, 116 (Biergläser); OLG Braunschweig, MDR (Monatsschrift für deutsches Recht) 47, 205 (Selbstschussanlagen)
38 Ausführlich: *Ulrike Hinrichs:* »Die verfassungsrechtlichen Grenzen der Auslegung des Tatbestandsmerkmals ›Erschleichen‹ in § 265a I Alt. 3 StGB (›Schwarzfahren‹)«, NJW 2001, 932
39 BVerfG (Bundesverfassungsgericht), NJW 1998, 1135
40 *Hinrichs,* NJW 2001, 932, 935
41 *Tröndle/Fischer,* StGB, § 186, Rn. 9 m. Nachw. aus der Rspr.
42 OLG Hamburg, NJW 1967, 213
43 Zit. n. AG Frankfurt, NJW 1989, 1745, 1746
44 AG Frankfurt, NJW 1989, 1745, 1746
45 Quelle: Online Bürger-Service der Stadt Köln
46 OLG Köln, NJW 1987, 2527
47 BGH, VM (Verkehrsrechtliche Mitteilungen) 1970, 15
48 OLG Schleswig, VM 1966, 56, 64
49 *Peter Hentschel:* Straßenverkehrsrecht. 37. Aufl. München 2003, § 14 StVO, Rn. 14
50 KG (Kammergericht Berlin), VersR (Versicherungsrecht) 1989, 905, 906
51 AG Gemünden, DAR (Deutsches Autorecht) 1997, 251
52 OLG Köln, VerkMitt (Verkehrsrechtliche Mitteilungen) 1974, Nr. 31
53 *Hentschel,* Straßenverkehrsrecht, § 12 StVO, Rn. 55
54 OLG Sachsen-Anhalt, DAR 1998, 28–29
55 OLG Hamm, VersR (Versicherungsrecht) 1993, 1290
56 AG Köln, VersR 1984, 1179
57 *Hentschel,* Straßenverkehrsrecht, § 5 StVO, Rn. 64 m. w. Nachw. für eine Alleinhaftung bei Kollision mit einem aus der linken Kolonne ausscherenden Fahrzeug

58 OLG Düsseldorf, Az. 6 U 45/00
59 AG Northeim, Az. 3 C 460/88
60 LG München I, Az. 7 O 2109/95
61 OLG Hamburg, Az. 10 U 11/00
62 AG Northeim, Az. 3 C 460/88

Gesetzestexte

Nicht alle Paragraphen und Artikel sind vollständig zitiert. Es wurden zum Teil lediglich diejenigen Absätze aufgenommen, die für das Verständnis der im Buch behandelten Probleme besonders wichtig sind. Soweit landesrechtliche Vorschriften greifen, konnten an dieser Stelle nur die gesetzlichen Bestimmungen im Land Nordrhein-Westfalen dargestellt werden. In der Regel existieren in den übrigen Bundesländern jedoch identische Gesetze.

AKB (Allgemeine Bedingungen für die Kraftfahrversicherung)

§ 7 Obliegenheiten im Versicherungsfall

(2) Nr. 1) Bei Haftpflichtschäden ist der Versicherungsnehmer nicht berechtigt, ohne vorherige Zustimmung des Versicherers einen Anspruch ganz oder zum Teil anzuerkennen oder zu befriedigen. Das gilt nicht, falls der Versicherungsnehmer nach den Umständen die Anerkennung oder die Befriedigung nicht ohne offenbare Unbilligkeit verweigern konnte.

AO (Abgabenordnung)

§ 149 Abgabe der Steuererklärungen

(1) Die Steuergesetze bestimmen, wer zur Abgabe einer Steuererklärung verpflichtet ist. Zur Abgabe einer Steuererklärung ist auch verpflichtet, wer hierzu von der Finanzbehörde aufgefor-

dert wird. Die Aufforderung kann durch öffentliche Bekanntmachung erfolgen. Die Verpflichtung zur Abgabe einer Steuererklärung bleibt auch dann bestehen, wenn die Finanzbehörde die Besteuerungsgrundlagen geschätzt hat (§ 162).
(2) Soweit die Steuergesetze nichts anderes bestimmen, sind Steuererklärungen, die sich auf ein Kalenderjahr oder einen gesetzlich bestimmten Zeitpunkt beziehen, spätestens fünf Monate danach abzugeben. Bei Steuerpflichtigen, die den Gewinn aus Land- und Forstwirtschaft nach einem vom Kalenderjahr abweichenden Wirtschaftsjahr ermitteln, endet die Frist nicht vor Ablauf des dritten Monats, der auf den Schluss des in dem Kalenderjahr begonnenen Wirtschaftsjahrs folgt.

BestG NW (Bestattungsgesetz Nordrhein-Westfalen)

§ 9 Leichenschau, Todesbescheinigung und Unterrichtung der Behörden

(5) Finden die Ärztinnen und Ärzte an den Verstorbenen Anhaltspunkte für einen Tod durch Selbsttötung, Unfall oder Einwirkung Dritter (nicht natürlichen Tod) oder deuten sonstige Umstände darauf hin, so brechen sie die Leichenschau ab, unterrichten unverzüglich die Polizeibehörde und sorgen dafür, dass bis zum Eintreffen der Polizei Veränderungen weder an Toten noch an deren Umgebung vorgenommen werden.
(6) Kann die Identität Toter nicht festgestellt werden, ist nach Beendigung der Leichenschau durch diejenigen, die diese veranlasst haben, oder hilfsweise durch die Ärztin oder den Arzt unverzüglich die Polizeibehörde zu unterrichten.

BetrVG (Betriebsverfassungsgesetz)

§ 102 Mitbestimmung bei Kündigungen

(1) Der Betriebsrat ist vor jeder Kündigung zu hören. Der Arbeitgeber hat ihm die Gründe für die Kündigung mitzuteilen.

Eine ohne Anhörung des Betriebsrats ausgesprochene Kündigung ist unwirksam.

(2) Hat der Betriebsrat gegen eine ordentliche Kündigung Bedenken, so hat er diese unter Angabe der Gründe dem Arbeitgeber spätestens innerhalb einer Woche schriftlich mitzuteilen. Äußert er sich innerhalb dieser Frist nicht, gilt seine Zustimmung zur Kündigung als erteilt. Hat der Betriebsrat gegen eine außerordentliche Kündigung Bedenken, so hat er diese unter Angabe der Gründe dem Arbeitgeber unverzüglich, spätestens jedoch innerhalb von drei Tagen, schriftlich mitzuteilen. Der Betriebsrat soll, soweit dies erforderlich erscheint, vor seiner Stellungnahme den betroffenen Arbeitnehmer hören. § 99 Abs. 1 Satz 3 gilt entsprechend.

(3) Der Betriebsrat kann innerhalb der Frist des Absatzes 2 Satz 1 der ordentlichen Kündigung widersprechen, wenn

1. der Arbeitgeber bei der Auswahl des zu kündigenden Arbeitnehmers soziale Gesichtspunkte nicht oder nicht ausreichend berücksichtigt hat,
2. die Kündigung gegen eine Richtlinie nach § 95 verstößt,
3. der zu kündigende Arbeitnehmer an einem anderen Arbeitsplatz im selben Betrieb oder in einem anderen Betrieb des Unternehmens weiterbeschäftigt werden kann,
4. die Weiterbeschäftigung des Arbeitnehmers nach zumutbaren Umschulungs- oder Fortbildungsmaßnahmen möglich ist oder
5. eine Weiterbeschäftigung des Arbeitnehmers unter geänderten Vertragsbedingungen möglich ist und der Arbeitnehmer sein Einverständnis hiermit erklärt hat.

(4) Kündigt der Arbeitgeber, obwohl der Betriebsrat nach Absatz 3 der Kündigung widersprochen hat, so hat er dem Arbeitnehmer mit der Kündigung eine Abschrift der Stellungnahme des Betriebsrats zuzuleiten.

(5) Hat der Betriebsrat einer ordentlichen Kündigung frist- und ordnungsgemäß widersprochen, und hat der Arbeitnehmer nach dem Kündigungsschutzgesetz Klage auf Feststellung erhoben, dass das Arbeitsverhältnis durch die Kündigung nicht aufgelöst

ist, so muss der Arbeitgeber auf Verlangen des Arbeitnehmers diesen nach Ablauf der Kündigungsfrist bis zum rechtskräftigen Abschluss des Rechtsstreits bei unveränderten Arbeitsbedingungen weiterbeschäftigen. Auf Antrag des Arbeitgebers kann das Gericht ihn durch einstweilige Verfügung von der Verpflichtung zur Weiterbeschäftigung nach Satz 1 entbinden, wenn

1. die Klage des Arbeitnehmers keine hinreichende Aussicht auf Erfolg bietet oder mutwillig erscheint oder
2. die Weiterbeschäftigung des Arbeitnehmers zu einer unzumutbaren wirtschaftlichen Belastung des Arbeitgebers führen würde oder
3. der Widerspruch des Betriebsrats offensichtlich unbegründet war.

§ 103 Außerordentliche Kündigung und Versetzung in besonderen Fällen

(1) Die außerordentliche Kündigung von Mitgliedern des Betriebsrats, der Jugend- und Auszubildendenvertretung, der Bordvertretung und des Seebetriebsrats, des Wahlvorstands sowie von Wahlbewerbern bedarf der Zustimmung des Betriebsrats.

(2) Verweigert der Betriebsrat seine Zustimmung, so kann das Arbeitsgericht sie auf Antrag des Arbeitgebers ersetzen, wenn die außerordentliche Kündigung unter Berücksichtigung aller Umstände gerechtfertigt ist. In dem Verfahren vor dem Arbeitsgericht ist der betroffene Arbeitnehmer Beteiligter.

(3) Die Versetzung der in Absatz 1 genannten Personen, die zu einem Verlust des Amtes oder der Wählbarkeit führen würde, bedarf der Zustimmung des Betriebsrats; dies gilt nicht, wenn der betroffene Arbeitnehmer mit der Versetzung einverstanden ist. Absatz 2 gilt entsprechend mit der Maßgabe, dass das Arbeitsgericht die Zustimmung zu der Versetzung ersetzen kann, wenn diese auch unter Berücksichtigung der betriebsverfassungsrechtlichen Stellung des betroffenen Arbeitnehmers aus dringenden betrieblichen Gründen notwendig ist.

BGB (Bürgerliches Gesetzbuch)

§ 12 Namensrecht

Wird das Recht zum Gebrauch eines Namens dem Berechtigten von einem anderen bestritten oder wird das Interesse des Berechtigten dadurch verletzt, dass ein anderer unbefugt den gleichen Namen gebraucht, so kann der Berechtigte von dem anderen Beseitigung der Beeinträchtigung verlangen. Sind weitere Beeinträchtigungen zu besorgen, so kann er auf Unterlassung klagen.

§ 132 Ersatz des Zugehens durch Zustellung

(1) Eine Willenserklärung gilt auch dann als zugegangen, wenn sie durch Vermittlung eines Gerichtsvollziehers zugestellt worden ist. Die Zustellung erfolgt nach den Vorschriften der Zivilprozessordnung.

§ 145 Bindung an den Antrag

Wer einem anderen die Schließung eines Vertrags anträgt, ist an den Antrag gebunden, es sei denn, dass er die Gebundenheit ausgeschlossen hat.

§ 162 Verhinderung oder Herbeiführung des Bedingungseintritts

(1) Wird der Eintritt der Bedingung von der Partei, zu deren Nachteil er gereichen würde, wider Treu und Glauben verhindert, so gilt die Bedingung als eingetreten.
(2) Wird der Eintritt der Bedingung von der Partei, zu deren Vorteil er gereicht, wider Treu und Glauben herbeigeführt, so gilt der Eintritt als nicht erfolgt.

§ 193 Sonn- und Feiertag; Sonnabend

Ist an einem bestimmten Tage oder innerhalb einer Frist eine Willenserklärung abzugeben oder eine Leistung zu bewirken und fällt der bestimmte Tag oder der letzte Tag der Frist auf einen Sonntag, einen am Erklärungs- oder Leistungsort staatlich anerkannten allgemeinen Feiertag oder einen Sonnabend, so tritt an die Stelle eines solchen Tages der nächste Werktag.

§ 227 Notwehr

(1) Eine durch Notwehr gebotene Handlung ist nicht widerrechtlich.

(2) Notwehr ist diejenige Verteidigung, welche erforderlich ist, um einen gegenwärtigen rechtswidrigen Angriff von sich oder einem anderen abzuwenden.

§ 242 Leistung nach Treu und Glauben

Der Schuldner ist verpflichtet, die Leistung so zu bewirken, wie Treu und Glauben mit Rücksicht auf die Verkehrssitte es erfordern.

§ 307 Inhaltskontrolle

(1) Bestimmungen in Allgemeinen Geschäftsbedingungen sind unwirksam, wenn sie den Vertragspartner des Verwenders entgegen den Geboten von Treu und Glauben unangemessen benachteiligen. Eine unangemessene Benachteiligung kann sich auch daraus ergeben, dass die Bestimmung nicht klar und verständlich ist.

(2) Eine unangemessene Benachteiligung ist im Zweifel anzunehmen, wenn eine Bestimmung

1. mit wesentlichen Grundgedanken der gesetzlichen Regelung, von der abgewichen wird, nicht zu vereinbaren ist oder
2. wesentliche Rechte oder Pflichten, die sich aus der Natur des Vertrags ergeben, so einschränkt, dass die Erreichung des Vertragszwecks gefährdet ist.

§ 309 Klauselverbote ohne Wertungsmöglichkeit

Auch soweit eine Abweichung von den gesetzlichen Vorschriften zulässig ist, ist in Allgemeinen Geschäftsbedingungen unwirksam

5. (Pauschalierung von Schadensersatzansprüchen)

die Vereinbarung eines pauschalierten Anspruchs des Verwenders auf Schadensersatz oder Ersatz einer Wertminderung, wenn

a) die Pauschale den in den geregelten Fällen nach dem gewöhnlichen Lauf der Dinge zu erwartenden Schaden oder die gewöhnlich eintretende Wertminderung übersteigt oder
b) dem anderen Vertragsteil nicht ausdrücklich der Nachweis gestattet wird, ein Schaden oder eine Wertminderung sei überhaupt nicht entstanden oder wesentlich niedriger als die Pauschale;

§ 433 Vertragstypische Pflichten beim Kaufvertrag
(1) Durch den Kaufvertrag wird der Verkäufer einer Sache verpflichtet, dem Käufer die Sache zu übergeben und das Eigentum an der Sache zu verschaffen. Der Verkäufer hat dem Käufer die Sache frei von Sach- und Rechtsmängeln zu verschaffen.
(2) Der Käufer ist verpflichtet, dem Verkäufer den vereinbarten Kaufpreis zu zahlen und die gekaufte Sache abzunehmen.

§ 437 Rechte des Käufers bei Mängeln
Ist die Sache mangelhaft, kann der Käufer, wenn die Voraussetzungen der folgenden Vorschriften vorliegen und soweit nicht ein anderes bestimmt ist,

1. nach § 439 Nacherfüllung verlangen,
2. nach den §§ 440, 323 und 326 Abs. 5 von dem Vertrag zurücktreten oder nach § 441 den Kaufpreis mindern und
3. nach den §§ 440, 280, 281, 283 und 311 a Schadensersatz oder nach § 284 Ersatz vergeblicher Aufwendungen verlangen.

§ 439 Nacherfüllung
(1) Der Käufer kann als Nacherfüllung nach seiner Wahl die Beseitigung des Mangels oder die Lieferung einer mangelfreien Sache verlangen.
(2) Der Verkäufer hat die zum Zwecke der Nacherfüllung erforderlichen Aufwendungen, insbesondere Transport-, Wege-, Arbeits- und Materialkosten zu tragen.

(3) Der Verkäufer kann die vom Käufer gewählte Art der Nacherfüllung unbeschadet des § 275 Abs. 2 und 3 verweigern, wenn sie nur mit unverhältnismäßigen Kosten möglich ist. Dabei sind insbesondere der Wert der Sache in mangelfreiem Zustand, die Bedeutung des Mangels und die Frage zu berücksichtigen, ob auf die andere Art der Nacherfüllung ohne erhebliche Nachteile für den Käufer zurückgegriffen werden könnte. Der Anspruch des Käufers beschränkt sich in diesem Fall auf die andere Art der Nacherfüllung; das Recht des Verkäufers, auch diese unter den Voraussetzungen des Satzes 1 zu verweigern, bleibt unberührt.
(4) Liefert der Verkäufer zum Zwecke der Nacherfüllung eine mangelfreie Sache, so kann er vom Käufer Rückgewähr der mangelhaften Sache nach Maßgabe der §§ 346 bis 348 verlangen.

§ 440 Besondere Bestimmungen für Rücktritt und Schadensersatz

Außer in den Fällen des § 281 Abs. 2 und des § 323 Abs. 2 bedarf es der Fristsetzung auch dann nicht, wenn der Verkäufer beide Arten der Nacherfüllung gemäß § 439 Abs. 3 verweigert oder wenn die dem Käufer zustehende Art der Nacherfüllung fehlgeschlagen oder ihm unzumutbar ist. Eine Nachbesserung gilt nach dem erfolglosen zweiten Versuch als fehlgeschlagen, wenn sich nicht insbesondere aus der Art der Sache oder des Mangels oder den sonstigen Umständen etwas anderes ergibt.

§ 441 Minderung

(1) Statt zurückzutreten, kann der Käufer den Kaufpreis durch Erklärung gegenüber dem Verkäufer mindern. Der Ausschlussgrund des § 323 Abs. 5 Satz 2 findet keine Anwendung.
(2) Sind auf der Seite des Käufers oder auf der Seite des Verkäufers mehrere beteiligt, so kann die Minderung nur von allen oder gegen alle erklärt werden.
(3) Bei der Minderung ist der Kaufpreis in dem Verhältnis herabzusetzen, in welchem zur Zeit des Vertragsschlusses der Wert der Sache in mangelfreiem Zustand zu dem wirklichen Wert ge-

standen haben würde. Die Minderung ist, soweit erforderlich, durch Schätzung zu ermitteln.
(4) Hat der Käufer mehr als den geminderten Kaufpreis gezahlt, so ist der Mehrbetrag vom Verkäufer zu erstatten. § 346 Abs. 1 und § 347 Abs. 1 finden entsprechende Anwendung.

§ 444 Haftungsausschluss
Auf eine Vereinbarung, durch welche die Rechte des Käufers wegen eines Mangels ausgeschlossen oder beschränkt werden, kann sich der Verkäufer nicht berufen, soweit er den Mangel arglistig verschwiegen oder eine Garantie für die Beschaffenheit der Sache übernommen hat.

§ 476 Beweislastumkehr
Zeigt sich innerhalb von sechs Monaten seit Gefahrübergang ein Sachmangel, so wird vermutet, dass die Sache bereits bei Gefahrübergang mangelhaft war, es sei denn, diese Vermutung ist mit der Art der Sache oder des Mangels unvereinbar.

§ 549 Auf Wohnraummietverhältnisse anwendbare Vorschriften
(2) Die Vorschriften über die Mieterhöhung (§§ 557 bis 561) und über den Mieterschutz bei Beendigung des Mietverhältnisses sowie bei der Begründung von Wohnungseigentum (§ 568 Abs. 2, §§ 573, 573 a, 573 d Abs. 1, §§ 574 bis 575, 575 a Abs. 1 und §§ 577, 577 a) gelten nicht für Mietverhältnisse über

2. Wohnraum, der Teil der vom Vermieter selbst bewohnten Wohnung ist und den der Vermieter überwiegend mit Einrichtungsgegenständen auszustatten hat, sofern der Wohnraum dem Mieter nicht zum dauernden Gebrauch mit seiner Familie oder mit Personen überlassen ist, mit denen er einen auf Dauer angelegten gemeinsamen Haushalt führt.

§ 551 Begrenzung und Anlage von Mietsicherheiten
(1) Hat der Mieter dem Vermieter für die Erfüllung seiner Pflichten Sicherheit zu leisten, so darf diese vorbehaltlich des

Absatzes 3 Satz 4 höchstens das Dreifache der auf einen Monat entfallenden Miete ohne die als Pauschale oder als Vorauszahlung ausgewiesenen Betriebskosten betragen.
(2) Ist als Sicherheit eine Geldsumme bereitzustellen, so ist der Mieter zu drei gleichen monatlichen Teilzahlungen berechtigt. Die erste Teilzahlung ist zu Beginn des Mietverhältnisses fällig.
(3) Der Vermieter hat eine ihm als Sicherheit überlassene Geldsumme bei einem Kreditinstitut zu dem für Spareinlagen mit dreimonatiger Kündigungsfrist üblichen Zinssatz anzulegen. Die Vertragsparteien können eine andere Anlageform vereinbaren. In beiden Fällen muss die Anlage vom Vermögen des Vermieters getrennt erfolgen und stehen die Erträge dem Mieter zu. Sie erhöhen die Sicherheit. Bei Wohnraum in einem Studenten- oder Jugendwohnheim besteht für den Vermieter keine Pflicht, die Sicherheitsleistung zu verzinsen.

§ 566a Mietsicherheit

Hat der Mieter des veräußerten Wohnraums dem Vermieter für die Erfüllung seiner Pflichten Sicherheit geleistet, so tritt der Erwerber in die dadurch begründeten Rechte und Pflichten ein. Kann bei Beendigung des Mietverhältnisses der Mieter die Sicherheit von dem Erwerber nicht erlangen, so ist der Vermieter weiterhin zur Rückgewähr verpflichtet.

§ 573c Fristen der ordentlichen Kündigung

(3) Bei Wohnraum nach § 549 Abs. 2 Nr. 2 ist die Kündigung spätestens am 15. eines Monats zum Ablauf dieses Monats zulässig.
(4) Eine zum Nachteil des Mieters von Absatz 1 oder 3 abweichende Vereinbarung ist unwirksam.

§ 670 Ersatz von Aufwendungen

Macht der Beauftragte zum Zwecke der Ausführung des Auftrags Aufwendungen, die er den Umständen nach für erforderlich halten darf, so ist der Auftraggeber zum Ersatz verpflichtet.

§ 762 Spiel, Wette

(1) Durch Spiel oder durch Wette wird eine Verbindlichkeit nicht begründet. Das auf Grund des Spieles oder der Wette Geleistete kann nicht deshalb zurückgefordert werden, weil eine Verbindlichkeit nicht bestanden hat.

(2) Diese Vorschriften gelten auch für eine Vereinbarung, durch die der verlierende Teil zum Zwecke der Erfüllung einer Spiel- oder einer Wettschuld dem gewinnenden Teil gegenüber eine Verbindlichkeit eingeht, insbesondere für ein Schuldanerkenntnis.

§ 807 Inhaberkarten und -marken

Werden Karten, Marken oder ähnliche Urkunden, in denen ein Gläubiger nicht bezeichnet ist, von dem Aussteller unter Umständen ausgegeben, aus welchen sich ergibt, dass er dem Inhaber zu einer Leistung verpflichtet sein will, so finden die Vorschriften des § 793 Abs. 1 und der §§ 794, 796, 797 entsprechende Anwendung.

§ 824 Kreditgefährdung

(1) Wer der Wahrheit zuwider eine Tatsache behauptet oder verbreitet, die geeignet ist, den Kredit eines anderen zu gefährden oder sonstige Nachteile für dessen Erwerb oder Fortkommen herbeizuführen, hat dem anderen den daraus entstehenden Schaden auch dann zu ersetzen, wenn er die Unwahrheit zwar nicht kennt, aber kennen muss.

(2) Durch eine Mitteilung, deren Unwahrheit dem Mitteilenden unbekannt ist, wird dieser nicht zum Schadensersatz verpflichtet, wenn er oder der Empfänger der Mitteilung an ihr ein berechtigtes Interesse hat.

§ 854 Erwerb des Besitzes

(1) Der Besitz einer Sache wird durch die Erlangung der tatsächlichen Gewalt über die Sache erworben.

(2) Die Einigung des bisherigen Besitzers und des Erwerbers genügt zum Erwerb, wenn der Erwerber in der Lage ist, die Gewalt über die Sache auszuüben.

§ 858 Verbotene Eigenmacht

(1) Wer dem Besitzer ohne dessen Willen den Besitz entzieht oder ihn im Besitz stört, handelt, sofern nicht das Gesetz die Entziehung oder die Störung gestattet, widerrechtlich (verbotene Eigenmacht).

§ 859 Selbsthilfe des Besitzers

(1) Der Besitzer darf sich verbotener Eigenmacht mit Gewalt erwehren.

(2) Wird eine bewegliche Sache dem Besitzer mittels verbotener Eigenmacht weggenommen, so darf er sie dem auf frischer Tat betroffenen oder verfolgten Täter mit Gewalt wieder abnehmen.

§ 906 Zuführung unwägbarer Stoffe

(1) Der Eigentümer eines Grundstücks kann die Zuführung von Gasen, Dämpfen, Gerüchen, Rauch, Ruß, Wärme, Geräusch, Erschütterungen und ähnliche von einem anderen Grundstück ausgehende Einwirkungen insoweit nicht verbieten, als die Einwirkung die Benutzung seines Grundstücks nicht oder nur unwesentlich beeinträchtigt. Eine unwesentliche Beeinträchtigung liegt in der Regel vor, wenn die in Gesetzen oder Rechtsverordnungen festgelegten Grenz- oder Richtwerte von den nach diesen Vorschriften ermittelten und bewerteten Einwirkungen nicht überschritten werden. Gleiches gilt für Werte in allgemeinen Verwaltungsvorschriften, die nach § 48 des Bundes-Immissionsschutzgesetzes erlassen worden sind und den Stand der Technik wiedergeben.

(2) Das Gleiche gilt insoweit, als eine wesentliche Beeinträchtigung durch eine ortsübliche Benutzung des anderen Grundstücks herbeigeführt wird und nicht durch Maßnahmen verhindert werden kann, die Benutzern dieser Art wirtschaftlich zumutbar sind. Hat der Eigentümer hiernach eine Einwirkung zu dulden, so kann er von dem Benutzer des anderen Grundstücks einen angemessenen Ausgleich in Geld verlangen, wenn die Einwirkung eine ortsübliche Benutzung seines Grund-

stücks oder dessen Ertrag über das zumutbare Maß hinaus beeinträchtigt.

§ 959 Aufgabe des Eigentums

Eine bewegliche Sache wird herrenlos, wenn der Eigentümer in der Absicht, auf das Eigentum zu verzichten, den Besitz der Sache aufgibt.

§ 971 Finderlohn

(1) Der Finder kann von dem Empfangsberechtigten einen Finderlohn verlangen. Der Finderlohn beträgt von dem Werte der Sache bis zu 500 Euro fünf vom Hundert, von dem Mehrwert drei vom Hundert, bei Tieren drei vom Hundert. Hat die Sache nur für den Empfangsberechtigten einen Wert, so ist der Finderlohn nach billigem Ermessen zu bestimmen.
(2) Der Anspruch ist ausgeschlossen, wenn der Finder die Anzeigepflicht verletzt oder den Fund auf Nachfrage verheimlicht.

§ 973 Eigentumserwerb des Finders

(1) Mit dem Ablauf von sechs Monaten nach der Anzeige des Fundes bei der zuständigen Behörde erwirbt der Finder das Eigentum an der Sache, es sei denn, dass vorher ein Empfangsberechtigter dem Finder bekannt geworden ist oder sein Recht bei der zuständigen Behörde angemeldet hat. Mit dem Erwerb des Eigentums erlöschen die sonstigen Rechte an der Sache.
(2) Ist die Sache nicht mehr als zehn Euro wert, so beginnt die sechsmonatige Frist mit dem Fund. Der Finder erwirbt das Eigentum nicht, wenn er den Fund auf Nachfrage verheimlicht. Die Anmeldung eines Rechts bei der zuständigen Behörde steht dem Erwerb des Eigentums nicht entgegen.

§ 978 Fund in öffentlicher Behörde oder Verkehrsanstalt

(1) Wer eine Sache in den Geschäftsräumen oder den Beförderungsmitteln einer öffentlichen Behörde oder einer dem öffentlichen Verkehr dienenden Verkehrsanstalt findet und an sich

nimmt, hat die Sache unverzüglich an die Behörde oder die Verkehrsanstalt oder an einen ihrer Angestellten abzuliefern. Die Vorschriften der §§ 965 bis 967 und 969 bis 977 finden keine Anwendung.
(2) Ist die Sache nicht weniger als 50 Euro wert, so kann der Finder von dem Empfangsberechtigten einen Finderlohn verlangen. Der Finderlohn besteht in der Hälfte des Betrags, der sich bei Anwendung des § 971 Abs. 1 Satz 2, 3 ergeben würde. Der Anspruch ist ausgeschlossen, wenn der Finder Bediensteter der Behörde oder der Verkehrsanstalt ist oder der Finder die Ablieferungspflicht verletzt. Die für die Ansprüche des Besitzers gegen den Eigentümer wegen Verwendungen geltende Vorschrift des § 1001 findet auf den Finderlohnanspruch entsprechende Anwendung. Besteht ein Anspruch auf Finderlohn, so hat die Behörde oder die Verkehrsanstalt dem Finder die Herausgabe der Sache an einen Empfangsberechtigten anzuzeigen.

§ 1922 Gesamtrechtsnachfolge

(1) Mit dem Tode einer Person (Erbfall) geht deren Vermögen (Erbschaft) als Ganzes auf eine oder mehrere andere Personen (Erben) über.
(2) Auf den Anteil eines Miterben (Erbteil) finden die sich auf die Erbschaft beziehenden Vorschriften Anwendung.

BRAO (Bundesrechtsanwaltsordnung)

§ 43b Werbung

Werbung ist dem Rechtsanwalt nur erlaubt, soweit sie über die berufliche Tätigkeit in Form und Inhalt sachlich unterrichtet und nicht auf die Erteilung eines Auftrags im Einzelfall gerichtet ist.

BtMG (Betäubungsmittelgesetz)

§ 29 Straftaten

(1) Mit Freiheitsstrafe bis zu fünf Jahren oder mit Geldstrafe wird bestraft, wer

1. Betäubungsmittel unerlaubt anbaut, herstellt, mit ihnen Handel treibt, sie, ohne Handel zu treiben, einführt, ausführt, veräußert, abgibt, sonst in den Verkehr bringt, erwirbt oder sich in sonstiger Weise verschafft,
2. eine ausgenommene Zubereitung (§ 2 Abs. 1 Nr. 3) ohne Erlaubnis nach § 3 Abs. 1 Nr. 2 herstellt,
3. Betäubungsmittel besitzt, ohne zugleich im Besitz einer schriftlichen Erlaubnis für den Erwerb zu sein,
4. (weggefallen)
5. entgegen § 11 Abs. 1 Satz 2 Betäubungsmittel durchführt,
6. entgegen § 13 Abs. 1 Betäubungsmittel
   a) verschreibt,
   b) verabreicht oder zum unmittelbaren Verbrauch überlässt,
7. entgegen § 13 Abs. 2 Betäubungsmittel in einer Apotheke oder tierärztlichen Hausapotheke abgibt,
8. entgegen § 14 Abs. 5 für Betäubungsmittel wirbt,
9. unrichtige oder unvollständige Angaben macht, um für sich oder einen anderen oder für ein Tier die Verschreibung eines Betäubungsmittels zu erlangen,
10. einem anderen eine Gelegenheit zum unbefugten Erwerb oder zur unbefugten Abgabe von Betäubungsmitteln verschafft oder gewährt, eine solche Gelegenheit öffentlich oder eigennützig mitteilt oder einen anderen zum unbefugten Verbrauch von Betäubungsmitteln verleitet,
11. ohne Erlaubnis nach § 10a einem anderen eine Gelegenheit zum unbefugten Verbrauch von Betäubungsmitteln verschafft oder gewährt, oder wer eine außerhalb einer Einrichtung nach § 10a bestehende Gelegenheit zu einem solchen Verbrauch eigennützig oder öffentlich mitteilt,

12. öffentlich, in einer Versammlung oder durch Verbreiten von Schriften (§ 11 Abs. 3 des Strafgesetzbuches) dazu auffordert, Betäubungsmittel zu verbrauchen, die nicht zulässigerweise verschrieben worden sind,
13. Geldmittel oder andere Vermögensgegenstände einem anderen für eine rechtswidrige Tat nach Nummern 1, 5, 6, 7, 10, 11 oder 12 bereitstellt,
14. einer Rechtsverordnung nach § 11 Abs. 2 Satz 2 Nr. 1 oder § 13 Abs. 3 Satz 2 Nr. 1 oder 5 zuwiderhandelt, soweit sie für einen bestimmten Tatbestand auf diese Strafvorschrift verweist. Die Abgabe von sterilen Einmalspritzen an Betäubungsmittelabhängige und die öffentliche Information darüber sind kein Verschaffen und kein öffentliches Mitteilen einer Gelegenheit zum Verbrauch nach Satz 1 Nr. 11.

Bundeseinheitlicher Tatbestandskatalog für Straßenverkehrsordnungswidrigkeiten

TBNR	Tatbestandstext	€
329113	Sie unterließen es, das Fahrzeug, für das nach Nr. 2.1 der Anlage VIII *) keine Sicherheitsprüfung vorgeschrieben ist, zur fälligen Hauptuntersuchung vorzuführen. Der Termin **) war um mehr als 2 bis zu 4 Monate überschritten. § 29 Abs. 1, § 69a StVZO; § 24 StVG; 186.2.1 BKat	15,–
329119	Sie unterließen es, das Fahrzeug, für das nach Nr. 2.1 der Anlage VIII *) keine Sicherheitsprüfung vorgeschrieben ist, zur fälligen Hauptuntersuchung vorzuführen. Der Termin **) war um mehr als 4 bis zu 8 Monate überschritten. § 29 Abs. 1, § 69a StVZO; § 24 StVG; 186.2.2 BKat	25,–

329610 Sie unterließen es, das Fahrzeug, für das nach Nr. 2.1 der Anlage VIII *) keine Sicherheitsprüfung vorgeschrieben ist, zur fälligen Hauptuntersuchung vorzuführen. Der Termin **) war um mehr als 8 Monate überschritten. — 40,–
§ 29 Abs. 1, § 69 a StVZO;
§ 24 StVG; 186.2.3 BKat

347100 Sie unterließen es, das Fahrzeug zur vorgeschriebenen Abgasuntersuchung vorzuführen. Der Termin *) war um mehr als 2 Monate überschritten. — 15,–
§ 47 a Abs. 1, 7, § 69 a StVZO;
§ 24 StVG; 218.1 BKat

347600 Sie unterließen es, das Fahrzeug zur vorgeschriebenen Abgasuntersuchung vorzuführen. Der Termin *) war um mehr als 8 Monate überschritten. — 40,–
§ 47 a Abs. 1, 7, § 69 a StVZO;
§ 24 StVG; 218.2 BKat

EStG (Einkommensteuergesetz)

§ 10 Sonderausgaben

(4) Vorsorgeaufwendungen im Sinne des Absatzes 1 Nr. 3 können je Kalenderjahr bis 2400 Euro abgezogen werden. Der Höchstbetrag beträgt 1500 Euro bei Steuerpflichtigen, die ganz oder teilweise ohne eigene Aufwendungen einen Anspruch auf vollständige oder teilweise Erstattung oder Übernahme von Krankheitskosten haben oder für deren Krankenversicherung Leistungen im Sinne des § 3 Nr. 62 oder § 3 Nr. 14 erbracht werden. Bei zusammen veranlagten Ehegatten bestimmt sich der gemeinsame Höchstbetrag aus der Summe der jedem Ehegatten unter den Voraussetzungen der Sätze 1 und 2 zustehenden Höchstbeträge.

§ 23 Private Veräußerungsgeschäfte

(1) Private Veräußerungsgeschäfte (§ 22 Nr. 2) sind

1. Veräußerungsgeschäfte bei Grundstücken und Rechten, die den Vorschriften des bürgerlichen Rechts über Grundstücke unterliegen (z. B. Erbbaurecht, Mineralgewinnungsrecht), bei denen der Zeitraum zwischen Anschaffung und Veräußerung nicht mehr als zehn Jahre beträgt. Gebäude und Außenanlagen sind einzubeziehen, soweit sie innerhalb dieses Zeitraums errichtet, ausgebaut oder erweitert werden; dies gilt entsprechend für Gebäudeteile, die selbständige unbewegliche Wirtschaftsgüter sind, sowie für Eigentumswohnungen und im Teileigentum stehende Räume. Ausgenommen sind Wirtschaftsgüter, die im Zeitraum zwischen Anschaffung oder Fertigstellung und Veräußerung ausschließlich zu eigenen Wohnzwecken oder im Jahr der Veräußerung und in den beiden vorangegangenen Jahren zu eigenen Wohnzwecken genutzt wurden;
2. Veräußerungsgeschäfte bei anderen Wirtschaftsgütern, insbesondere bei Wertpapieren, bei denen der Zeitraum zwischen Anschaffung und Veräußerung nicht mehr als ein Jahr beträgt.

§ 32a Einkommensteuertarif

(1) Die tarifliche Einkommensteuer bemisst sich nach dem zu versteuernden Einkommen. Sie beträgt vorbehaltlich der §§ 32b, 34, 34b und 34c jeweils in Euro für zu versteuernde Einkommen

1. bis 7664 Euro (Grundfreibetrag): 0;
2. von 7665 Euro bis 12739 Euro: (793,10 x y + 1600) x y;
3. von 12740 Euro bis 52151 Euro: (265,78 x z + 2405) x z + 1016;
4. von 52152 Euro an: 0,45 x x – 8845.

FeV (Fahrerlaubnisverordnung)

§ 3 Einschränkung und Entziehung der Zulassung

(1) Erweist sich jemand als ungeeignet oder nur noch bedingt geeignet zum Führen von Fahrzeugen oder Tieren, hat die Fahrerlaubnisbehörde ihm das Führen zu untersagen, zu beschränken oder die erforderlichen Auflagen anzuordnen.

§ 4 Erlaubnispflicht und Ausweispflicht für das Führen von Kraftfahrzeugen

(2) Die Fahrerlaubnis ist durch eine amtliche Bescheinigung (Führerschein) nachzuweisen. Der Führerschein ist beim Führen von Kraftfahrzeugen mitzuführen und zuständigen Personen auf Verlangen zur Prüfung auszuhändigen.

GebrMG (Gebrauchsmustergesetz)

§ 1 Schutz als Gebrauchsmuster

(1) Als Gebrauchsmuster werden Erfindungen geschützt, die neu sind, auf einem erfinderischen Schritt beruhen und gewerblich anwendbar sind.

(2) Als Gegenstand eines Gebrauchsmusters im Sinne des Absatzes 1 werden insbesondere nicht angesehen:

1. Entdeckungen sowie wissenschaftliche Theorien und mathematische Methoden;
2. ästhetische Formschöpfungen;
3. Pläne, Regeln und Verfahren für gedankliche Tätigkeiten, für Spiele oder für geschäftliche Tätigkeiten sowie Programme für Datenverarbeitungsanlagen;
4. die Wiedergabe von Informationen.

(3) Absatz 2 steht dem Schutz als Gebrauchsmuster nur insoweit entgegen, als für die genannten Gegenstände oder Tätigkeiten als solche Schutz begehrt wird.

GewO (Gewerbeordnung)

§ 55 Reisegewerbekarte

(1) Ein Reisegewerbe betreibt, wer gewerbsmäßig ohne vorhergehende Bestellung außerhalb seiner gewerblichen Niederlassung (§ 42 Abs. 2) oder ohne eine solche zu haben

1. selbständig oder unselbständig in eigener Person Waren feilbietet oder
Bestellungen aufsucht (vertreibt) oder ankauft, Leistungen anbietet oder
Bestellungen auf Leistungen aufsucht oder
2. selbständig unterhaltende Tätigkeiten als Schausteller oder
nach Schaustellerart ausübt.

(2) Wer ein Reisegewerbe betreiben will, bedarf der Erlaubnis (Reisegewerbekarte).

§ 56 Im Reisegewerbe verbotene Tätigkeiten

(1) Im Reisegewerbe sind verboten

1. der Vertrieb von
   h) Wertpapieren, Lotterielosen, Bezugs- und Anteilscheinen auf Wertpapiere und Lotterielose; zugelassen ist der Verkauf von Lotterielosen im Rahmen genehmigter Lotterien zu gemeinnützigen Zwecken auf öffentlichen Wegen, Straßen oder Plätzen oder anderen öffentlichen Orten.

GG (Grundgesetz)

Artikel 4
Glaubens-, Gewissens- und Bekenntnisfreiheit

(1) Die Freiheit des Glaubens, des Gewissens und die Freiheit des religiösen und weltanschaulichen Bekenntnisses sind unverletzlich.

(2) Die ungestörte Religionsausübung wird gewährleistet.

(3) Niemand darf gegen sein Gewissen zum Kriegsdienst mit der Waffe gezwungen werden. Das Nähere regelt ein Bundesgesetz.

Artikel 5
Meinungsfreiheit
(1) Jeder hat das Recht, seine Meinung in Wort, Schrift und Bild frei zu äußern und zu verbreiten und sich aus allgemein zugänglichen Quellen ungehindert zu unterrichten. Die Pressefreiheit und die Freiheit der Berichterstattung durch Rundfunk und Film werden gewährleistet. Eine Zensur findet nicht statt.
(2) Diese Rechte finden ihre Schranken in den Vorschriften der allgemeinen Gesetze, den gesetzlichen Bestimmungen zum Schutze der Jugend und in dem Recht der persönlichen Ehre.

Artikel 12
Berufsfreiheit
(1) Alle Deutschen haben das Recht, Beruf, Arbeitsplatz und Ausbildungsstätte frei zu wählen. Die Berufsausübung kann durch Gesetz oder auf Grund eines Gesetzes geregelt werden.
(2) Niemand darf zu einer bestimmten Arbeit gezwungen werden, außer im Rahmen einer herkömmlichen allgemeinen, für alle gleichen öffentlichen Dienstleistungspflicht.
(3) Zwangsarbeit ist nur bei einer gerichtlich angeordneten Freiheitsentziehung zulässig.

Artikel 13
Unverletzlichkeit der Wohnung
(1) Die Wohnung ist unverletzlich
(2) Durchsuchungen dürfen nur durch den Richter, bei Gefahr im Verzuge auch durch die in den Gesetzen vorgesehenen anderen Organe angeordnet und nur in der dort vorgeschriebenen Form durchgeführt werden.
(7) Eingriffe und Beschränkungen dürfen im Übrigen nur zur Abwehr einer gemeinen Gefahr oder einer Lebensgefahr für einzelne Personen, auf Grund eines Gesetzes auch zur Verhütung

dringender Gefahren für die öffentliche Sicherheit und Ordnung, insbesondere zur Behebung der Raumnot, zur Bekämpfung von Seuchengefahr oder zum Schutze gefährdeter Jugendlicher vorgenommen werden.

Artikel 63
Wahl des Bundeskanzlers

(1) Der Bundeskanzler wird auf Vorschlag des Bundespräsidenten vom Bundestage ohne Aussprache gewählt.

GVG (Gerichtsverfassungsgesetz)

§ 30 Befugnisse der Schöffen

(1) Insoweit das Gesetz nicht Ausnahmen bestimmt, üben die Schöffen während der Hauptverhandlung das Richteramt in vollem Umfang und mit gleichem Stimmrecht wie die Richter beim Amtsgericht aus und nehmen auch an den im Laufe einer Hauptverhandlung zu erlassenden Entscheidungen teil, die in keiner Beziehung zu der Urteilsfällung stehen und die auch ohne mündliche Verhandlung erlassen werden können.

(2) Die außerhalb der Hauptverhandlung erforderlichen Entscheidungen werden von dem Richter beim Amtsgericht erlassen.

HGB (Handelsgesetzbuch)

§ 18 Firma des Kaufmanns

(1) Die Firma muss zur Kennzeichnung des Kaufmanns geeignet sein und Unterscheidungskraft besitzen.

(2) Die Firma darf keine Angaben enthalten, die geeignet sind, über geschäftliche Verhältnisse, die für die angesprochenen Verkehrskreise wesentlich sind, irrezuführen. Im Verfahren vor dem Registergericht wird die Eignung zur Irreführung nur berücksichtigt, wenn sie ersichtlich ist.

§ 30 Unterscheidbarkeit

(1) Jede neue Firma muss sich von allen an demselben Ort oder in derselben Gemeinde bereits bestehenden und in das Handelsregister oder in das Genossenschaftsregister eingetragenen Firmen deutlich unterscheiden.

(2) Hat ein Kaufmann mit einem bereits eingetragenen Kaufmann die gleichen Vornamen und den gleichen Familiennamen und will auch er sich dieser Namen als seiner Firma bedienen, so muss er der Firma einen Zusatz beifügen, durch den sie sich von der bereits eingetragenen Firma deutlich unterscheidet.

(3) Besteht an dem Ort oder in der Gemeinde, wo eine Zweigniederlassung errichtet wird, bereits eine gleiche eingetragene Firma, so muss der Firma für die Zweigniederlassung ein der Vorschrift des Absatzes 2 entsprechender Zusatz beigefügt werden.

(4) Durch die Landesregierungen kann bestimmt werden, dass benachbarte Orte oder Gemeinden als ein Ort oder als eine Gemeinde im Sinne dieser Vorschriften anzusehen sind.

IfSG (Infektionsschutzgesetz)

§ 6 Meldepflichtige Krankheiten

(1) Namentlich ist zu melden:

1. der Krankheitsverdacht, die Erkrankung sowie der Tod an
   a) Botulismus
   b) Cholera
   c) Diphtherie
   d) humaner spongiformer Enzephalopathie, außer familiär-hereditärer Formen
   e) akuter Virushepatitis
   f) enteropathischem hämolytisch-urämischem Syndrom (HUS)
   g) virusbedingtem hämorrhagischen Fieber
   h) Masern

i) Meningokokken-Meningitis oder -Sepsis
j) Milzbrand
k) Poliomyelitis (als Verdacht gilt jede akute schlaffe Lähmung, außer wenn traumatisch bedingt)
l) Pest
m) Tollwut
n) Typhus abdominalis/Paratyphus sowie die Erkrankung und der Tod an einer behandlungsbedürftigen Tuberkulose, auch wenn ein bakteriologischer Nachweis nicht vorliegt,

2. der Verdacht auf und die Erkrankung an einer mikrobiell bedingten Lebensmittelvergiftung oder an einer akuten infektiösen Gastroenteritis, wenn
a) eine Person betroffen ist, die eine Tätigkeit im Sinne des § 42 Abs. 1 ausübt,
b) zwei oder mehr gleichartige Erkrankungen auftreten, bei denen ein epidemischer Zusammenhang wahrscheinlich ist oder vermutet wird,

3. der Verdacht einer über das übliche Ausmaß einer Impfreaktion hinausgehenden gesundheitlichen Schädigung,

4. die Verletzung eines Menschen durch ein tollwutkrankes, -verdächtiges oder -ansteckungsverdächtiges Tier sowie die Berührung eines solchen Tieres oder Tierkörpers,

5. soweit nicht nach den Nummern 1 bis 4 meldepflichtig, das Auftreten
a) einer bedrohlichen Krankheit oder
b) von zwei oder mehr gleichartigen Erkrankungen, bei denen ein epidemischer Zusammenhang wahrscheinlich ist oder vermutet wird,

wenn dies auf eine schwerwiegende Gefahr für die Allgemeinheit hinweist und Krankheitserreger als Ursache in Betracht kommen, die nicht in § 7 genannt sind.

Die Meldung nach Satz 1 hat gemäß § 8 Abs. 1 Nr. 1, 3 bis 8, § 9 Abs. 1, 2, 3 Satz 1 oder 3 oder Abs. 4 zu erfolgen.

(2) Dem Gesundheitsamt ist über die Meldung nach Absatz 1 Nr. 1 hinaus mitzuteilen, wenn Personen, die an einer behand-

lungsbedürftigen Lungentuberkulose leiden, eine Behandlung verweigern oder abbrechen. Die Meldung nach Satz 1 hat gemäß § 8 Abs. 1 Nr. 1, § 9 Abs. 1 und 3 Satz 1 oder 3 zu erfolgen.

(3) Dem Gesundheitsamt ist unverzüglich das gehäufte Auftreten nosokomialer Infektionen, bei denen ein epidemischer Zusammenhang wahrscheinlich ist oder vermutet wird, als Ausbruch nichtnamentlich zu melden. Die Meldung nach Satz 1 hat gemäß § 8 Abs. 1 Nr. 1, 3 und 5, § 10 Abs. 1 Satz 3, Abs. 3 und 4 Satz 3 zu erfolgen.

JuSchG (Jugendschutzgesetz)

§ 15 Jugendgefährdende Trägermedien

(1) Trägermedien, deren Aufnahme in die Liste jugendgefährdender Medien nach § 24 Abs. 3 Satz 1 bekannt gemacht ist, dürfen nicht

1. einem Kind oder einer jugendlichen Person angeboten, überlassen oder sonst zugänglich gemacht werden,
2. an einem Ort, der Kindern oder Jugendlichen zugänglich ist oder von ihnen eingesehen werden kann, ausgestellt, angeschlagen, vorgeführt oder sonst zugänglich gemacht werden,
3. im Einzelhandel außerhalb von Geschäftsräumen, in Kiosken oder anderen Verkaufsstellen, die Kunden nicht zu betreten pflegen, im Versandhandel oder in gewerblichen Leihbüchereien oder Lesezirkeln einer anderen Person angeboten oder überlassen werden,
4. im Wege gewerblicher Vermietung oder vergleichbarer gewerblicher Gewährung des Gebrauchs, ausgenommen in Ladengeschäften, die Kindern und Jugendlichen nicht zugänglich sind und von ihnen nicht eingesehen werden können, einer anderen Person angeboten oder überlassen werden,
5. im Wege des Versandhandels eingeführt werden,

6. öffentlich an einem Ort, der Kindern oder Jugendlichen zugänglich ist oder von ihnen eingesehen werden kann, oder durch Verbreiten von Träger- oder Telemedien außerhalb des Geschäftsverkehrs mit dem einschlägigen Handel angeboten, angekündigt oder angepriesen werden,
7. hergestellt, bezogen, geliefert, vorrätig gehalten oder eingeführt werden, um sie oder aus ihnen gewonnene Stücke im Sinne der Nummern 1 bis 6 zu verwenden oder einer anderen Person eine solche Verwendung zu ermöglichen.

(2) Den Beschränkungen des Absatzes 1 unterliegen, ohne dass es einer Aufnahme in die Liste und einer Bekanntmachung bedarf, schwer jugendgefährdende Trägermedien, die

1. einen der in § 86, § 130, § 130a, § 131 oder § 184 des Strafgesetzbuches bezeichneten Inhalte haben,
2. den Krieg verherrlichen,
3. Menschen, die sterben oder schweren körperlichen oder seelischen Leiden ausgesetzt sind oder waren, in einer die Menschenwürde verletzenden Weise darstellen und ein tatsächliches Geschehen wiedergeben, ohne dass ein überwiegendes berechtigtes Interesse gerade an dieser Form der Berichterstattung vorliegt,
4. Kinder oder Jugendliche in unnatürlicher, geschlechtsbetonter Körperhaltung darstellen oder
5. offensichtlich geeignet sind, die Entwicklung von Kindern oder Jugendlichen oder ihre Erziehung zu einer eigenverantwortlichen und gemeinschaftsfähigen Persönlichkeit schwer zu gefährden.

(3) Den Beschränkungen des Absatzes 1 unterliegen auch, ohne dass es einer Aufnahme in die Liste und einer Bekanntmachung bedarf, Trägermedien, die mit einem Trägermedium, dessen Aufnahme in die Liste bekannt gemacht ist, ganz oder im Wesentlichen inhaltsgleich sind.

(4) Die Liste der jugendgefährdenden Medien darf nicht zum Zweck der geschäftlichen Werbung abgedruckt oder veröffentlicht werden.

(5) Bei geschäftlicher Werbung darf nicht darauf hingewiesen

werden, dass ein Verfahren zur Aufnahme des Trägermediums oder eines inhaltsgleichen Telemediums in die Liste anhängig ist oder gewesen ist.
(6) Soweit die Lieferung erfolgen darf, haben Gewerbetreibende vor Abgabe an den Handel die Händler auf die Vertriebsbeschränkungen des Absatzes 1 Nr. 1 bis 6 hinzuweisen.

KonsG (Konsulargesetz)

§ 5 Hilfeleistung an Einzelne

(1) Die Konsularbeamten sollen Deutschen, die in ihrem Konsularbezirk hilfsbedürftig sind, die erforderliche Hilfe leisten, wenn die Notlage auf andere Weise nicht behoben werden kann. Dies gilt nicht für Deutsche, die ihren gewöhnlichen Aufenthalt in einem ausländischen Staat haben, wenn sie gleichzeitig die Staatsangehörigkeit dieses Staates besitzen und auch ihr Vater oder ihre Mutter sie besitzt oder besessen hat, sowie für ihre Abkömmlinge; diesen Personen können die Konsularbeamten jedoch Hilfe gewähren, soweit es im Einzelfall der Billigkeit entspricht.
(2) Soweit es im Einzelfall der Billigkeit entspricht, können die Konsularbeamten Hilfe auch nichtdeutschen Familienangehörigen von Deutschen gewähren, wenn sie mit diesen in Haushaltsgemeinschaft leben oder längere Zeit gelebt haben.
(3) Art, Form und Maß der Hilfe richten sich nach den besonderen Verhältnissen im Empfangsstaat unter Berücksichtigung der notwendigen Lebensbedürfnisse eines dort lebenden Deutschen. Die Hilfe kann auch in der Gewährung von Rechtsschutz bestehen.
(4) Wenn es sich empfiehlt, können die Konsularbeamten die Hilfe auch dadurch leisten, dass sie dem Hilfesuchenden die Reise an den Ort des gewöhnlichen Aufenthalts oder an einen anderen Ort ermöglichen.
(5) Der Empfänger ist zum Ersatz der Auslagen verpflichtet. Die Ersatzpflicht trifft neben ihm auch seine Verwandten und seinen Ehegatten im Rahmen ihrer Unterhaltspflicht. Die Ver-

pflichtung zum Ersatz geht auf die Erben über. Die Haftung der Erben beschränkt sich auf den Nachlass.
(6) Dauert die Notlage eines Hilfeempfängers, der seinen gewöhnlichen Aufenthalt im Ausland hat oder der im Ausland in Untersuchungshaft ist oder eine Freiheitsstrafe verbüßt, länger als zwei Monate, so ist vom Eintritt der Hilfsbedürftigkeit an Hilfe nach dem Bundessozialhilfegesetz oder in entsprechender Anwendung dieses Gesetzes zu gewähren. Absatz 4 bleibt unberührt.
(7) Die Hilfeleistung kann abgelehnt werden, wenn festgestellt wird, dass der Hilfesuchende frühere Hilfen missbraucht hat, es sei denn, dass er im Falle der Ablehnung einen ernsten Nachteil an Leib, Leben oder Gesundheit erleiden würde.

§ 6 Hilfe in Katastrophenfällen
(1) Wenn im Konsularbezirk Naturkatastrophen, kriegerische oder revolutionäre Verwicklungen oder vergleichbare Ereignisse, die der Bevölkerung oder Teilen von ihnen Schaden zufügen, eintreten oder einzutreten drohen, sollen die Konsularbeamten die erforderlichen Maßnahmen treffen, um den Geschädigten oder den Bedrohten, soweit sie Deutsche sind, Hilfe und Schutz zu gewähren. Dies gilt auch für Abkömmlinge von Deutschen und für nichtdeutsche Familienangehörige von Deutschen, wenn sie mit diesen in Haushaltsgemeinschaft leben oder längere Zeit gelebt haben.
(2) § 5 Abs. 5 gilt entsprechend. Soweit die Entwicklung der Lage im Konsularbezirk, die persönlichen Verhältnisse des Hilfs- oder Schutzbedürftigen oder sonstige besondere Umstände es erfordern, kann von der Geltendmachung der Ansprüche auf Auslagenersatz abgesehen werden.
(3) Um in den in Absatz 1 genannten Fällen sofort wirksam helfen zu können, sollen die Konsularbeamten eine Liste der in ihrem Konsularbezirk ansässigen Deutschen und anderer Schutzbefohlener sowie ihrer Familienangehörigen erstellen und auf dem Laufenden halten.

KSchG (Kündigungsschutzgesetz)

§ 1a Abfindungsanspruch bei betriebsbedingter Kündigung

(1) Kündigt der Arbeitgeber wegen dringender betrieblicher Erfordernisse nach § 1 Abs. 2 Satz 1 und erhebt der Arbeitnehmer bis zum Ablauf der Frist des § 4 Satz 1 keine Klage auf Feststellung, dass das Arbeitsverhältnis durch die Kündigung nicht aufgelöst ist, hat der Arbeitnehmer mit dem Ablauf der Kündigungsfrist Anspruch auf eine Abfindung. Der Anspruch setzt den Hinweis des Arbeitgebers in der Kündigungserklärung voraus, dass die Kündigung auf dringende betriebliche Erfordernisse gestützt ist und der Arbeitnehmer bei Verstreichenlassen der Klagefrist die Abfindung beanspruchen kann.
(2) Die Höhe der Abfindung beträgt 0,5 Monatsverdienste für jedes Jahr des Bestehens des Arbeitsverhältnisses. § 10 Abs. 3 gilt entsprechend. Bei der Ermittlung der Dauer des Arbeitsverhältnisses ist ein Zeitraum von mehr als sechs Monaten auf ein volles Jahr aufzurunden.

§ 15 Unzulässigkeit der Kündigung

(1) Die Kündigung eines Mitglieds eines Betriebsrats, einer Jugend- und Auszubildendenvertretung, einer Bordvertretung oder eines Seebetriebsrats ist unzulässig, es sei denn, dass Tatsachen vorliegen, die den Arbeitgeber zur Kündigung aus wichtigem Grund ohne Einhaltung einer Kündigungsfrist berechtigen, und dass die nach § 103 des Betriebsverfassungsgesetzes erforderliche Zustimmung vorliegt oder durch gerichtliche Entscheidung ersetzt ist. Nach Beendigung der Amtszeit ist die Kündigung eines Mitglieds eines Betriebsrats, einer Jugend- und Auszubildendenvertretung oder eines Seebetriebsrats innerhalb eines Jahres, die Kündigung eines Mitglieds einer Bordvertretung innerhalb von sechs Monaten, jeweils vom Zeitpunkt der Beendigung der Amtszeit an gerechnet, unzulässig, es sei denn, dass Tatsachen vorliegen, die den Arbeitgeber zur Kündigung aus wichtigem Grund ohne Einhaltung einer Kündigungsfrist berechtigen; dies gilt nicht,

wenn die Beendigung der Mitgliedschaft auf einer gerichtlichen Entscheidung beruht.

(2) Die Kündigung eines Mitglieds einer Personalvertretung, einer Jugend- und Auszubildendenvertretung oder einer Jugendvertretung ist unzulässig, es sei denn, dass Tatsachen vorliegen, die den Arbeitgeber zur Kündigung aus wichtigem Grund ohne Einhaltung einer Kündigungsfrist berechtigen, und dass die nach dem Personalvertretungsrecht erforderliche Zustimmung vorliegt oder durch gerichtliche Entscheidung ersetzt ist. Nach Beendigung der Amtszeit der in Satz 1 genannten Personen ist ihre Kündigung innerhalb eines Jahres, vom Zeitpunkt der Beendigung der Amtszeit an gerechnet, unzulässig, es sei denn, dass Tatsachen vorliegen, die den Arbeitgeber zur Kündigung aus wichtigem Grund ohne Einhaltung einer Kündigungsfrist berechtigen; dies gilt nicht, wenn die Beendigung der Mitgliedschaft auf einer gerichtlichen Entscheidung beruht.

(3) Die Kündigung eines Mitglieds eines Wahlvorstands ist vom Zeitpunkt seiner Bestellung an, die Kündigung eines Wahlbewerbers vom Zeitpunkt der Aufstellung des Wahlvorschlags an, jeweils bis zur Bekanntgabe des Wahlergebnisses unzulässig, es sei denn, dass Tatsachen vorliegen, die den Arbeitgeber zur Kündigung aus wichtigem Grund ohne Einhaltung einer Kündigungsfrist berechtigen, und dass die nach § 103 des Betriebsverfassungsgesetzes oder nach dem Personalvertretungsrecht erforderliche Zustimmung vorliegt oder durch eine gerichtliche Entscheidung ersetzt ist. Innerhalb von sechs Monaten nach Bekanntgabe des Wahlergebnisses ist die Kündigung unzulässig, es sei denn, dass Tatsachen vorliegen, die den Arbeitgeber zur Kündigung aus wichtigem Grund ohne Einhaltung einer Kündigungsfrist berechtigen; dies gilt nicht für Mitglieder des Wahlvorstands, wenn dieser durch gerichtliche Entscheidung durch einen anderen Wahlvorstand ersetzt worden ist.

(3a) Die Kündigung eines Arbeitnehmers, der zu einer Betriebs-, Wahl- oder Bordversammlung nach § 17 Abs. 3, § 17a Nr. 3 Satz 2, § 115 Abs. 2 Nr. 8 Satz 1 des Betriebsverfassungsgesetzes einlädt oder die Bestellung eines Wahlvorstands nach

§ 16 Abs. 2 Satz 1, § 17 Abs. 4, § 17a Nr. 4, § 63 Abs. 3, § 115 Abs. 2 Nr. 8 Satz 2 oder § 116 Abs. 2 Nr. 7 Satz 5 des Betriebsverfassungsgesetzes beantragt, ist vom Zeitpunkt der Einladung oder Antragstellung an bis zur Bekanntgabe des Wahlergebnisses unzulässig, es sei denn, dass Tatsachen vorliegen, die den Arbeitgeber zur Kündigung aus wichtigem Grund ohne Einhaltung einer Kündigungsfrist berechtigen; der Kündigungsschutz gilt für die ersten drei in der Einladung oder Antragstellung aufgeführten Arbeitnehmer. Wird ein Betriebsrat, eine Jugend- und Auszubildendenvertretung, eine Bordvertretung oder ein Seebetriebsrat nicht gewählt, besteht der Kündigungsschutz nach Satz 1 vom Zeitpunkt der Einladung oder Antragstellung an drei Monate.

(4) Wird der Betrieb stillgelegt, so ist die Kündigung der in den Absätzen 1 bis 3 genannten Personen frühestens zum Zeitpunkt der Stilllegung zulässig, es sei denn, dass ihre Kündigung zu einem früheren Zeitpunkt durch zwingende betriebliche Erfordernisse bedingt ist.

(5) Wird eine der in den Absätzen 1 bis 3 genannten Personen in einer Betriebsabteilung beschäftigt, die stillgelegt wird, so ist sie in eine andere Betriebsabteilung zu übernehmen. Ist dies aus betrieblichen Gründen nicht möglich, so findet auf ihre Kündigung die Vorschrift des Absatzes 4 über die Kündigung bei Stilllegung des Betriebs sinngemäß Anwendung.

KUG (Kunsturhebergesetz)

§ 22 Recht am eigenen Bilde

Bildnisse dürfen nur mit Einwilligung des Abgebildeten verbreitet oder öffentlich zur Schau gestellt werden. Die Einwilligung gilt im Zweifel als erteilt, wenn der Abgebildete dafür, dass er sich abbilden ließ, eine Entlohnung erhielt. Nach dem Tode des Abgebildeten bedarf es bis zum Ablaufe von 10 Jahren der Einwilligung der Angehörigen des Abgebildeten. Angehörige im Sinne dieses Gesetzes sind der überlebende Ehegatte und die

Kinder des Abgebildeten, und wenn weder ein Ehegatte noch Kinder vorhanden sind, die Eltern des Abgebildeten.

§ 33 Strafvorschriften

(1) Mit Freiheitsstrafe bis zu einem Jahr oder mit Geldstrafe wird bestraft, wer entgegen den §§ 22, 23 ein Bildnis verbreitet oder öffentlich zur Schau stellt.
(2) Die Tat wird nur auf Antrag verfolgt.

LImSchG NW (Landesimmissionsschutzgesetz Nordrhein-Westfalen)

§ 7 Verbrennen im Freien

(1) Das Verbrennen sowie das Abbrennen von Gegenständen zum Zwecke der Rückgewinnung einzelner Bestandteile oder zu anderen Zwecken ist im Freien untersagt, soweit die Nachbarschaft oder die Allgemeinheit hierdurch gefährdet oder erheblich belästigt werden können. Satz 1 gilt nicht, soweit das Verbrennen von Abfällen im Abfallgesetz (AbfG) oder den aufgrund des Abfallgesetzes erlassenen Rechtsverordnungen geregelt ist.

§ 9 Schutz der Nachtruhe

(1) Von 22 bis 6 Uhr sind Betätigungen verboten, welche die Nachtruhe zu stören geeignet sind.

LPrG NW (Landespressegesetz Nordrhein-Westfalen)

§ 3 Öffentliche Aufgabe der Presse

Die Presse erfüllt eine öffentliche Aufgabe insbesondere dadurch, dass sie Nachrichten beschafft und verbreitet, Stellung nimmt, Kritik übt oder auf andere Weise an der Meinungsbildung mitwirkt.

§ 6 Sorgfaltspflicht der Presse

Die Presse hat alle Nachrichten vor ihrer Verbreitung mit der nach den Umständen gebotenen Sorgfalt auf Inhalt, Herkunft und Wahrheit zu prüfen. Die Verpflichtung, Druckwerke von strafbarem Inhalt freizuhalten (§ 21 Abs. 2), bleibt unberührt.

MarkenG (Markengesetz)

§ 1 Geschützte Marken und sonstige Kennzeichen

Nach diesem Gesetz werden geschützt:

1. Marken,
2. geschäftliche Bezeichnungen,
3. geographische Herkunftsangaben.

§ 5 Geschäftliche Bezeichnungen

(1) Als geschäftliche Bezeichnungen werden Unternehmenskennzeichen und Werktitel geschützt.

(3) Werktitel sind die Namen oder besonderen Bezeichnungen von Druckschriften, Filmwerken, Tonwerken, Bühnenwerken oder sonstigen vergleichbaren Werken.

§ 9 Angemeldete oder eingetragene Marken als relative Schutzhindernisse

(1) Die Eintragung einer Marke kann gelöscht werden,

1. wenn sie mit einer angemeldeten oder eingetragenen Marke mit älterem Zeitrang identisch ist und die Waren oder Dienstleistungen, für die sie eingetragen worden ist, mit den Waren oder Dienstleistungen identisch sind, für die die Marke mit älterem Zeitrang angemeldet oder eingetragen worden ist,

2. wenn wegen ihrer Identität oder Ähnlichkeit mit einer angemeldeten oder eingetragenen Marke mit älterem Zeitrang und der Identität oder der Ähnlichkeit der durch die beiden Marken erfassten Waren oder Dienstleistungen für das Publikum die Gefahr von Verwechslungen besteht, einschließlich der Gefahr, dass die Marken gedanklich miteinander in Verbindung gebracht werden, oder

3. wenn sie mit einer angemeldeten oder eingetragenen Marke mit älterem Zeitrang identisch oder dieser ähnlich ist und für Waren oder Dienstleistungen eingetragen worden ist, die nicht denen ähnlich sind, für die die Marke mit älterem Zeitrang angemeldet oder eingetragen worden ist, falls es sich bei der Marke mit älterem Zeitrang um eine im Inland bekannte Marke handelt und die Benutzung der eingetragenen Marke die Unterscheidungskraft oder die Wertschätzung der bekannten Marke ohne rechtfertigenden Grund in unlauterer Weise ausnutzen oder beeinträchtigen würde.

§ 14 Ausschließliches Recht des Inhabers einer Marke; Unterlassungsanspruch; Schadensersatzanspruch

(1) Der Erwerb des Markenschutzes nach § 4 gewährt dem Inhaber der Marke ein ausschließliches Recht.

(2) Dritten ist es untersagt, ohne Zustimmung des Inhabers der Marke im geschäftlichen Verkehr

1. ein mit der Marke identisches Zeichen für Waren oder Dienstleistungen zu benutzen, die mit denjenigen identisch sind, für die sie Schutz genießt,
2. ein Zeichen zu benutzen, wenn wegen der Identität oder Ähnlichkeit des Zeichens mit der Marke und der Identität oder Ähnlichkeit der durch die Marke und das Zeichen erfassten Waren oder Dienstleistungen für das Publikum die Gefahr von Verwechslungen besteht, einschließlich der Gefahr, dass das Zeichen mit der Marke gedanklich in Verbindung gebracht wird, oder
3. ein mit der Marke identisches Zeichen oder ein ähnliches Zeichen für Waren oder Dienstleistungen zu benutzen, die nicht denen ähnlich sind, für die die Marke Schutz genießt, wenn es sich bei der Marke um eine im Inland bekannte Marke handelt und die Benutzung des Zeichens die Unterscheidungskraft oder die Wertschätzung der bekannten Marke ohne rechtfertigenden Grund in unlauterer Weise ausnutzt oder beeinträchtigt.

(3) Sind die Voraussetzungen des Absatzes 2 erfüllt, so ist es insbesondere untersagt,

1. das Zeichen auf Waren oder ihrer Aufmachung oder Verpackung anzubringen,
2. unter dem Zeichen Waren anzubieten, in den Verkehr zu bringen oder zu den genannten Zwecken zu besitzen,
3. unter dem Zeichen Dienstleistungen anzubieten oder zu erbringen,
4. unter dem Zeichen Waren einzuführen oder auszuführen,
5. das Zeichen in Geschäftspapieren oder in der Werbung zu benutzen.

(4) Dritten ist es ferner untersagt, ohne Zustimmung des Inhabers der Marke im geschäftlichen Verkehr

1. ein mit der Marke identisches Zeichen oder ein ähnliches Zeichen auf Aufmachungen oder Verpackungen oder auf Kennzeichnungsmitteln wie Etiketten, Anhängern, Aufnähern oder dergleichen anzubringen,
2. Aufmachungen, Verpackungen oder Kennzeichnungsmittel, die mit einem mit der Marke identischen Zeichen oder einem ähnlichen Zeichen versehen sind, anzubieten, in den Verkehr zu bringen oder zu den genannten Zwecken zu besitzen oder
3. Aufmachungen, Verpackungen oder Kennzeichnungsmittel, die mit einem mit der Marke identischen Zeichen oder einem ähnlichen Zeichen versehen sind, einzuführen oder auszuführen,

wenn die Gefahr besteht, dass die Aufmachungen oder Verpackungen zur Aufmachung oder Verpackung oder die Kennzeichnungsmittel zur Kennzeichnung von Waren oder Dienstleistungen benutzt werden, hinsichtlich deren Dritten die Benutzung des Zeichens nach den Absätzen 2 und 3 untersagt wäre.

(5) Wer ein Zeichen entgegen den Absätzen 2 bis 4 benutzt, kann von dem Inhaber der Marke auf Unterlassung in Anspruch genommen werden.

(6) Wer die Verletzungshandlung vorsätzlich oder fahrlässig begeht, ist dem Inhaber der Marke zum Ersatz des durch die Verletzungshandlung entstandenen Schadens verpflichtet.
(7) Wird die Verletzungshandlung in einem geschäftlichen Betrieb von einem Angestellten oder Beauftragten begangen, so kann der Unterlassungsanspruch und, soweit der Angestellte oder Beauftragte vorsätzlich oder fahrlässig gehandelt hat, der Schadensersatzanspruch auch gegen den Inhaber des Betriebs geltend gemacht werden.

§ 15 Ausschließliches Recht des Inhabers einer geschäftlichen Bezeichnung; Unterlassungsanspruch; Schadensersatzanspruch

(1) Der Erwerb des Schutzes einer geschäftlichen Bezeichnung gewährt ihrem Inhaber ein ausschließliches Recht.
(2) Dritten ist es untersagt, die geschäftliche Bezeichnung oder ein ähnliches Zeichen im geschäftlichen Verkehr unbefugt in einer Weise zu benutzen, die geeignet ist, Verwechslungen mit der geschützten Bezeichnung hervorzurufen.
(3) Handelt es sich bei der geschäftlichen Bezeichnung um eine im Inland bekannte geschäftliche Bezeichnung, so ist es Dritten ferner untersagt, die geschäftliche Bezeichnung oder ein ähnliches Zeichen im geschäftlichen Verkehr zu benutzen, wenn keine Gefahr von Verwechslungen im Sinne des Absatzes 2 besteht, soweit die Benutzung des Zeichens die Unterscheidungskraft oder die Wertschätzung der geschäftlichen Bezeichnung ohne rechtfertigenden Grund in unlauterer Weise ausnutzt oder beeinträchtigt.
(4) Wer eine geschäftliche Bezeichnung oder ein ähnliches Zeichen entgegen Absatz 2 oder 3 benutzt, kann von dem Inhaber der geschäftlichen Bezeichnung auf Unterlassung in Anspruch genommen werden.
(5) Wer die Verletzungshandlung vorsätzlich oder fahrlässig begeht, ist dem Inhaber der geschäftlichen Bezeichnung zum Ersatz des daraus entstandenen Schadens verpflichtet.
(6) § 14 Abs. 7 ist entsprechend anzuwenden.

§ 49 Verfall
(2) Die Eintragung einer Marke wird ferner auf Antrag wegen Verfalls gelöscht,

1. wenn die Marke infolge des Verhaltens oder der Untätigkeit ihres Inhabers im geschäftlichen Verkehr zur gebräuchlichen Bezeichnung der Waren oder Dienstleistungen, für die sie eingetragen ist, geworden ist;
2. wenn die Marke infolge ihrer Benutzung durch den Inhaber oder mit seiner Zustimmung für die Waren oder Dienstleistungen, für die sie eingetragen ist, geeignet ist, das Publikum insbesondere über die Art, die Beschaffenheit oder die geographische Herkunft dieser Waren oder Dienstleistungen zu täuschen.

§ 50 Nichtigkeit wegen absoluter Schutzhindernisse
(1) Die Eintragung einer Marke wird auf Antrag wegen Nichtigkeit gelöscht,

4. wenn der Anmelder bei der Anmeldung bösgläubig war.

§ 51 Nichtigkeit wegen des Bestehens älterer Rechte
(1) Die Eintragung einer Marke wird auf Klage wegen Nichtigkeit gelöscht, wenn ihr ein Recht im Sinne der §§ 9 bis 13 mit älterem Zeitrang entgegensteht.

MBO-Ä (Musterberufsordnung für die deutschen Ärztinnen und Ärzte)

§ 27 Erlaubte Information und berufswidrige Werbung
(1) Zweck der nachstehenden Vorschriften der Berufordnung ist die Gewährleistung des Patientenschutzes durch sachgerechte und angemessene Information und die Vermeidung einer dem Selbstverständnis der Ärztin oder des Arztes zuwiderlaufenden Kommerzialisierung des Arztberufs.
(2) Auf dieser Grundlage sind Ärztinnen und Ärzte sachliche berufsbezogene Informationen gestattet.

(3) Berufswidrige Werbung ist Ärztinnen und Ärzten untersagt. Berufswidrig ist insbesondere eine anpreisende, irreführende oder vergleichende Werbung. Ärztinnen und Ärzte dürfen eine solche Werbung durch andere weder veranlassen noch dulden.
Werbeverbote aufgrund anderer gesetzlicher Bestimmungen bleiben unberührt.
(4) Ärztinnen und Ärzte können

1. nach der Weiterbildungsordnung erworbene Bezeichnungen,
2. nach sonstigen öffentlich-rechtlichen Vorschriften erworbene Qualifikationen,
3. Tätigkeitsschwerpunkte

und

4. organisatorische Hinweise

ankündigen.
Die nach Nr. 1 erworbenen Bezeichnungen dürfen nur in der nach der Weiterbildungsordnung zulässigen Form geführt werden. Ein Hinweis auf die verleihende Ärztekammer ist zulässig. Andere Qualifikationen und Tätigkeitsschwerpunkte dürfen nur angekündigt werden, wenn diese Angaben nicht mit solchen nach geregeltem Weiterbildungsrecht erworbenen Qualifikationen verwechselt werden können.
(5) Die Angaben nach Absatz 4 Nr. 1 bis 3 sind nur zulässig, wenn die Ärztin oder der Arzt die umfassten Tätigkeiten nicht nur gelegentlich ausübt.
Ärztinnen und Ärzte haben der Ärztekammer auf deren Verlangen die zur Prüfung der Voraussetzungen der Ankündigung erforderlichen Unterlagen vorzulegen. Die Ärztekammer ist befugt, ergänzende Auskünfte zu verlangen.

OWiG (Gesetz über Ordnungswidrigkeiten)

§ 117 Unzulässiger Lärm

(1) Ordnungswidrig handelt, wer ohne berechtigten Anlass oder

in einem unzulässigen oder nach den Umständen vermeidbaren Ausmaß Lärm erregt, der geeignet ist, die Allgemeinheit oder die Nachbarschaft erheblich zu belästigen oder die Gesundheit eines anderen zu schädigen.
(2) Die Ordnungswidrigkeit kann mit einer Geldbuße bis zu fünftausend Euro geahndet werden, wenn die Handlung nicht nach anderen Vorschriften geahndet werden kann.

PatG (Patentgesetz)

§ 1 Voraussetzungen der Erteilung

(1) Patente werden für Erfindungen erteilt, die neu sind, auf einer erfinderischen Tätigkeit beruhen und gewerblich anwendbar sind.
(2) Als Erfindungen im Sinne des Absatzes 1 werden insbesondere nicht angesehen:

1. Entdeckungen sowie wissenschaftliche Theorien und mathematische Methoden;
2. ästhetische Formschöpfungen;
3. Pläne, Regeln und Verfahren für gedankliche Tätigkeiten, für Spiele oder für geschäftliche Tätigkeiten sowie Programme für Datenverarbeitungsanlagen;
4. die Wiedergabe von Informationen.

(3) Absatz 2 steht der Patentfähigkeit nur insoweit entgegen, als für die genannten Gegenstände oder Tätigkeiten als solche Schutz begehrt wird.

PersAuswG (Gesetz über Personalausweise)

§ 1 Ausweispflicht

(1) Deutsche im Sinne des Artikels 116 Abs. 1 des Grundgesetzes, die das 16. Lebensjahr vollendet haben und nach den Vorschriften der Landesmeldegesetze der allgemeinen Meldepflicht

unterliegen, sind verpflichtet, einen Personalausweis zu besitzen und ihn auf Verlangen einer zur Prüfung der Personalien ermächtigten Behörde vorzulegen; dies gilt nicht für Personen, die einen gültigen Pass besitzen und sich durch diesen ausweisen können. Der Ausweispflicht kann auch durch Vorlage eines vorläufigen Personalausweises genügt werden.

PolG NW (Polizeigesetz Nordrhein-Westfalen)

§ 9 Befragung, Auskunftspflicht

(1) Die Polizei kann jede Person befragen, wenn Tatsachen die Annahme rechtfertigen, dass sie sachdienliche Angaben machen kann, die für die Erfüllung einer bestimmten polizeilichen Aufgabe erforderlich sind. Für die Dauer der Befragung kann die Person angehalten werden.
(2) Eine Person, deren Befragung nach Absatz 1 zulässig ist, ist verpflichtet, auf Frage Namen, Vornamen, Tag und Ort der Geburt, Wohnanschrift und Staatsangehörigkeit anzugeben. Sie ist zu weiteren Auskünften verpflichtet, soweit gesetzliche Handlungspflichten bestehen.

RGebStV (Rundfunkgebührenstaatsvertrag)

§ 3 Anzeigepflicht

(1) Beginn und Ende des Bereithaltens eines Rundfunkempfangsgerätes zum Empfang sind unverzüglich der Landesrundfunkanstalt anzuzeigen, in deren Anstaltsbereich der Rundfunkteilnehmer wohnt, sich ständig aufhält oder ständig ein Rundfunkempfangsgerät zum Empfang bereithält. Entsprechendes gilt für einen Wohnungswechsel. In den Fällen des § 5 Abs. 1 und 3 bis 6 besteht keine Anzeigepflicht.
(2) Bei der Anzeige hat der Rundfunkteilnehmer der Landes-

rundfunkanstalt folgende Daten mitzuteilen und auf Verlangen nachzuweisen:

1. Vor- und Familienname sowie früherer Name, unter dem ein Rundfunkempfangsgerät angemeldet wurde,
2. Geburtsdatum,
3. Name und Anschrift des gesetzlichen Vertreters,
4. gegenwärtige Anschrift sowie letzte Anschrift, unter der ein Rundfunkempfangsgerät angemeldet wurde,
5. Zugehörigkeit zu einer der in § 5 genannten Branchen,
6. Beginn und Ende des Bereithaltens von Rundfunkempfangsgeräten,
7. Art, Zahl, Nutzungsart und Standort der Rundfunkempfangsgeräte,
8. Rundfunkteilnehmernummer und
9. Grund der Abmeldung (Haushaltsauflösung oder sonstige Ereignisse).

§ 4 Beginn und Ende der Gebührenpflicht, Zahlungsweise, Auskunftsrecht

(1) Die Rundfunkgebührenpflicht beginnt mit dem ersten Tag des Monats, in dem ein Rundfunkempfangsgerät zum Empfang bereitgehalten wird.

(2) Die Rundfunkgebührenpflicht endet mit Ablauf des Monats, in dem das Bereithalten eines Rundfunkempfangsgerätes endet, jedoch nicht vor Ablauf des Monats, in dem dies der Landesrundfunkanstalt angezeigt worden ist.

(3) Die Rundfunkgebühren sind in der Mitte eines Dreimonatszeitraums für jeweils drei Monate zu leisten.

(4) Der Anspruch auf Rundfunkgebühren verjährt in vier Jahren.

(5) Die zuständige Landesrundfunkanstalt kann vom Rundfunkteilnehmer oder von Personen, bei denen tatsächliche Anhaltspunkte vorliegen, dass sie ein Rundfunkempfangsgerät zum Empfang bereithalten und dies nicht oder nicht umfassend nach § 3 Abs. 1 und 2 angezeigt haben, Auskunft über diejenigen Tatsachen verlangen, die Grund, Höhe und Zeitraum ihrer

Gebührenpflicht betreffen. Die Auskunft kann auch von Personen verlangt werden, die mit den in Satz 1 genannten Personen in häuslicher Gemeinschaft leben. Die Landesrundfunkanstalt kann dabei neben den in § 3 Abs. 2 genannten Daten im Einzelfall weitere Daten erheben, soweit dies nach Satz 1 erforderlich ist; § 3 Abs. 3 Satz 1 gilt entsprechend. Der Anspruch auf Auskunft kann im Verwaltungszwangsverfahren durchgesetzt werden.

(6) Über Personen, bei denen tatsächliche Anhaltspunkte vorliegen, dass sie ein Rundfunkempfangsgerät zum Empfang bereithalten und dies nicht oder nicht umfassend nach § 3 angezeigt haben, dürfen die Landesrundfunkanstalten auch Auskünfte bei den Meldebehörden einholen, soweit dies zur Überwachung der Rundfunkgebührenpflicht erforderlich ist und die Erhebung der Daten beim Betroffenen nicht möglich ist oder einen unverhältnismäßigen Aufwand erfordern würde. Besondere melderechtliche Regelungen des Landesrechts, die eine Übermittlung von Daten an Landesrundfunkanstalten oder die aufgrund des § 8 Abs. 2 Satz 1 von ihnen beauftragte Stelle zulassen, bleiben unberührt.

RStV (Rundfunkstaatsvertrag)

§ 2 Begriffsbestimmungen

(2) Im Sinne dieses Staatsvertrages ist

6. Schleichwerbung die Erwähnung oder Darstellung von Waren, Dienstleistungen, Namen, Marken oder Tätigkeiten eines Herstellers von Waren oder eines Erbringers von Dienstleistungen in Programmen, wenn sie vom Veranstalter absichtlich zu Werbezwecken vorgesehen ist und die Allgemeinheit hinsichtlich des eigentlichen Zwecks dieser Erwähnung oder Darstellung irreführen kann. Eine Erwähnung oder Darstellung gilt insbesondere dann als zu Werbezwecken beabsichtigt, wenn sie gegen Entgelt oder eine ähnliche Gegenleistung erfolgt.

§ 7 Inhalte von Werbung und Teleshopping

(6) Schleichwerbung und entsprechende Praktiken sind unzulässig. Die Einfügung virtueller Werbung in Sendungen ist zulässig, wenn

1. am Anfang und am Ende der betreffenden Sendung darauf hingewiesen wird und
2. durch sie eine am Ort der Übertragung ohnehin bestehende Werbung ersetzt wird.

Andere Rechte bleiben unberührt.

SGB III (Sozialgesetzbuch III)

§ 118 Anspruchsvoraussetzungen bei Arbeitslosigkeit

(1) Anspruch auf Arbeitslosengeld bei Arbeitslosigkeit haben Arbeitnehmer, die

1. arbeitslos sind,
2. sich bei der Agentur für Arbeit arbeitslos gemeldet

und

3. die Anwartschaftszeit erfüllt haben.

(2) Der Arbeitnehmer kann bis zur Entscheidung über den Anspruch bestimmen, dass dieser nicht oder zu einem späteren Zeitpunkt entstehen soll.

§ 123 Anwartschaftszeit

Die Anwartschaftszeit hat erfüllt, wer in der Rahmenfrist mindestens zwölf Monate in einem Versicherungspflichtverhältnis gestanden hat. Zeiten, die vor dem Tag liegen, an dem der Anspruch auf Arbeitslosengeld wegen des Eintritts einer Sperrzeit erloschen ist, dienen nicht zur Erfüllung der Anwartschaftszeit.

§ 124 Rahmenfrist

(1) Die Rahmenfrist beträgt zwei Jahre und beginnt mit dem Tag vor der Erfüllung aller sonstigen Voraussetzungen für den Anspruch auf Arbeitslosengeld.

(2) Die Rahmenfrist reicht nicht in eine vorangegangene Rahmenfrist hinein, in der der Arbeitslose eine Anwartschaftszeit erfüllt hatte.
(3) In die Rahmenfrist werden Zeiten nicht eingerechnet, in denen der Arbeitslose von einem Rehabilitationsträger Übergangsgeld wegen einer berufsfördernden Maßnahme bezogen hat. In diesem Falle endet die Rahmenfrist spätestens nach fünf Jahren seit ihrem Beginn.

SoldG (Soldatengesetz)

§ 11 Gehorsam

(1) Der Soldat muss seinen Vorgesetzten gehorchen. Er hat ihre Befehle nach besten Kräften vollständig, gewissenhaft und unverzüglich auszuführen. Ungehorsam liegt nicht vor, wenn ein Befehl nicht befolgt wird, der die Menschenwürde verletzt oder der nicht zu dienstlichen Zwecken erteilt worden ist; die irrige Annahme, es handele sich um einen solchen Befehl, befreit den Soldaten nur dann von der Verantwortung, wenn er den Irrtum nicht vermeiden konnte und ihm nach den ihm bekannten Umständen nicht zuzumuten war, sich mit Rechtsbehelfen gegen den Befehl zu wehren.
(2) Ein Befehl darf nicht befolgt werden, wenn dadurch eine Straftat begangen würde. Befolgt der Untergebene den Befehl trotzdem, so trifft ihn eine Schuld nur, wenn er erkennt oder wenn es nach den ihm bekannten Umständen offensichtlich ist, dass dadurch eine Straftat begangen wird.

StGB (Strafgesetzbuch)

§ 16 Irrtum über Tatumstände

(1) Wer bei Begehung der Tat einen Umstand nicht kennt, der zum gesetzlichen Tatbestand gehört, handelt nicht vorsätz-

lich. Die Strafbarkeit wegen fahrlässiger Begehung bleibt unberührt.

§ 17 Verbotsirrtum

Fehlt dem Täter bei Begehung der Tat die Einsicht, Unrecht zu tun, so handelt er ohne Schuld, wenn er diesen Irrtum nicht vermeiden konnte. Konnte der Täter den Irrtum vermeiden, so kann die Strafe nach § 49 Abs. 1 gemildert werden.

§ 20 Schuldunfähigkeit wegen seelischer Störungen

Ohne Schuld handelt, wer bei Begehung der Tat wegen einer krankhaften seelischen Störung, wegen einer tief greifenden Bewusstseinsstörung oder wegen Schwachsinns oder einer schweren anderen seelischen Abartigkeit unfähig ist, das Unrecht der Tat einzusehen oder nach dieser Einsicht zu handeln.

§ 32 Notwehr

(1) Wer eine Tat begeht, die durch Notwehr geboten ist, handelt nicht rechtswidrig.

(2) Notwehr ist die Verteidigung, die erforderlich ist, um einen gegenwärtigen rechtswidrigen Angriff von sich oder einem anderen abzuwenden.

§ 38 Dauer der Freiheitsstrafe

(1) Die Freiheitsstrafe ist zeitig, wenn das Gesetz nicht lebenslange Freiheitsstrafe androht.

(2) Das Höchstmaß der zeitigen Freiheitsstrafe ist fünfzehn Jahre, ihr Mindestmaß ein Monat.

§ 57 Aussetzung des Strafrestes bei zeitiger Freiheitsstrafe

(1) Das Gericht setzt die Vollstreckung des Restes einer zeitigen Freiheitsstrafe zur Bewährung aus, wenn

1. zwei Drittel der verhängten Strafe, mindestens jedoch zwei Monate, verbüßt sind,
2. dies unter Berücksichtigung des Sicherheitsinteresses der Allgemeinheit verantwortet werden kann und
3. der Verurteilte einwilligt.

Bei der Entscheidung sind namentlich die Persönlichkeit des Verurteilten, sein Vorleben, die Umstände seiner Tat, das Gewicht des bei einem Rückfall bedrohten Rechtsguts, das Verhalten des Verurteilten im Vollzug, seine Lebensverhältnisse und die Wirkungen zu berücksichtigen, die von der Aussetzung für ihn zu erwarten sind.
(2) Schon nach Verbüßung der Hälfte einer zeitigen Freiheitsstrafe, mindestens jedoch von sechs Monaten, kann das Gericht die Vollstreckung des Restes zur Bewährung aussetzen, wenn

1. der Verurteilte erstmals eine Freiheitsstrafe verbüßt und diese zwei Jahre nicht übersteigt oder
2. die Gesamtwürdigung von Tat, Persönlichkeit des Verurteilten und seiner Entwicklung während des Strafvollzugs ergibt, dass besondere Umstände vorliegen,

und die übrigen Voraussetzungen des Absatzes 1 erfüllt sind.

§ 57a Aussetzung des Strafrestes bei lebenslanger Freiheitsstrafe

(1) Das Gericht setzt die Vollstreckung des Restes einer lebenslangen Freiheitsstrafe zur Bewährung aus, wenn

1. fünfzehn Jahre der Strafe verbüßt sind,
2. nicht die besondere Schwere der Schuld des Verurteilten die weitere Vollstreckung gebietet und
3. die Voraussetzungen des § 57 Abs. 1 Satz 1 Nr. 2 und 3 vorliegen.

§ 57 Abs. 1 Satz 2 und Abs. 5 gilt entsprechend.
(2) Als verbüßte Strafe im Sinne des Absatzes 1 Satz 1 Nr. 1 gilt jede Freiheitsentziehung, die der Verurteilte aus Anlass der Tat erlitten hat.

§ 63 Unterbringung in einem psychiatrischen Krankenhaus

Hat jemand eine rechtswidrige Tat im Zustand der Schuldunfähigkeit (§ 20) oder der verminderten Schuldfähigkeit (§ 21) begangen, so ordnet das Gericht die Unterbringung in einem psychiatrischen Krankenhaus an, wenn die Gesamtwürdigung des Täters und seiner Tat ergibt, dass von ihm infolge seines

Zustandes erhebliche rechtswidrige Taten zu erwarten sind und er deshalb für die Allgemeinheit gefährlich ist.

§ 66 Unterbringung in der Sicherungsverwahrung

(1) Wird jemand wegen einer vorsätzlichen Straftat zu Freiheitsstrafe von mindestens zwei Jahren verurteilt, so ordnet das Gericht neben der Strafe die Sicherungsverwahrung an, wenn

1. der Täter wegen vorsätzlicher Straftaten, die er vor der neuen Tat begangen hat, schon zweimal jeweils zu einer Freiheitsstrafe von mindestens einem Jahr verurteilt worden ist,
2. er wegen einer oder mehrerer dieser Taten vor der neuen Tat für die Zeit von mindestens zwei Jahren Freiheitsstrafe verbüßt oder sich im Vollzug einer freiheitsentziehenden Maßregel der Besserung und Sicherung befunden hat und
3. die Gesamtwürdigung des Täters und seiner Taten ergibt, dass er infolge eines Hanges zu erheblichen Straftaten, namentlich zu solchen, durch welche die Opfer seelisch oder körperlich schwer geschädigt werden oder schwerer wirtschaftlicher Schaden angerichtet wird, für die Allgemeinheit gefährlich ist.

(2) Hat jemand drei vorsätzliche Straftaten begangen, durch die er jeweils Freiheitsstrafe von mindestens einem Jahr verwirkt hat, und wird er wegen einer oder mehrerer dieser Taten zu Freiheitsstrafe von mindestens drei Jahren verurteilt, so kann das Gericht unter der in Absatz 1 Nr. 3 bezeichneten Voraussetzung neben der Strafe die Sicherungsverwahrung auch ohne frühere Verurteilung oder Freiheitsentziehung (Absatz 1 Nr. 1 und 2) anordnen.

(3) Wird jemand wegen eines Verbrechens oder wegen einer Straftat nach den §§ 174 bis 174c, 176, 179 Abs. 1 bis 4, §§ 180, 182, 224, 225 Abs. 1 oder 2 oder nach § 323a, soweit die im Rausch begangene Tat ein Verbrechen oder eine der vorgenannten rechtswidrigen Taten ist, zu Freiheitsstrafe von mindestens zwei Jahren verurteilt, so kann das Gericht neben der Strafe die Sicherungsverwahrung anordnen, wenn der Täter wegen einer oder mehrerer solcher Straftaten, die er vor der

neuen Tat begangen hat, schon einmal zu Freiheitsstrafe von mindestens drei Jahren verurteilt worden ist und die in Absatz 1 Nr. 2 und 3 genannten Voraussetzungen erfüllt sind. Hat jemand zwei Straftaten der in Satz 1 bezeichneten Art begangen, durch die er jeweils Freiheitsstrafe von mindestens zwei Jahren verwirkt hat und wird er wegen einer oder mehrerer dieser Taten zu Freiheitsstrafe von mindestens drei Jahren verurteilt, so kann das Gericht unter den in Absatz 1 Nr. 3 bezeichneten Voraussetzungen neben der Strafe die Sicherungsverwahrung auch ohne frühere Verurteilung oder Freiheitsentziehung (Absatz 1 Nr. 1 und 2) anordnen. Die Absätze 1 und 2 bleiben unberührt.

(4) Im Sinne des Absatzes 1 Nr. 1 gilt eine Verurteilung zu Gesamtstrafe als eine einzige Verurteilung. Ist Untersuchungshaft oder eine andere Freiheitsentziehung auf Freiheitsstrafe angerechnet, so gilt sie als verbüßte Strafe im Sinne des Absatzes 1 Nr. 2. Eine frühere Tat bleibt außer Betracht, wenn zwischen ihr und der folgenden Tat mehr als fünf Jahre verstrichen sind. In die Frist wird die Zeit nicht eingerechnet, in welcher der Täter auf behördliche Anordnung in einer Anstalt verwahrt worden ist. Eine Tat, die außerhalb des räumlichen Geltungsbereichs dieses Gesetzes abgeurteilt worden ist, steht einer innerhalb dieses Bereichs abgeurteilten Tat gleich, wenn sie nach deutschem Strafrecht eine vorsätzliche Tat, in den Fällen des Absatzes 3 eine der Straftaten der in Absatz 3 Satz 1 bezeichneten Art wäre.

§ 86 Verbreiten von Propagandamitteln verfassungswidriger Organisationen

(1) Wer Propagandamittel

1. einer vom Bundesverfassungsgericht für verfassungswidrig erklärten Partei oder einer Partei oder Vereinigung, von der unanfechtbar festgestellt ist, dass sie Ersatzorganisation einer solchen Partei ist,
2. einer Vereinigung, die unanfechtbar verboten ist, weil sie sich gegen die verfassungsmäßige Ordnung oder gegen den

Gedanken der Völkerverständigung richtet, oder von der unanfechtbar festgestellt ist, dass sie Ersatzorganisation einer solchen verbotenen Vereinigung ist,

3. einer Regierung, Vereinigung oder Einrichtung außerhalb des räumlichen Geltungsbereichs dieses Gesetzes, die für die Zwecke einer der in den Nummern 1 und 2 bezeichneten Parteien oder Vereinigungen tätig ist, oder

4. Propagandamittel, die nach ihrem Inhalt dazu bestimmt sind, Bestrebungen einer ehemaligen nationalsozialistischen Organisation fortzusetzen,

im Inland verbreitet oder zur Verbreitung im Inland oder Ausland herstellt, vorrätig hält, einführt oder ausführt oder in Datenspeichern öffentlich zugänglich macht, wird mit Freiheitsstrafe bis zu drei Jahren oder mit Geldstrafe bestraft.

(2) Propagandamittel im Sinne des Absatzes 1 sind nur solche Schriften (§ 11 Abs. 3), deren Inhalt gegen die freiheitliche demokratische Grundordnung oder den Gedanken der Völkerverständigung gerichtet ist.

§ 86a Verwenden von Kennzeichen verfassungswidriger Organisationen

(1) Mit Freiheitsstrafe bis zu drei Jahren oder mit Geldstrafe wird bestraft, wer

1. im Inland Kennzeichen einer der in § 86 Abs. 1 Nr. 1, 2 und 4 bezeichneten Parteien oder Vereinigungen verbreitet oder öffentlich, in einer Versammlung oder in von ihm verbreiteten Schriften (§ 11 Abs. 3) verwendet oder

2. Gegenstände, die derartige Kennzeichen darstellen oder enthalten, zur Verbreitung oder Verwendung im Inland oder Ausland in der in Nummer 1 bezeichneten Art und Weise herstellt, vorrätig hält, einführt oder ausführt.

(2) Kennzeichen im Sinne des Absatzes 1 sind namentlich Fahnen, Abzeichen, Uniformstücke, Parolen und Grußformen. Den in Satz 1 genannten Kennzeichen stehen solche gleich, die ihnen zum Verwechseln ähnlich sind.

§ 90 a Verunglimpfung des Staates und seiner Symbole

(1) Wer öffentlich, in einer Versammlung oder durch Verbreiten von Schriften (§ 11 Abs. 3)

1. die Bundesrepublik Deutschland oder eines ihrer Länder oder ihre verfassungsmäßige Ordnung beschimpft oder böswillig verächtlich macht oder
2. die Farben, die Flagge, das Wappen oder die Hymne der Bundesrepublik Deutschland oder eines ihrer Länder verunglimpft,

wird mit Freiheitsstrafe bis zu drei Jahren oder mit Geldstrafe bestraft.

(2) Ebenso wird bestraft, wer eine öffentlich gezeigte Flagge der Bundesrepublik Deutschland oder eines ihrer Länder oder ein von einer Behörde öffentlich angebrachtes Hoheitszeichen der Bundesrepublik Deutschland oder eines ihrer Länder entfernt, zerstört, beschädigt, unbrauchbar oder unkenntlich macht oder beschimpfenden Unfug daran verübt. Der Versuch ist strafbar.

(3) Die Strafe ist Freiheitsstrafe bis zu fünf Jahren oder Geldstrafe, wenn der Täter sich durch die Tat absichtlich für Bestrebungen gegen den Bestand der Bundesrepublik Deutschland oder gegen Verfassungsgrundsätze einsetzt.

§ 113 Widerstand gegen Vollstreckungsbeamte

(1) Wer einem Amtsträger oder Soldaten der Bundeswehr, der zur Vollstreckung von Gesetzen, Rechtsverordnungen, Urteilen, Gerichtsbeschlüssen oder Verfügungen berufen ist, bei der Vornahme einer solchen Diensthandlung mit Gewalt oder durch Drohung mit Gewalt Widerstand leistet oder ihn dabei tätlich angreift, wird mit Freiheitsstrafe bis zu zwei Jahren oder mit Geldstrafe bestraft.

(4) Nimmt der Täter bei Begehung der Tat irrig an, die Diensthandlung sei nicht rechtmäßig, und konnte er den Irrtum vermeiden, so kann das Gericht die Strafe nach seinem Ermessen mildern (§ 49 Abs. 2) oder bei geringer Schuld von einer Bestrafung nach dieser Vorschrift absehen. Konnte der Täter den Irrtum nicht vermeiden und war ihm nach den ihm bekannten Um-

ständen auch nicht zuzumuten, sich mit Rechtsbehelfen gegen die vermeintlich rechtswidrige Diensthandlung zu wehren, so ist die Tat nicht nach dieser Vorschrift strafbar; war ihm dies zuzumuten, so kann das Gericht die Strafe nach seinem Ermessen mildern (§ 49 Abs. 2) oder von einer Bestrafung nach dieser Vorschrift absehen.

§ 120 Gefangenenbefreiung

(1) Wer einen Gefangenen befreit, ihn zum Entweichen verleitet oder dabei fördert, wird mit Freiheitsstrafe bis zu drei Jahren oder mit Geldstrafe bestraft.

§ 121 Gefangenenmeuterei

(1) Gefangene, die sich zusammenrotten und mit vereinten Kräften

1. einen Anstaltsbeamten, einen anderen Amtsträger oder einen mit ihrer Beaufsichtigung, Betreuung oder Untersuchung Beauftragten nötigen (§ 240) oder tätlich angreifen,
2. gewaltsam ausbrechen oder
3. gewaltsam einem von ihnen oder einem anderen Gefangenen zum Ausbruch verhelfen,

werden mit Freiheitsstrafe von drei Monaten bis zu fünf Jahren bestraft.

(2) Der Versuch ist strafbar.

(3) In besonders schweren Fällen wird die Meuterei mit Freiheitsstrafe von sechs Monaten bis zu zehn Jahren bestraft. Ein besonders schwerer Fall liegt in der Regel vor, wenn der Täter oder ein anderer Beteiligter

1. eine Schusswaffe bei sich führt,
2. eine andere Waffe bei sich führt, um diese bei der Tat zu verwenden, oder
3. durch eine Gewalttätigkeit einen anderen in die Gefahr des Todes oder einer schweren Gesundheitsschädigung bringt.

(4) Gefangener im Sinne der Absätze 1 bis 3 ist auch, wer in der Sicherungsverwahrung untergebracht ist.

§ 130 Volksverhetzung

(1) Wer in einer Weise, die geeignet ist, den öffentlichen Frieden zu stören,

1. zum Hass gegen Teile der Bevölkerung aufstachelt oder zu Gewalt- oder Willkürmaßnahmen gegen sie auffordert oder
2. die Menschenwürde anderer dadurch angreift, dass er Teile der Bevölkerung beschimpft, böswillig verächtlich macht oder verleumdet,

wird mit Freiheitsstrafe von drei Monaten bis zu fünf Jahren bestraft.

(2) Mit Freiheitsstrafe bis zu drei Jahren oder mit Geldstrafe wird bestraft, wer

1. Schriften (§ 11 Abs. 3), die zum Hass gegen Teile der Bevölkerung oder gegen eine nationale, rassische, religiöse oder durch ihr Volkstum bestimmte Gruppe aufstacheln, zu Gewalt- oder Willkürmaßnahmen gegen sie auffordern oder die Menschenwürde anderer dadurch angreifen, dass Teile der Bevölkerung oder eine vorbezeichnete Gruppe beschimpft, böswillig verächtlich gemacht oder verleumdet werden,
   a) verbreitet,
   b) öffentlich ausstellt, anschlägt, vorführt oder sonst zugänglich macht,
   c) einer Person unter achtzehn Jahren anbietet, überlässt oder zugänglich macht oder
   d) herstellt, bezieht, liefert, vorrätig hält, anbietet, ankündigt, anpreist, einzuführen oder auszuführen unternimmt, um sie oder aus ihnen gewonnene Stücke im Sinne der Buchstaben a bis c zu verwenden oder einem anderen eine solche Verwendung zu ermöglichen, oder
2. eine Darbietung des in Nummer 1 bezeichneten Inhalts durch Rundfunk verbreitet.

(3) Mit Freiheitsstrafe bis zu fünf Jahren oder mit Geldstrafe wird bestraft, wer eine unter der Herrschaft des Nationalsozialismus begangene Handlung der in § 6 Abs. 1 des Völkerstrafgesetzbuches bezeichneten Art in einer Weise, die geeignet ist, den

öffentlichen Frieden zu stören, öffentlich oder in einer Versammlung billigt, leugnet oder verharmlost.

§ 131 Gewaltdarstellung

(1) Wer Schriften (§ 11 Abs. 3), die grausame oder sonst unmenschliche Gewalttätigkeiten gegen Menschen in einer Art schildern, die eine Verherrlichung oder Verharmlosung solcher Gewalttätigkeiten ausdrückt oder die das Grausame oder Unmenschliche des Vorgangs in einer die Menschenwürde verletzenden Weise darstellt,

1. verbreitet,
2. öffentlich ausstellt, anschlägt, vorführt oder sonst zugänglich macht,
3. einer Person unter achtzehn Jahren anbietet, überlässt oder zugänglich macht oder
4. herstellt, bezieht, liefert, vorrätig hält, anbietet, ankündigt, anpreist, einzuführen oder auszuführen unternimmt, um sie oder aus ihnen gewonnene Stücke im Sinne der Nummern 1 bis 3 zu verwenden oder einem anderen eine solche Verwendung zu ermöglichen,

wird mit Freiheitsstrafe bis zu einem Jahr oder mit Geldstrafe bestraft.

§ 138 Nichtanzeige geplanter Straftaten

(1) Wer von dem Vorhaben oder der Ausführung

1. einer Vorbereitung eines Angriffskrieges (§ 80),
2. eines Hochverrats in den Fällen der §§ 81 bis 83 Abs. 1,
3. eines Landesverrats oder einer Gefährdung der äußeren Sicherheit in den Fällen der §§ 94 bis 96, 97a oder 100,
4. einer Geld- oder Wertpapierfälschung in den Fällen der §§ 146, 151, 152 oder einer Fälschung von Zahlungskarten mit Garantiefunktion und Vordrucken für Euroschecks in den Fällen des § 152b Abs. 1 bis 3,
5. eines Mordes (§ 211) oder Totschlags (§ 212) oder eines Völkermordes (§ 6 des Völkerstrafgesetzbuches) oder eines

Verbrechens gegen die Menschlichkeit (§ 7 des Völkerstrafgesetzbuches) oder eines Kriegsverbrechens (§§ 8, 9, 10, 11 oder 12 des Völkerstrafgesetzbuches),

6. einer Straftat gegen die persönliche Freiheit in den Fällen des § 232 Abs. 3, 4 oder Abs. 5, des § 233 Abs. 3, jeweils soweit es sich um Verbrechen handelt, der §§ 234, 234a, 239a oder 239b,

7. eines Raubes oder einer räuberischen Erpressung (§§ 249 bis 251 oder 255) oder

8. einer gemeingefährlichen Straftat in den Fällen der §§ 306 bis 306c oder 307 Abs. 1 bis 3, des § 308 Abs. 1 bis 4, des § 309 Abs. 1 bis 5, der §§ 310, 313, 314 oder 315 Abs. 3, des § 315b Abs. 3 oder der §§ 316a oder 316c

zu einer Zeit, zu der die Ausführung oder der Erfolg noch abgewendet werden kann, glaubhaft erfährt und es unterlässt, der Behörde oder dem Bedrohten rechtzeitig Anzeige zu machen, wird mit Freiheitsstrafe bis zu fünf Jahren oder mit Geldstrafe bestraft.

§ 142 Unerlaubtes Entfernen vom Unfallort

(1) Ein Unfallbeteiligter, der sich nach einem Unfall im Straßenverkehr vom Unfallort entfernt, bevor er

1. zugunsten der anderen Unfallbeteiligten und der Geschädigten die Feststellung seiner Person, seines Fahrzeugs und der Art seiner Beteiligung durch seine Anwesenheit und durch die Angabe, dass er an dem Unfall beteiligt ist, ermöglicht hat oder

2. eine nach den Umständen angemessene Zeit gewartet hat, ohne dass jemand bereit war, die Feststellungen zu treffen,

wird mit Freiheitsstrafe bis zu drei Jahren oder mit Geldstrafe bestraft.

(2) Nach Absatz 1 wird auch ein Unfallbeteiligter bestraft, der sich

1. nach Ablauf der Wartefrist (Absatz 1 Nr. 2) oder

2. berechtigt oder entschuldigt

vom Unfallort entfernt hat und die Feststellungen nicht unverzüglich nachträglich ermöglicht.
(3) Der Verpflichtung, die Feststellungen nachträglich zu ermöglichen, genügt der Unfallbeteiligte, wenn er den Berechtigten (Absatz 1 Nr. 1) oder einer nahe gelegenen Polizeidienststelle mitteilt, dass er an dem Unfall beteiligt gewesen ist, und wenn er seine Anschrift, seinen Aufenthalt sowie das Kennzeichen und den Standort seines Fahrzeugs angibt und dieses zu unverzüglichen Feststellungen für eine ihm zumutbare Zeit zur Verfügung hält. Dies gilt nicht, wenn er durch sein Verhalten die Feststellungen absichtlich vereitelt.
(4) Das Gericht mildert in den Fällen der Absätze 1 und 2 die Strafe (§ 49 Abs. 1) oder kann von Strafe nach diesen Vorschriften absehen, wenn der Unfallbeteiligte innerhalb von vierundzwanzig Stunden nach einem Unfall außerhalb des fließenden Verkehrs, der ausschließlich nicht bedeutenden Sachschaden zur Folge hat, freiwillig die Feststellungen nachträglich ermöglicht (Absatz 3).
(5) Unfallbeteiligter ist jeder, dessen Verhalten nach den Umständen zur Verursachung des Unfalls beigetragen haben kann.

§ 164 Falsche Verdächtigung

(1) Wer einen anderen bei einer Behörde oder einem zur Entgegennahme von Anzeigen zuständigen Amtsträger oder militärischen Vorgesetzten oder öffentlich wider besseres Wissen einer rechtswidrigen Tat oder der Verletzung einer Dienstpflicht in der Absicht verdächtigt, ein behördliches Verfahren oder andere behördliche Maßnahmen gegen ihn herbeizuführen oder fortdauern zu lassen, wird mit Freiheitsstrafe bis zu fünf Jahren oder mit Geldstrafe bestraft.

§ 174 Sexueller Missbrauch von Schutzbefohlenen

(1) Wer sexuelle Handlungen
1. an einer Person unter sechzehn Jahren, die ihm zur Erziehung, zur Ausbildung oder zur Betreuung in der Lebensführung anvertraut ist,

2. an einer Person unter achtzehn Jahren, die ihm zur Erziehung, zur Ausbildung oder zur Betreuung in der Lebensführung anvertraut oder im Rahmen eines Dienst- oder Arbeitsverhältnisses untergeordnet ist, unter Missbrauch einer mit dem Erziehungs-, Ausbildungs-, Betreuungs-, Dienst- oder Arbeitsverhältnis verbundenen Abhängigkeit oder
3. an seinem noch nicht achtzehn Jahre alten leiblichen oder angenommenen Kind

vornimmt oder an sich von dem Schutzbefohlenen vornehmen lässt, wird mit Freiheitsstrafe von drei Monaten bis zu fünf Jahren bestraft.

(2) Wer unter den Voraussetzungen des Absatzes 1 Nr. 1 bis 3
1. sexuelle Handlungen vor dem Schutzbefohlenen vornimmt oder
2. den Schutzbefohlenen dazu bestimmt, dass er sexuelle Handlungen vor ihm vornimmt, um sich oder den Schutzbefohlenen hierdurch sexuell zu erregen, wird mit Freiheitsstrafe bis zu drei Jahren oder mit Geldstrafe bestraft.

(3) Der Versuch ist strafbar.

(4) In den Fällen des Absatzes 1 Nr. 1 oder des Absatzes 2 in Verbindung mit Absatz 1 Nr. 1 kann das Gericht von einer Bestrafung nach dieser Vorschrift absehen, wenn bei Berücksichtigung des Verhaltens des Schutzbefohlenen das Unrecht der Tat gering ist.

§ 176 Sexueller Missbrauch von Kindern

(1) Wer sexuelle Handlungen an einer Person unter vierzehn Jahren (Kind) vornimmt oder an sich von dem Kind vornehmen lässt, wird mit Freiheitsstrafe von sechs Monaten bis zu zehn Jahren bestraft.

(2) Ebenso wird bestraft, wer ein Kind dazu bestimmt, dass es sexuelle Handlungen an einem Dritten vornimmt oder von einem Dritten an sich vornehmen lässt.

(3) In besonders schweren Fällen ist auf Freiheitsstrafe nicht unter einem Jahr zu erkennen.

(4) Mit Freiheitsstrafe von drei Monaten bis zu fünf Jahren wird bestraft, wer

1. sexuelle Handlungen vor einem Kind vornimmt,
2. ein Kind dazu bestimmt, dass es sexuelle Handlungen an sich vornimmt,
3. auf ein Kind durch Schriften (§ 11 Abs. 3) einwirkt, um es zu sexuellen Handlungen zu bringen, die es an oder vor dem Täter oder einem Dritten vornehmen oder von dem Täter oder einem Dritten an sich vornehmen lassen soll, oder
4. auf ein Kind durch Vorzeigen pornographischer Abbildungen oder Darstellungen, durch Abspielen von Tonträgern pornographischen Inhalts oder durch entsprechende Reden einwirkt.

(5) Mit Freiheitsstrafe von drei Monaten bis zu fünf Jahren wird bestraft, wer ein Kind für eine Tat nach den Absätzen 1 bis 4 anbietet oder nachzuweisen verspricht oder wer sich mit einem anderen zu einer solchen Tat verabredet.

(6) Der Versuch ist strafbar; dies gilt nicht für Taten nach Absatz 4 Nr. 3 und 4 und Absatz 5.

§ 180 Förderung sexueller Handlungen Minderjähriger

(1) Wer sexuellen Handlungen einer Person unter sechzehn Jahren an oder vor einem Dritten oder sexuellen Handlungen eines Dritten an einer Person unter sechzehn Jahren

1. durch seine Vermittlung oder
2. durch Gewähren oder Verschaffen von Gelegenheit

Vorschub leistet, wird mit Freiheitsstrafe bis zu drei Jahren oder mit Geldstrafe bestraft. Satz 1 Nr. 2 ist nicht anzuwenden, wenn der zur Sorge für die Person Berechtigte handelt; dies gilt nicht, wenn der Sorgeberechtigte durch das Vorschubleisten seine Erziehungspflicht gröblich verletzt.

(2) Wer eine Person unter achtzehn Jahren bestimmt, sexuelle Handlungen gegen Entgelt an oder vor einem Dritten vorzunehmen oder von einem Dritten an sich vornehmen zu lassen, oder wer solchen Handlungen durch seine Vermittlung Vorschub

leistet, wird mit Freiheitsstrafe bis zu fünf Jahren oder mit Geldstrafe bestraft.

(3) Wer eine Person unter achtzehn Jahren, die ihm zur Erziehung, zur Ausbildung oder zur Betreuung in der Lebensführung anvertraut oder im Rahmen eines Dienst- oder Arbeitsverhältnisses untergeordnet ist, unter Missbrauch einer mit dem Erziehungs-, Ausbildungs-, Betreuungs-, Dienst- oder Arbeitsverhältnis verbundenen Abhängigkeit bestimmt, sexuelle Handlungen an oder vor einem Dritten vorzunehmen oder von einem Dritten an sich vornehmen zu lassen, wird mit Freiheitsstrafe bis zu fünf Jahren oder mit Geldstrafe bestraft.

(4) In den Fällen der Absätze 2 und 3 ist der Versuch strafbar.

§ 180 a Ausbeutung von Prostituierten

(1) Wer gewerbsmäßig einen Betrieb unterhält oder leitet, in dem Personen der Prostitution nachgehen und in dem diese in persönlicher oder wirtschaftlicher Abhängigkeit gehalten werden, wird mit Freiheitsstrafe bis zu drei Jahren oder mit Geldstrafe bestraft.

(2) Ebenso wird bestraft, wer

1. einer Person unter achtzehn Jahren zur Ausübung der Prostitution Wohnung, gewerbsmäßig Unterkunft oder gewerbsmäßig Aufenthalt gewährt oder
2. eine andere Person, der er zur Ausübung der Prostitution Wohnung gewährt, zur Prostitution anhält oder im Hinblick auf sie ausbeutet.

§ 182 Sexueller Missbrauch von Jugendlichen

(1) Eine Person über achtzehn Jahre, die eine Person unter sechzehn Jahren dadurch missbraucht, dass sie

1. unter Ausnutzung einer Zwangslage oder gegen Entgelt sexuelle Handlungen an ihr vornimmt oder an sich von ihr vornehmen lässt oder
2. diese unter Ausnutzung einer Zwangslage dazu bestimmt, sexuelle Handlungen an einem Dritten vorzunehmen oder von einem Dritten an sich vornehmen zu lassen,

wird mit Freiheitsstrafe bis zu fünf Jahren oder mit Geldstrafe bestraft.

(2) Eine Person über einundzwanzig Jahre, die eine Person unter sechzehn Jahren dadurch missbraucht, dass sie

1. sexuelle Handlungen an ihr vornimmt oder an sich von ihr vornehmen lässt oder
2. diese dazu bestimmt, sexuelle Handlungen an einem Dritten vorzunehmen oder von einem Dritten an sich vornehmen zu lassen,

und dabei die fehlende Fähigkeit des Opfers zur sexuellen Selbstbestimmung ausnutzt, wird mit Freiheitsstrafe bis zu drei Jahren oder mit Geldstrafe bestraft.

(3) In den Fällen des Absatzes 2 wird die Tat nur auf Antrag verfolgt, es sei denn, dass die Strafverfolgungsbehörde wegen des besonderen öffentlichen Interesses an der Strafverfolgung ein Einschreiten von Amts wegen für geboten hält.

(4) In den Fällen der Absätze 1 und 2 kann das Gericht von Strafe nach diesen Vorschriften absehen, wenn bei Berücksichtigung des Verhaltens der Person, gegen die sich die Tat richtet, das Unrecht der Tat gering ist.

§ 184 Verbreitung pornographischer Schriften

(1) Wer pornographische Schriften (§ 11 Abs. 3)

1. einer Person unter achtzehn Jahren anbietet, überlässt oder zugänglich macht,
2. an einem Ort, der Personen unter achtzehn Jahren zugänglich ist oder von ihnen eingesehen werden kann, ausstellt, anschlägt, vorführt oder sonst zugänglich macht,
3. im Einzelhandel außerhalb von Geschäftsräumen, in Kiosken oder anderen Verkaufsstellen, die der Kunde nicht zu betreten pflegt, im Versandhandel oder in gewerblichen Leihbüchereien oder Lesezirkeln einem anderen anbietet oder überlässt,

3a. im Wege gewerblicher Vermietung oder vergleichbarer gewerblicher Gewährung des Gebrauchs, ausgenommen in Ladengeschäften, die Personen unter achtzehn Jahren nicht zugänglich sind und von ihnen nicht eingesehen werden können, einem anderen anbietet oder überlässt,

4. im Wege des Versandhandels einzuführen unternimmt,

5. öffentlich an einem Ort, der Personen unter achtzehn Jahren zugänglich ist oder von ihnen eingesehen werden kann, oder durch Verbreiten von Schriften außerhalb des Geschäftsverkehrs mit dem einschlägigen Handel anbietet, ankündigt oder anpreist,

6. an einen anderen gelangen lässt, ohne von diesem hierzu aufgefordert zu sein,

7. in einer öffentlichen Filmvorführung gegen ein Entgelt zeigt, das ganz oder überwiegend für diese Vorführung verlangt wird,

8. herstellt, bezieht, liefert, vorrätig hält oder einzuführen unternimmt, um sie oder aus ihnen gewonnene Stücke im Sinne der Nummern 1 bis 7 zu verwenden oder einem anderen eine solche Verwendung zu ermöglichen, oder

9. auszuführen unternimmt, um sie oder aus ihnen gewonnene Stücke im Ausland unter Verstoß gegen die dort geltenden Strafvorschriften zu verbreiten oder öffentlich zugänglich zu machen oder eine solche Verwendung zu ermöglichen,

wird mit Freiheitsstrafe bis zu einem Jahr oder mit Geldstrafe bestraft.

(2) Ebenso wird bestraft, wer eine pornographische Darbietung durch Rundfunk verbreitet.

(3) Wer pornographische Schriften (§ 11 Abs. 3), die Gewalttätigkeiten, den sexuellen Missbrauch von Kindern oder sexuelle Handlungen von Menschen mit Tieren zum Gegenstand haben,

1. verbreitet,

2. öffentlich ausstellt, anschlägt, vorführt oder sonst zugänglich macht oder

3. herstellt, bezieht, liefert, vorrätig hält, anbietet, ankündigt, anpreist, einzuführen oder auszuführen unternimmt, um sie oder aus ihnen gewonnene Stücke im Sinne der

Nummern 1 oder 2 zu verwenden oder einem anderen eine solche Verwendung zu ermöglichen,

wird, wenn die pornographischen Schriften den sexuellen Missbrauch von Kindern zum Gegenstand haben, mit Freiheitsstrafe von drei Monaten bis zu fünf Jahren, sonst mit Freiheitsstrafe bis zu drei Jahren oder mit Geldstrafe bestraft.

(4) Haben die pornographischen Schriften (§ 11 Abs. 3) in den Fällen des Absatzes 3 den sexuellen Missbrauch von Kindern zum Gegenstand und geben sie ein tatsächliches oder wirklichkeitsnahes Geschehen wieder, so ist die Strafe Freiheitsstrafe von sechs Monaten bis zu zehn Jahren, wenn der Täter gewerbsmäßig oder als Mitglied einer Bande handelt, die sich zur fortgesetzten Begehung solcher Taten verbunden hat.

(5) Wer es unternimmt, sich oder einem Dritten den Besitz von pornographischen Schriften (§ 11 Abs. 3) zu verschaffen, die den sexuellen Missbrauch von Kindern zum Gegenstand haben, wird, wenn die Schriften ein tatsächliches oder wirklichkeitsnahes Geschehen wiedergeben, mit Freiheitsstrafe bis zu einem Jahr oder mit Geldstrafe bestraft. Ebenso wird bestraft, wer die in Satz 1 bezeichneten Schriften besitzt.

(6) Absatz 1 Nr. 1 ist nicht anzuwenden, wenn der zur Sorge für die Person Berechtigte handelt. Absatz 1 Nr. 3a gilt nicht, wenn die Handlung im Geschäftsverkehr mit gewerblichen Entleihern erfolgt. Absatz 5 gilt nicht für Handlungen, die ausschließlich der Erfüllung rechtmäßiger dienstlicher oder beruflicher Pflichten dienen.

§ 185 Beleidigung

Die Beleidigung wird mit Freiheitsstrafe bis zu einem Jahr oder mit Geldstrafe und, wenn die Beleidigung mittels einer Tätlichkeit begangen wird, mit Freiheitsstrafe bis zu zwei Jahren oder mit Geldstrafe bestraft.

§ 186 Üble Nachrede

Wer in Beziehung auf einen anderen eine Tatsache behauptet oder verbreitet, welche denselben verächtlich zu machen oder in der öffentlichen Meinung herabzuwürdigen geeignet ist, wird, wenn nicht diese Tatsache erweislich wahr ist, mit Freiheitsstrafe bis zu einem Jahr oder mit Geldstrafe und, wenn die Tat öffentlich oder durch Verbreiten von Schriften (§ 11 Abs. 3) begangen ist, mit Freiheitsstrafe bis zu zwei Jahren oder mit Geldstrafe bestraft.

§ 193 Wahrnehmung berechtigter Interessen
Tadelnde Urteile über wissenschaftliche, künstlerische oder gewerbliche Leistungen, desgleichen Äußerungen, welche zur Ausführung oder Verteidigung von Rechten oder zur Wahrnehmung berechtigter Interessen gemacht werden, sowie Vorhaltungen und Rügen der Vorgesetzten gegen ihre Untergebenen, dienstliche Anzeigen oder Urteile von Seiten eines Beamten und ähnliche Fälle sind nur insofern strafbar, als das Vorhandensein einer Beleidigung aus der Form der Äußerung oder aus den Umständen, unter welchen sie geschah, hervorgeht.

§ 201 Verletzung der Vertraulichkeit des Wortes
(1) Mit Freiheitsstrafe bis zu drei Jahren oder mit Geldstrafe wird bestraft, wer unbefugt
1. das nichtöffentlich gesprochene Wort eines anderen auf einen Tonträger aufnimmt oder
2. eine so hergestellte Aufnahme gebraucht oder einem Dritten zugänglich macht.

(2) Ebenso wird bestraft, wer unbefugt
1. das nicht zu seiner Kenntnis bestimmte nichtöffentlich gesprochene Wort eines anderen mit einem Abhörgerät abhört oder
2. das nach Absatz 1 Nr. 1 aufgenommene oder nach Absatz 2 Nr. 1 abgehörte nichtöffentlich gesprochene Wort eines anderen im Wortlaut oder seinem wesentlichen Inhalt nach öffentlich mitteilt.

Die Tat nach Satz 1 Nr. 2 ist nur strafbar, wenn die öffentliche Mitteilung geeignet ist, berechtigte Interessen eines anderen zu beeinträchtigen. Sie ist nicht rechtswidrig, wenn die öffentliche

Mitteilung zur Wahrnehmung überragender öffentlicher Interessen gemacht wird.

§ 201 a Verletzung des höchstpersönlichen Lebensbereichs durch Bildaufnahmen

(1) Wer von einer in einer Wohnung oder einem gegen Einblick besonders geschützten Raum befindlichen anderen Person unbefugt Bildaufnahmen herstellt oder überträgt und dadurch deren höchstpersönlichen Lebensbereich verletzt, wird mit Freiheitsstrafe bis zu zwei Jahren oder mit Geldstrafe bestraft.
(2) Ebenso wird bestraft, wer eine durch eine Tat nach Absatz 1 hergestellte Bildaufnahme gebraucht oder einem Dritten zugänglich macht.

§ 211 Mord

(1) Der Mörder wird mit lebenslanger Freiheitsstrafe bestraft.
(2) Mörder ist, wer
- aus Mordlust, zur Befriedigung des Geschlechtstriebs, aus Habgier oder sonst aus niedrigen Beweggründen,
- heimtückisch oder grausam oder mit gemeingefährlichen Mitteln oder
- um eine andere Straftat zu ermöglichen oder zu verdecken,

einen Menschen tötet.

§ 212 Totschlag

(1) Wer einen Menschen tötet, ohne Mörder zu sein, wird als Totschläger mit Freiheitsstrafe nicht unter fünf Jahren bestraft.
(2) In besonders schweren Fällen ist auf lebenslange Freiheitsstrafe zu erkennen.

§ 216 Tötung auf Verlangen

(1) Ist jemand durch das ausdrückliche und ernstliche Verlangen des Getöteten zur Tötung bestimmt worden, so ist auf Freiheitsstrafe von sechs Monaten bis zu fünf Jahren zu erkennen.

§ 223 Körperverletzung

(1) Wer eine andere Person körperlich misshandelt oder an der Gesundheit schädigt, wird mit Freiheitsstrafe bis zu fünf Jahren oder mit Geldstrafe bestraft.

§ 224 Gefährliche Körperverletzung

(1) Wer die Körperverletzung

1. durch Beibringung von Gift oder anderen gesundheitsschädlichen Stoffen,
2. mittels einer Waffe oder eines anderen gefährlichen Werkzeugs,
3. mittels eines hinterlistigen Überfalls,
4. mit einem anderen Beteiligten gemeinschaftlich oder
5. mittels einer das Leben gefährdenden Behandlung

begeht, wird mit Freiheitsstrafe von sechs Monaten bis zu zehn Jahren, in minder schweren Fällen mit Freiheitsstrafe von drei Monaten bis zu fünf Jahren bestraft.

§ 240 Nötigung

(1) Wer einen Menschen rechtswidrig mit Gewalt oder durch Drohung mit einem empfindlichen Übel zu einer Handlung, Duldung oder Unterlassung nötigt, wird mit Freiheitsstrafe bis zu drei Jahren oder mit Geldstrafe bestraft.

(2) Rechtswidrig ist die Tat, wenn die Anwendung der Gewalt oder die Androhung des Übels zu dem angestrebten Zweck als verwerflich anzusehen ist.

§ 242 Diebstahl

(1) Wer eine fremde bewegliche Sache einem anderen in der Absicht wegnimmt, die Sache sich oder einem Dritten rechtswidrig zuzueignen, wird mit Freiheitsstrafe bis zu fünf Jahren oder mit Geldstrafe bestraft.

§ 243 Besonders schwerer Fall des Diebstahls

(1) In besonders schweren Fällen wird der Diebstahl mit Freiheitsstrafe von drei Monaten bis zu zehn Jahren bestraft.

Ein besonders schwerer Fall liegt in der Regel vor, wenn der Täter

6. stiehlt, indem er die Hilflosigkeit einer anderen Person, einen Unglücksfall oder eine gemeine Gefahr ausnutzt

§ 258 Strafvereitelung

(1) Wer absichtlich oder wissentlich ganz oder zum Teil vereitelt, dass ein anderer dem Strafgesetz gemäß wegen einer rechtswidrigen Tat bestraft oder einer Maßnahme (§ 11 Abs. 1 Nr. 8) unterworfen wird, wird mit Freiheitsstrafe bis zu fünf Jahren oder mit Geldstrafe bestraft.

(2) Ebenso wird bestraft, wer absichtlich oder wissentlich die Vollstreckung einer gegen einen anderen verhängten Strafe oder Maßnahme ganz oder zum Teil vereitelt.

(3) Die Strafe darf nicht schwerer sein als die für die Vortat angedrohte Strafe.

(4) Der Versuch ist strafbar.

(5) Wegen Strafvereitelung wird nicht bestraft, wer durch die Tat zugleich ganz oder zum Teil vereiteln will, dass er selbst bestraft oder einer Maßnahme unterworfen wird oder dass eine gegen ihn verhängte Strafe oder Maßnahme vollstreckt wird.

(6) Wer die Tat zugunsten eines Angehörigen begeht, ist straffrei.

§ 263 Betrug

(1) Wer in der Absicht, sich oder einem Dritten einen rechtswidrigen Vermögensvorteil zu verschaffen, das Vermögen eines anderen dadurch beschädigt, dass er durch Vorspiegelung falscher oder durch Entstellung oder Unterdrückung wahrer Tatsachen einen Irrtum erregt oder unterhält, wird mit Freiheitsstrafe bis zu fünf Jahren oder mit Geldstrafe bestraft.

§ 265 a Erschleichen von Leistungen

(1) Wer die Leistung eines Automaten oder eines öffentlichen Zwecken dienenden Telekommunikationsnetzes, die Beförderung durch ein Verkehrsmittel oder den Zutritt zu einer Veran-

staltung oder einer Einrichtung in der Absicht erschleicht, das Entgelt nicht zu entrichten, wird mit Freiheitsstrafe bis zu einem Jahr oder mit Geldstrafe bestraft, wenn die Tat nicht in anderen Vorschriften mit schwererer Strafe bedroht ist.

§ 284 Unerlaubte Veranstaltung eines Glücksspiels

(1) Wer ohne behördliche Erlaubnis öffentlich ein Glücksspiel veranstaltet oder hält oder die Einrichtungen hierzu bereitstellt, wird mit Freiheitsstrafe bis zu zwei Jahren oder mit Geldstrafe bestraft.

(2) Als öffentlich veranstaltet gelten auch Glücksspiele in Vereinen oder geschlossenen Gesellschaften, in denen Glücksspiele gewohnheitsmäßig veranstaltet werden.

(3) Wer in den Fällen des Absatzes 1

1. gewerbsmäßig oder
2. als Mitglied einer Bande handelt, die sich zur fortgesetzten Begehung solcher Taten verbunden hat,

wird mit Freiheitsstrafe von drei Monaten bis zu fünf Jahren bestraft.

(4) Wer für ein öffentliches Glücksspiel (Absätze 1 und 2) wirbt, wird mit Freiheitsstrafe bis zu einem Jahr oder mit Geldstrafe bestraft.

§ 303 Sachbeschädigung

(1) Wer rechtswidrig eine fremde Sache beschädigt oder zerstört, wird mit Freiheitsstrafe bis zu zwei Jahren oder mit Geldstrafe bestraft.

§ 323 a Vollrausch

(1) Wer sich vorsätzlich oder fahrlässig durch alkoholische Getränke oder andere berauschende Mittel in einen Rausch versetzt, wird mit Freiheitsstrafe bis zu fünf Jahren oder mit Geldstrafe bestraft, wenn er in diesem Zustand eine rechtswidrige Tat begeht und ihretwegen nicht bestraft werden kann, weil er infolge des Rausches schuldunfähig war oder weil dies nicht auszuschließen ist.

(2) Die Strafe darf nicht schwerer sein als die Strafe, die für die im Rausch begangene Tat angedroht ist.
(3) Die Tat wird nur auf Antrag, mit Ermächtigung oder auf Strafverlangen verfolgt, wenn die Rauschtat nur auf Antrag, mit Ermächtigung oder auf Strafverlangen verfolgt werden könnte.

§ 323c Unterlassene Hilfeleistung

Wer bei Unglücksfällen oder gemeiner Gefahr oder Not nicht Hilfe leistet, obwohl dies erforderlich und ihm den Umständen nach zuzumuten, insbesondere ohne erhebliche eigene Gefahr und ohne Verletzung anderer wichtiger Pflichten möglich ist, wird mit Freiheitsstrafe bis zu einem Jahr oder mit Geldstrafe bestraft.

StPO (Strafprozessordnung)

§ 52 Zeugnisverweigerungsrecht aus persönlichen Gründen

(1) Zur Verweigerung des Zeugnisses sind berechtigt

1. der Verlobte des Beschuldigten;
2. der Ehegatte des Beschuldigten, auch wenn die Ehe nicht mehr besteht;
2a. der Lebenspartner des Beschuldigten, auch wenn die Lebenspartnerschaft nicht mehr besteht;
3. wer mit dem Beschuldigten in gerader Linie verwandt oder verschwägert, in der Seitenlinie bis zum dritten Grad verwandt oder bis zum zweiten Grad verschwägert ist oder war.

(2) Haben Minderjährige wegen mangelnder Verstandesreife oder haben Minderjährige oder Betreute wegen einer psychischen Krankheit oder einer geistigen oder seelischen Behinderung von der Bedeutung des Zeugnisverweigerungsrechts keine genügende Vorstellung, so dürfen sie nur vernommen werden, wenn sie zur Aussage bereit sind und auch ihr gesetzlicher Vertreter der Vernehmung zustimmt. Ist der gesetzliche Vertreter

selbst Beschuldigter, so kann er über die Ausübung des Zeugnisverweigerungsrechts nicht entscheiden; das Gleiche gilt für den nicht beschuldigten Elternteil, wenn die gesetzliche Vertretung beiden Eltern zusteht.

(3) Die zur Verweigerung des Zeugnisses berechtigten Personen, in den Fällen des Absatzes 2 auch deren zur Entscheidung über die Ausübung des Zeugnisverweigerungsrechts befugte Vertreter, sind vor jeder Vernehmung über ihr Recht zu belehren. Sie können den Verzicht auf dieses Recht auch während der Vernehmung widerrufen.

§ 53 Zeugnisverweigerungsrecht aus beruflichen Gründen

(1) Zur Verweigerung des Zeugnisses sind ferner berechtigt

1. Geistliche über das, was ihnen in ihrer Eigenschaft als Seelsorger anvertraut worden oder bekannt geworden ist;

2. Verteidiger des Beschuldigten über das, was ihnen in dieser Eigenschaft anvertraut worden oder bekannt geworden ist;

3. Rechtsanwälte, Patentanwälte, Notare, Wirtschaftsprüfer, vereidigte Buchprüfer, Steuerberater und Steuerbevollmächtigte, Ärzte, Zahnärzte, Psychologische Psychotherapeuten, Kinder- und Jugendlichenpsychotherapeuten, Apotheker und Hebammen über das, was ihnen in dieser Eigenschaft anvertraut worden oder bekannt geworden ist, Rechtsanwälten stehen dabei sonstige Mitglieder einer Rechtsanwaltskammer gleich;

3a. Mitglieder oder Beauftragte einer anerkannten Beratungsstelle nach den §§ 3 und 8 des Schwangerschaftskonfliktgesetzes über das, was ihnen in dieser Eigenschaft anvertraut worden oder bekannt geworden ist;

3b. Berater für Fragen der Betäubungsmittelabhängigkeit in einer Beratungsstelle, die eine Behörde oder eine Körperschaft, Anstalt oder Stiftung des öffentlichen Rechts anerkannt oder bei sich eingerichtet hat, über das, was ihnen in dieser Eigenschaft anvertraut worden oder bekannt geworden ist;

4. Mitglieder des Bundestages, eines Landtages oder einer zweiten Kammer über Personen, die ihnen in ihrer Eigenschaft als Mitglieder dieser Organe oder denen sie in dieser Eigenschaft Tatsachen anvertraut haben sowie über diese Tatsachen selbst;
5. Personen, die bei der Vorbereitung, Herstellung oder Verbreitung von Druckwerken, Rundfunksendungen, Filmberichten oder der Unterrichtung oder Meinungsbildung dienenden Informations- und Kommunikationsdiensten berufsmäßig mitwirken oder mitgewirkt haben.
Die in Satz 1 Nr. 5 genannten Personen dürfen das Zeugnis verweigern über die Person des Verfassers oder Einsenders von Beiträgen und Unterlagen oder des sonstigen Informanten sowie über die ihnen im Hinblick auf ihre Tätigkeit gemachten Mitteilungen, über deren Inhalt sowie über den Inhalt selbst erarbeiteter Materialien und den Gegenstand berufsbezogener Wahrnehmungen. Dies gilt nur, soweit es sich um Beiträge, Unterlagen, Mitteilungen und Materialien für den redaktionellen Teil oder redaktionell aufbereitete Informations- und Kommunikationsdienste handelt.

(2) Die in Absatz 1 Satz 1 Nr. 2 bis 3b Genannten dürfen das Zeugnis nicht verweigern, wenn sie von der Verpflichtung zur Verschwiegenheit entbunden sind. Die Berechtigung zur Zeugnisverweigerung der in Absatz 1 Satz 1 Nr. 5 Genannten über den Inhalt selbst erarbeiteter Materialien und den Gegenstand entsprechender Wahrnehmungen entfällt, wenn die Aussage zur Aufklärung eines Verbrechens beitragen soll oder wenn Gegenstand der Untersuchung

1. eine Straftat des Friedensverrats und der Gefährdung des demokratischen Rechtsstaats oder des Landesverrats und der Gefährdung der äußeren Sicherheit (§§ 80a, 85, 87, 88, 95, auch in Verbindung mit § 97b, §§ 97a, 98 bis 100a des Strafgesetzbuches),
2. eine Straftat gegen die sexuelle Selbstbestimmung nach den §§ 174 bis 176, 179 des Strafgesetzbuches oder

3. eine Geldwäsche, eine Verschleierung unrechtmäßig erlangter Vermögenswerte nach § 261 Abs. 1 bis 4 des Strafgesetzbuches

ist und die Erforschung des Sachverhalts oder die Ermittlung des Aufenthaltsortes des Beschuldigten auf andere Weise aussichtslos oder wesentlich erschwert wäre. Der Zeuge kann jedoch auch in diesen Fällen die Aussage verweigern, soweit sie zur Offenbarung der Person des Verfassers oder Einsenders von Beiträgen und Unterlagen oder des sonstigen Informanten oder der ihm im Hinblick auf seine Tätigkeit nach Absatz 1 Satz 1 Nr. 5 gemachten Mitteilungen oder deren Inhalts führen würde.

§ 55 Aussageverweigerungsrecht

(1) Jeder Zeuge kann die Auskunft auf solche Fragen verweigern, deren Beantwortung ihm selbst oder einem der in § 52 Abs. 1 bezeichneten Angehörigen die Gefahr zuziehen würde, wegen einer Straftat oder einer Ordnungswidrigkeit verfolgt zu werden.

(2) Der Zeuge ist über sein Recht zur Verweigerung der Auskunft zu belehren.

§ 98 Anordnung der Beschlagnahme

(1) Beschlagnahmen dürfen nur durch den Richter, bei Gefahr im Verzug auch durch die Staatsanwaltschaft und ihre Hilfsbeamten (§ 152 des Gerichtsverfassungsgesetzes) angeordnet werden. Die Beschlagnahme nach § 97 Abs. 5 Satz 2 in den Räumen einer Redaktion, eines Verlages, einer Druckerei oder einer Rundfunkanstalt darf nur durch den Richter angeordnet werden.

§ 104 Nächtliche Hausdurchsuchung

(1) Zur Nachtzeit dürfen die Wohnung, die Geschäftsräume und das befriedete Besitztum nur bei Verfolgung auf frischer Tat oder bei Gefahr im Verzug oder dann durchsucht werden, wenn es sich um die Wiederergreifung eines entwichenen Gefangenen handelt.

(2) Diese Beschränkung gilt nicht für Räume, die zur Nachtzeit jedermann zugänglich oder die der Polizei als Herbergen oder Versammlungsorte bestrafter Personen, als Niederlagen von Sachen, die mittels Straftaten erlangt sind, oder als Schlupfwinkel des Glücksspiels, des unerlaubten Betäubungsmittel- und Waffenhandels oder der Prostitution bekannt sind.
(3) Die Nachtzeit umfasst in dem Zeitraum vom ersten April bis dreißigsten September die Stunden von neun Uhr abends bis vier Uhr morgens und in dem Zeitraum vom ersten Oktober bis einundreißigsten März die Stunden von neun Uhr abends bis sechs Uhr morgens.

§ 105 Anordnung und Ausführung von Durchsuchungen
(1) Durchsuchungen dürfen nur durch den Richter, bei Gefahr im Verzug auch durch die Staatsanwaltschaft und ihre Hilfsbeamten (§ 152 des Gerichtsverfassungsgesetzes) angeordnet werden. Durchsuchungen nach § 103 Abs. 1 Satz 2 ordnet der Richter an; die Staatsanwaltschaft ist hierzu befugt, wenn Gefahr im Verzug ist.

§ 127 Vorläufige Festnahme
(1) Wird jemand auf frischer Tat betroffen oder verfolgt, so ist, wenn er der Flucht verdächtig ist oder seine Identität nicht sofort festgestellt werden kann, jedermann befugt, ihn auch ohne richterliche Anordnung vorläufig festzunehmen. Die Feststellung der Identität einer Person durch die Staatsanwaltschaft oder die Beamten des Polizeidienstes bestimmt sich nach § 163b Abs. 1.

§ 136 Erste Vernehmung
(1) Bei Beginn der ersten Vernehmung ist dem Beschuldigten zu eröffnen, welche Tat ihm zur Last gelegt wird und welche Strafvorschriften in Betracht kommen. Er ist darauf hinzuweisen, dass es ihm nach dem Gesetz freistehe, sich zu der Beschuldigung zu äußern oder nicht zur Sache auszusagen und jederzeit, auch schon vor seiner Vernehmung, einen von ihm zu

wählenden Verteidiger zu befragen. Er ist ferner darüber zu belehren, dass er zu seiner Entlastung einzelne Beweiserhebungen beantragen kann. In geeigneten Fällen soll der Beschuldigte auch darauf hingewiesen werden, dass er sich schriftlich äußern kann.

§ 137 Wahl eines Verteidigers

(1) Der Beschuldigte kann sich in jeder Lage des Verfahrens des Beistandes eines Verteidigers bedienen. Die Zahl der gewählten Verteidiger darf drei nicht übersteigen.

§ 140 Notwendige Verteidigung

(1) Die Mitwirkung eines Verteidigers ist notwendig, wenn

1. die Hauptverhandlung im ersten Rechtszug vor dem Oberlandesgericht oder dem Landgericht stattfindet;
2. dem Beschuldigten ein Verbrechen zur Last gelegt wird;
3. das Verfahren zu einem Berufsverbot führen kann;
4. *(aufgehoben)*
5. der Beschuldigte sich mindestens drei Monate auf Grund richterlicher Anordnung oder mit richterlicher Genehmigung in einer Anstalt befunden hat und nicht mindestens zwei Wochen vor Beginn der Hauptverhandlung entlassen wird;
6. zur Vorbereitung eines Gutachtens über den psychischen Zustand des Beschuldigten seine Unterbringung nach § 81 in Frage kommt;
7. ein Sicherungsverfahren durchgeführt wird;
8. der bisherige Verteidiger durch eine Entscheidung von der Mitwirkung in dem Verfahren ausgeschlossen ist.

(2) In anderen Fällen bestellt der Vorsitzende auf Antrag oder von Amts wegen einen Verteidiger, wenn wegen der Schwere der Tat oder wegen der Schwierigkeit der Sach- oder Rechtslage die Mitwirkung eines Verteidigers geboten erscheint oder wenn ersichtlich ist, dass sich der Beschuldigte nicht selbst verteidigen kann, namentlich, weil dem Verletzten nach den §§ 397a und 406g Abs. 3 und 4 ein Rechtsanwalt beigeordnet worden ist.

Dem Antrag eines hör- oder sprachbehinderten Beschuldigten ist zu entsprechen.

§ 141 Bestellung eines Verteidigers
(1) In den Fällen des § 140 Abs. 1 und 2 wird dem Angeschuldigten, der noch keinen Verteidiger hat, ein Verteidiger bestellt, sobald er gemäß § 201 zur Erklärung über die Anklageschrift aufgefordert worden ist.

§ 153a Einstellung des Verfahrens bei Erfüllung von Auflagen und Weisungen
(1) Mit Zustimmung des für die Eröffnung des Hauptverfahrens zuständigen Gerichts und des Beschuldigten kann die Staatsanwaltschaft bei einem Vergehen vorläufig von der Erhebung der öffentlichen Klage absehen und zugleich dem Beschuldigten Auflagen und Weisungen erteilen, wenn diese geeignet sind, das öffentliche Interesse an der Strafverfolgung zu beseitigen, und die Schwere der Schuld nicht entgegensteht. Als Auflagen oder Weisungen kommen insbesondere in Betracht,

1. zur Wiedergutmachung des durch die Tat verursachten Schadens eine bestimmte Leistung zu erbringen,
2. einen Geldbetrag zugunsten einer gemeinnützigen Einrichtung oder der Staatskasse zu zahlen,
3. sonst gemeinnützige Leistungen zu erbringen,
4. Unterhaltspflichten in einer bestimmten Höhe nachzukommen,
5. sich ernsthaft zu bemühen, einen Ausgleich mit dem Verletzten zu erreichen (Täter-Opfer-Ausgleich) und dabei seine Tat ganz oder zum überwiegenden Teil wieder gutzumachen oder deren Wiedergutmachung zu erstreben, oder
6. an einem Aufbauseminar nach § 2b Abs. 2 Satz 2 oder § 4 Abs. 8 Satz 4 des Straßenverkehrsgesetzes teilzunehmen.

Zur Erfüllung der Auflagen und Weisungen setzt die Staatsanwaltschaft dem Beschuldigten eine Frist, die in den Fällen des Satzes 2 Nr. 1 bis 3, 5 und 6 höchstens sechs Monate, in den Fällen des Satzes 2 Nr. 4 höchstens ein Jahr beträgt. Die Staatsanwaltschaft kann Auflagen und Weisungen nachträglich aufheben und die Frist einmal für die Dauer von drei Monaten verlängern; mit Zustimmung des Beschuldigten kann sie auch Auflagen und Weisungen nachträglich auferlegen und ändern. Erfüllt der Beschuldigte die Auflagen und Weisungen, so kann die Tat nicht mehr als Vergehen verfolgt werden. Erfüllt der Beschuldigte die Auflagen und Weisungen nicht, so werden Leistungen, die er zu ihrer Erfüllung erbracht hat, nicht erstattet. § 153 Abs. 1 Satz 2 gilt in den Fällen des Satzes 2 Nr. 1 bis 5 entsprechend.

§ 239 Kreuzverhör

(1) Die Vernehmung der von der Staatsanwaltschaft und dem Angeklagten benannten Zeugen und Sachverständigen ist der Staatsanwaltschaft und dem Verteidiger auf deren übereinstimmenden Antrag von dem Vorsitzenden zu überlassen. Bei den von der Staatsanwaltschaft benannten Zeugen und Sachverständigen hat diese, bei den von dem Angeklagten benannten der Verteidiger in erster Reihe das Recht zur Vernehmung.

(2) Der Vorsitzende hat auch nach dieser Vernehmung die ihm zur weiteren Aufklärung der Sache erforderlich scheinenden Fragen an die Zeugen und Sachverständigen zu richten.

§ 240 Fragerecht

(1) Der Vorsitzende hat den beisitzenden Richtern auf Verlangen zu gestatten, Fragen an den Angeklagten, die Zeugen und die Sachverständigen zu stellen.

(2) Dasselbe hat der Vorsitzende der Staatsanwaltschaft, dem Angeklagten und dem Verteidiger sowie den Schöffen zu gestatten. Die unmittelbare Befragung eines Angeklagten durch einen Mitangeklagten ist unzulässig.

§ 241 Zurückweisung von Fragen

(1) Dem, welcher im Falle des § 239 Abs. 1 die Befugnis der Vernehmung missbraucht, kann sie von dem Vorsitzenden entzogen werden.

(2) In den Fällen des § 239 Abs. 1 und des § 240 Abs. 2 kann

der Vorsitzende ungeeignete oder nicht zur Sache gehörende Fragen zurückweisen.

§ 241 a Vernehmung von Zeugen

(1) Die Vernehmung von Zeugen unter sechzehn Jahren wird allein von dem Vorsitzenden durchgeführt.

(2) Die in § 240 Abs. 1 und Abs. 2 Satz 1 bezeichneten Personen können verlangen, dass der Vorsitzende den Zeugen weitere Fragen stellt. Der Vorsitzende kann diesen Personen eine unmittelbare Befragung der Zeugen gestatten, wenn nach pflichtgemäßem Ermessen ein Nachteil für das Wohl der Zeugen nicht zu befürchten ist.

§ 242 Zweifel über Zulässigkeit von Fragen

Zweifel über die Zulässigkeit einer Frage entscheidet in allen Fällen das Gericht.

§ 261 Freie Beweiswürdigung

Über das Ergebnis der Beweisaufnahme entscheidet das Gericht nach seiner freien, aus dem Inbegriff der Verhandlung geschöpften Überzeugung.

§ 337 Revisionsgründe

(1) Die Revision kann nur darauf gestützt werden, dass das Urteil auf einer Verletzung des Gesetzes beruhe.

(2) Das Gesetz ist verletzt, wenn eine Rechtsnorm nicht oder nicht richtig angewendet worden ist.

StVG (Straßenverkehrsgesetz)

§ 2 Fahrerlaubnis und Führerschein

(2) Die Fahrerlaubnis ist für die jeweilige Klasse zu erteilen, wenn der Bewerber

3. zum Führen von Kraftfahrzeugen geeignet ist.

§ 7 Haftung des Fahrzeughalters

(1) Wird bei dem Betrieb eines Kraftfahrzeugs oder eines Anhängers, der dazu bestimmt ist, von einem Kraftfahrzeug mitgeführt zu werden, ein Mensch getötet, der Körper oder die Gesundheit eines Menschen verletzt oder eine Sache beschädigt, so ist der Halter verpflichtet, dem Verletzten den daraus entstehenden Schaden zu ersetzen.

(2) Die Ersatzpflicht ist ausgeschlossen, wenn der Unfall durch höhere Gewalt verursacht wird.

(3) Benutzt jemand das Fahrzeug ohne Wissen und Willen des Fahrzeughalters, so ist er an Stelle des Halters zum Ersatz des Schadens verpflichtet; daneben bleibt der Halter zum Ersatz des Schadens verpflichtet, wenn die Benutzung des Fahrzeugs durch sein Verschulden ermöglicht worden ist. Satz 1 findet keine Anwendung, wenn der Benutzer vom Fahrzeughalter für den Betrieb des Kraftfahrzeugs angestellt ist oder wenn ihm das Fahrzeug vom Halter überlassen worden ist. Die Sätze 1 und 2 sind auf die Benutzung eines Anhängers entsprechend anzuwenden.

StVO (Straßenverkehrsordnung)

§ 1 Grundregeln

(1) Die Teilnahme am Straßenverkehr erfordert ständige Vorsicht und gegenseitige Rücksicht.

(2) Jeder Verkehrsteilnehmer hat sich so zu verhalten, dass kein Anderer geschädigt, gefährdet oder mehr, als nach den Umständen unvermeidbar, behindert oder belästigt wird.

§ 2 Straßenbenutzung durch Fahrzeuge

(1) Fahrzeuge müssen die Fahrbahn benutzen, von zwei Fahrbahnen die rechte. Seitenstreifen sind nicht Bestandteil der Fahrbahn.

(5) Kinder bis zum vollendeten 8. Lebensjahr müssen, ältere Kinder bis zum vollendeten 10. Lebensjahr dürfen mit Fahrrädern Gehwege benutzen. Auf Fußgänger ist besondere Rücksicht zu nehmen. Beim Überqueren einer Fahrbahn müssen die Kinder absteigen.

§ 3 Geschwindigkeit

(1) Der Fahrzeugführer darf nur so schnell fahren, dass er sein Fahrzeug ständig beherrscht. Er hat seine Geschwindigkeit insbesondere den Straßen-, Verkehrs-, Sicht- und Wetterverhältnissen sowie seinen persönlichen Fähigkeiten und den Eigenschaften von Fahrzeug und Ladung anzupassen. Beträgt die Sichtweite durch Nebel, Schneefall oder Regen weniger als 50 m, so darf er nicht schneller als 50 km/h fahren, wenn nicht eine geringere Geschwindigkeit geboten ist. Er darf nur so schnell fahren, dass er innerhalb der übersehbaren Strecke halten kann. Auf Fahrbahnen, die so schmal sind, dass dort entgegenkommende Fahrzeuge gefährdet werden könnten, muss er jedoch so langsam fahren, dass er mindestens innerhalb der Hälfte der übersehbaren Strecke halten kann.
(2) Ohne triftigen Grund dürfen Kraftfahrzeuge nicht so langsam fahren, dass sie den Verkehrsfluss behindern.

§ 4 Abstand

(1) Der Abstand von einem vorausfahrenden Fahrzeug muss in der Regel so groß sein, dass auch dann hinter ihm gehalten werden kann, wenn es plötzlich gebremst wird. Der Vorausfahrende darf nicht ohne zwingenden Grund stark bremsen.

§ 5 Überholen

(1) Es ist links zu überholen.
(5) Außerhalb geschlossener Ortschaften darf das Überholen durch kurze Schall- oder Leuchtzeichen angekündigt werden. Wird mit Fernlicht geblinkt, so dürfen entgegenkommende Fahrzeugführer nicht geblendet werden.

§ 7 Benutzung von Fahrstreifen durch Kraftfahrzeuge

(2) Ist der Verkehr so dicht, dass sich auf den Fahrstreifen für eine Richtung Fahrzeugschlangen gebildet haben, so darf rechts schneller als links gefahren werden.
(2a) Wenn auf der Fahrbahn für eine Richtung eine Fahrzeugschlange auf dem jeweils linken Fahrstreifen steht oder

langsam fährt, dürfen Fahrzeuge diese mit geringfügig höherer Geschwindigkeit und mit äußerster Vorsicht rechts überholen.
(4) Ist auf Straßen mit mehreren Fahrstreifen für eine Richtung das durchgehende Befahren eines Fahrstreifens nicht möglich oder endet ein Fahrstreifen, so ist den am Weiterfahren gehinderten Fahrzeugen der Übergang auf den benachbarten Fahrstreifen in der Weise zu ermöglichen, dass sich diese Fahrzeuge unmittelbar vor Beginn der Verengung jeweils im Wechsel nach einem auf dem durchgehenden Fahrstreifen fahrenden Fahrzeug einordnen können (Reißverschlussverfahren).

§ 8 Vorfahrt

(1) An Kreuzungen und Einmündungen hat die Vorfahrt, wer von rechts kommt. Das gilt nicht,

1. wenn die Vorfahrt durch Verkehrszeichen besonders geregelt ist (Zeichen 205, 206, 301, 306) oder
2. für Fahrzeuge, die aus einem Feld- oder Waldweg auf eine andere Straße kommen.

(2) Wer die Vorfahrt zu beachten hat, muss rechtzeitig durch sein Fahrverhalten, insbesondere durch mäßige Geschwindigkeit, erkennen lassen, dass er warten wird. Er darf nur weiterfahren, wenn er übersehen kann, dass er den, der die Vorfahrt hat, weder gefährdet noch wesentlich behindert. Kann er das nicht übersehen, weil die Straßenstelle unübersichtlich ist, so darf er sich vorsichtig in die Kreuzung oder Einmündung hineintasten, bis er die Übersicht hat. Auch wenn der, der die Vorfahrt hat, in die andere Straße abbiegt, darf ihn der Wartepflichtige nicht wesentlich behindern.

§ 9 Abbiegen, Wenden und Rückwärtsfahren

(1) Wer abbiegen will, muss dies rechtzeitig und deutlich ankündigen; dabei sind die Fahrtrichtungsanzeiger zu benutzen.

§ 12 Halten und Parken

(1) Das Halten ist unzulässig

1. an engen und an unübersichtlichen Straßenstellen.

(4a) Ist das Parken auf dem Gehweg erlaubt, so ist hierzu nur der rechte Gehweg, in Einbahnstraßen der rechte oder linke Gehweg zu benutzen.

§ 14 Sorgfaltspflichten beim Ein- und Aussteigen

(2) Verlässt der Führer sein Fahrzeug, so muss er die nötigen Maßnahmen treffen, um Unfälle oder Verkehrsstörungen zu vermeiden. Kraftfahrzeuge sind auch gegen unbefugte Benutzung zu sichern.

§ 16 Warnzeichen

(1) Schall- und Leuchtzeichen darf nur geben,

1. wer außerhalb geschlossener Ortschaften überholt (§ 5 Abs. 5) oder
2. wer sich oder andere gefährdet sieht.

§ 17 Beleuchtung

(3) Behindert Nebel, Schneefall oder Regen die Sicht erheblich, dann ist auch am Tag mit Abblendlicht zu fahren. Nur bei solcher Witterung dürfen Nebelscheinwerfer eingeschaltet sein. Bei zwei Nebelscheinwerfern genügt statt des Abblendlichts die zusätzliche Benutzung der Begrenzungsleuchten. An Krafträdern ohne Beiwagen braucht nur der Nebelscheinwerfer benutzt zu werden. Nebelschlussleuchten dürfen nur dann benutzt werden, wenn durch Nebel die Sichtweite weniger als 50 m beträgt.

§ 18 Autobahnen und Kraftfahrstraßen

(1) Autobahnen (Zeichen 330) und Kraftfahrstraßen (Zeichen 331) dürfen nur mit Kraftfahrzeugen benutzt werden, deren durch die Bauart bestimmte Höchstgeschwindigkeit mehr als 60 km/h beträgt; werden Anhänger mitgeführt, so gilt das Gleiche auch für diese. Fahrzeug und Ladung dürfen zusammen nicht höher als 4 m und nicht breiter als 2,55 m sein. Kühlfahrzeuge dürfen nicht breiter als 2,6 m sein.

§ 23 Sonstige Pflichten des Fahrzeugführers

(1a) Dem Fahrzeugführer ist die Benutzung eines Mobil- oder Autotelefons untersagt, wenn er hierfür das Mobiltelefon oder den Hörer des Autotelefons aufnimmt oder hält. Dies gilt nicht, wenn das Fahrzeug steht und bei Kraftfahrzeugen der Motor ausgeschaltet ist.

(3) Radfahrer und Führer von Krafträdern dürfen sich nicht an Fahrzeuge anhängen. Sie dürfen nicht freihändig fahren. Die Füße dürfen sie nur dann von den Pedalen oder den Fußrasten nehmen, wenn der Straßenzustand das erfordert.

§ 26 Fußgängerüberwege

(1) An Fußgängerüberwegen haben Fahrzeuge mit Ausnahme von Schienenfahrzeugen den Fußgängern sowie Fahrern von Krankenfahrstühlen oder Rollstühlen, welche den Überweg erkennbar benutzen wollen, das Überqueren der Fahrbahn zu ermöglichen. Dann dürfen sie nur mit mäßiger Geschwindigkeit heranfahren; wenn nötig, müssen sie warten.

§ 34 Unfall

(1) Nach einem Verkehrsunfall hat jeder Beteiligte

5. anderen am Unfallort anwesenden Beteiligten oder Geschädigten
   a) anzugeben, dass er am Unfall beteiligt war, und
   b) auf Verlangen seinen Namen und seine Anschrift anzugeben sowie ihnen Führerschein und Fahrzeugschein vorzuweisen und nach bestem Wissen Angaben über seine Haftpflichtversicherung zu machen,
6. a) so lange am Unfallort zu bleiben, bis er zugunsten der anderen Beteiligten und der Geschädigten die Feststellung seiner Person, seines Fahrzeuges und der Art seiner Beteiligung durch seine Anwesenheit ermöglicht hat, oder
   b) eine nach den Umständen angemessene Zeit zu warten und am Unfallort Namen und Anschrift zu hinter-

lassen, wenn niemand bereit war, die Feststellung zu treffen,

7. unverzüglich die Feststellungen nachträglich zu ermöglichen, wenn er sich berechtigt, entschuldigt oder nach Ablauf der Wartefrist (Nummer 6 Buchstabe b) vom Unfallort entfernt hat. Dazu hat er mindestens den Berechtigten (Nummer 6 Buchstabe a) oder einer nahe gelegenen Polizeidienststelle mitzuteilen, dass er am Unfall beteiligt gewesen ist, und seine Anschrift, seinen Aufenthalt sowie das Kennzeichen und den Standort seines Fahrzeugs anzugeben und dieses zu unverzüglichen Feststellungen für eine ihm zumutbare Zeit zur Verfügung zu halten.

§ 36 Zeichen und Weisungen der Polizeibeamten

(5) Polizeibeamte dürfen Verkehrsteilnehmer zur Verkehrskontrolle einschließlich der Kontrolle der Verkehrstüchtigkeit und zu Verkehrserhebungen anhalten. Das Zeichen zum Anhalten kann der Beamte auch durch geeignete technische Einrichtungen am Einsatzfahrzeug, eine Winkerkelle oder eine rote Leuchte geben. Mit diesen Zeichen kann auch ein vorausfahrender Verkehrsteilnehmer angehalten werden. Die Verkehrsteilnehmer haben die Anweisungen der Polizeibeamten zu befolgen.

§ 41 Vorschriftzeichen

(2) Zeichen 286

Zeichen 286 – Eingeschränktes Haltverbot

Es verbietet das Halten auf der Fahrbahn über 3 Minuten, ausgenommen zum Ein- oder Aussteigen oder zum Be- oder Entladen. Ladegeschäfte müssen ohne Verzögerung durchgeführt werden. Das Zusatzschild »auch auf Seitenstreifen« (hinter Zeichen 283) kann auch hier angebracht sein.

Das Zusatzschild mit den Worten »auf dem Seitenstreifen« verbietet das Halten nur auf dem Seitenstreifen.

Das Zusatzschild »(Rollstuhlfahrersymbol) mit Parkausweis Nr. … frei« nimmt Schwerbehinderte mit außergewöhnlicher Gehbehinderung und Blinde, jeweils mit besonderem Parkausweis, vom Haltverbot aus.
Das Zusatzschild »Bewohner mit besonderem Parkausweis frei« nimmt Bewohner mit besonderem Parkausweis vom Haltverbot aus.
Die Ausnahmen gelten nur, wenn die Parkausweise gut lesbar ausgelegt sind.

StVollzG (Strafvollzugsgesetz)

§ 41 Arbeitspflicht

(1) Der Gefangene ist verpflichtet, eine ihm zugewiesene, seinen körperlichen Fähigkeiten angemessene Arbeit, arbeitstherapeutische oder sonstige Beschäftigung auszuüben, zu deren Verrichtung er auf Grund seines körperlichen Zustandes in der Lage ist. Er kann jährlich bis zu drei Monaten zu Hilfstätigkeiten in der Anstalt verpflichtet werden, mit seiner Zustimmung auch darüber hinaus. Die Sätze 1 und 2 gelten nicht für Gefangene, die über 65 Jahre alt sind, und nicht für werdende und stillende Mütter, soweit gesetzliche Beschäftigungsverbote zum Schutz erwerbstätiger Mütter bestehen.

TDG (Teledienstegesetz)

§ 6 Allgemeine Informationspflichten

Diensteanbieter haben für geschäftsmäßige Teledienste mindestens folgende Informationen leicht erkennbar, unmittelbar erreichbar und ständig verfügbar zu halten:

1. den Namen und die Anschrift, unter der sie niedergelassen sind, bei juristischen Personen zusätzlich den Vertretungsberechtigten,
2. Angaben, die eine schnelle elektronische Kontaktaufnahme und unmittelbare Kommunikation mit ihnen ermöglichen, einschließlich der Adresse der elektronischen Post,

3. soweit der Teledienst im Rahmen einer Tätigkeit angeboten oder erbracht wird, die der behördlichen Zulassung bedarf, Angaben zur zuständigen Aufsichtsbehörde,
4. das Handelsregister, Vereinsregister, Partnerschaftsregister oder Genossenschaftsregister, in das sie eingetragen sind, und die entsprechende Registernummer,
5. soweit der Teledienst in Ausübung eines Berufs im Sinne von Artikel 1 Buchstabe d der Richtlinie 89/48/EWG des Rates vom 21. Dezember 1988 über eine allgemeine Regelung zur Anerkennung der Hochschuldiplome, die eine mindestens 3-jährige Berufsausbildung abschließen (ABl. EG Nr. L 19 S. 16), oder im Sinne von Artikel 1 Buchstabe f der Richtlinie 92/51/EWG des Rates vom 18. Juni 1992 über eine zweite allgemeine Regelung zur Anerkennung beruflicher Befähigungsnachweise in Ergänzung zur Richtlinie 89/48/EWG (ABl. EG Nr. L 209 S. 25), die zuletzt durch die Richtlinie 97/38/EG der Kommission vom 20. Juni 1997 (ABl. EG Nr. L 184 S. 31) geändert worden ist, angeboten oder erbracht wird, Angaben über
   a) die Kammer, welcher die Diensteanbieter angehören,
   b) die gesetzliche Berufsbezeichnung und den Staat, in dem die Berufsbezeichnung verliehen worden ist,
   c) die Bezeichnung der berufsrechtlichen Regelungen und dazu, wie diese zugänglich sind,
6. in Fällen, in denen sie eine Umsatzsteueridentifikationsnummer nach § 27a des Umsatzsteuergesetzes besitzen, die Angabe dieser Nummer.

Weitergehende Informationspflichten insbesondere nach dem Fernabsatzgesetz, dem Fernunterrichtsschutzgesetz, dem Teilzeit-Wohnrechtegesetz oder dem Preisangaben- und Preisklauselgesetz und der Preisangabenverordnung, dem Versicherungsaufsichtsgesetz sowie nach handelsrechtlichen Bestimmungen bleiben unberührt.

§ 8 Verantwortlichkeit, Allgemeine Grundsätze

(1) Diensteanbieter sind für eigene Informationen, die sie zur

Nutzung bereithalten, nach den allgemeinen Gesetzen verantwortlich.
(2) Diensteanbieter im Sinne der §§ 9 bis 11 sind nicht verpflichtet, die von ihnen übermittelten oder gespeicherten Informationen zu überwachen oder nach Umständen zu forschen, die auf eine rechtswidrige Tätigkeit hinweisen. Verpflichtungen zur Entfernung oder Sperrung der Nutzung von Informationen nach den allgemeinen Gesetzen bleiben auch im Falle der Nichtverantwortlichkeit des Diensteanbieters nach den §§ 9 bis 11 unberührt. Das Fernmeldegeheimnis nach § 85 des Telekommunikationsgesetzes ist zu wahren.

§ 11 Speicherung von Informationen

Diensteanbieter sind für fremde Informationen, die sie für einen Nutzer speichern, nicht verantwortlich, sofern

1. sie keine Kenntnis von der rechtswidrigen Handlung oder der Information haben und ihnen im Falle von Schadensersatzansprüchen auch keine Tatsachen oder Umstände bekannt sind, aus denen die rechtswidrige Handlung oder die Information offensichtlich wird, oder
2. sie unverzüglich tätig geworden sind, um die Information zu entfernen oder den Zugang zu ihr zu sperren, sobald sie diese Kenntnis erlangt haben.

Satz 1 findet keine Anwendung, wenn der Nutzer dem Diensteanbieter untersteht oder von ihm beaufsichtigt wird.

UrhG (Urheberrechtsgesetz)

§ 2 Geschützte Werke

(1) Zu den geschützten Werken der Literatur, Wissenschaft und Kunst gehören insbesondere:

1. Sprachwerke, wie Schriftwerke, Reden und Computerprogramme;
2. Werke der Musik;
3. pantomimische Werke einschließlich der Werke der Tanzkunst;

4. Werke der bildenden Künste einschließlich der Werke der Baukunst und der angewandten Kunst und Entwürfe solcher Werke;
5. Lichtbildwerke einschließlich der Werke, die ähnlich wie Lichtbildwerke geschaffen werden;
6. Filmwerke einschließlich der Werke, die ähnlich wie Filmwerke geschaffen werden;
7. Darstellungen wissenschaftlicher oder technischer Art, wie Zeichnungen, Pläne, Karten, Skizzen, Tabellen und plastische Darstellungen.

(2) Werke im Sinne dieses Gesetzes sind nur persönliche geistige Schöpfungen.

§ 10 Vermutung der Urheberschaft

(1) Wer auf den Vervielfältigungsstücken eines erschienenen Werkes oder auf dem Original eines Werkes der bildenden Künste in der üblichen Weise als Urheber bezeichnet ist, wird bis zum Beweis des Gegenteils als Urheber des Werkes angesehen; dies gilt auch für eine Bezeichnung, die als Deckname oder Künstlerzeichen des Urhebers bekannt ist.

(2) Ist der Urheber nicht nach Absatz 1 bezeichnet, so wird vermutet, dass derjenige ermächtigt ist, die Rechte des Urhebers geltend zu machen, der auf den Vervielfältigungsstücken des Werkes als Herausgeber bezeichnet ist. Ist kein Herausgeber angegeben, so wird vermutet, dass der Verleger ermächtigt ist.

§ 24 Freie Benutzung

(1) Ein selbständiges Werk, das in freier Benutzung des Werkes eines anderen geschaffen worden ist, darf ohne Zustimmung des Urhebers des benutzten Werkes veröffentlicht und verwertet werden.

(2) Absatz 1 gilt nicht für die Benutzung eines Werkes der Musik, durch welche eine Melodie erkennbar dem Werk entnommen und einem neuen Werk zugrunde gelegt wird.

§ 107 Unzulässiges Anbringen der Urheberbezeichnung

(1) Wer

1. auf dem Original eines Werkes der bildenden Künste die Urheberbezeichnung (§ 10 Abs. 1) ohne Einwilligung des Urhebers anbringt oder ein derart bezeichnetes Original verbreitet,
2. auf einem Vervielfältigungsstück, einer Bearbeitung oder Umgestaltung eines Werkes der bildenden Künste die Urheberbezeichnung (§ 10 Abs. 1) auf eine Art anbringt, die dem Vervielfältigungsstück, der Bearbeitung oder Umgestaltung den Anschein eines Originals gibt, oder ein derart bezeichnetes Vervielfältigungsstück, eine solche Bearbeitung oder Umgestaltung verbreitet,

wird mit Freiheitsstrafe bis zu drei Jahren oder mit Geldstrafe bestraft, wenn die Tat nicht in anderen Vorschriften mit schwererer Strafe bedroht ist.

UWG (Gesetz gegen den unlauteren Wettbewerb)

§ 1 Generalklausel

Wer im geschäftlichen Verkehr zu Zwecken des Wettbewerbs Handlungen vornimmt, die gegen die guten Sitten verstoßen, kann auf Unterlassung und Schadensersatz in Anspruch genommen werden.

§ 3 Irreführende Angaben

Wer im geschäftlichen Verkehr zu Zwecken des Wettbewerbs über geschäftliche Verhältnisse, insbesondere über die Beschaffenheit, den Ursprung, die Herstellungsart oder die Preisbemessung einzelner Waren oder gewerblicher Leistungen oder des gesamten Angebots, über Preislisten, über die Art des Bezugs oder die Bezugsquelle von Waren, über den Besitz von Auszeichnungen, über den Anlass oder den Zweck des Verkaufs oder über die Menge der Vorräte, irreführende Angaben macht, kann auf Unterlassung der Angaben in Anspruch genommen werden. Angaben über geschäftliche Verhältnisse im Sinne des

Satzes 1 sind auch Angaben im Rahmen vergleichender Werbung.

§ 17 Verrat von Geschäfts- oder Betriebsgeheimnissen

(1) Mit Freiheitsstrafe bis zu drei Jahren oder mit Geldstrafe wird bestraft, wer als Angestellter, Arbeiter oder Lehrling eines Geschäftsbetriebs ein Geschäfts- oder Betriebsgeheimnis, das ihm vermöge des Dienstverhältnisses anvertraut worden oder zugänglich geworden ist, während der Geltungsdauer des Dienstverhältnisses unbefugt an jemand zu Zwecken des Wettbewerbs aus Eigennutz zugunsten eines Dritten oder in der Absicht, dem Inhaber des Geschäftsbetriebs Schaden zuzufügen, mitteilt.

(2) Ebenso wird bestraft, wer zu Zwecken des Wettbewerbs, aus Eigennutz, zugunsten eines Dritten oder in der Absicht, dem Inhaber des Geschäftsbetriebs Schaden zuzufügen,

1. sich ein Geschäfts- oder Betriebsgeheimnis durch
   a) Anwendung technischer Mittel,
   b) Herstellung einer verkörperten Wiedergabe des Geheimnisses oder
   c) Wegnahme einer Sache, in der das Geheimnis verkörpert ist,

   unbefugt verschafft oder sichert oder
2. ein Geschäfts- oder Betriebsgeheimnis, das er durch eine der in Absatz 1 bezeichneten Mitteilungen oder durch eine eigene oder fremde Handlung nach Nummer 1 erlangt oder sich sonst unbefugt verschafft oder gesichert hat, unbefugt verwertet oder jemandem mitteilt.

§ 18 Verwertung von Vorlagen

Mit Freiheitsstrafe bis zu zwei Jahren oder mit Geldstrafe wird bestraft, wer die ihm im geschäftlichen Verkehr anvertrauten Vorlagen oder Vorschriften technischer Art, insbesondere Zeichnungen, Modelle, Schablonen, Schnitte, Rezepte, zu Zwecken des Wettbewerbs oder aus Eigennutz unbefugt verwertet oder an jemand mitteilt.

WaffG (Waffengesetz)

§ 10 Erteilung von Erlaubnissen zum Erwerb, Besitz, Führen und Schießen

(4) Die Erlaubnis zum Führen einer Waffe wird durch einen Waffenschein erteilt. Eine Erlaubnis nach Satz 1 zum Führen von Schusswaffen wird für bestimmte Schusswaffen auf höchstens drei Jahre erteilt; die Geltungsdauer kann zweimal um höchstens je drei Jahre verlängert werden, sie ist kürzer zu bemessen, wenn nur ein vorübergehendes Bedürfnis nachgewiesen wird. Der Geltungsbereich des Waffenscheins ist auf bestimmte Anlässe oder Gebiete zu beschränken, wenn ein darüber hinausgehendes Bedürfnis nicht nachgewiesen wird. Die Voraussetzungen für die Erteilung einer Erlaubnis zum Führen von Schreckschuss-, Reizstoff- und Signalwaffen sind in der Anlage 2 Abschnitt 2 Unterabschnitt 3 Nr. 2 und 2.1 genannt (Kleiner Waffenschein).

Anlage 2, Abschnitt 2 (Erlaubnispflichtige Waffen), Unterabschnitt 2 (Erlaubnisfreie Arten des Umgangs), Erlaubnisfreier Erwerb und Besitz

Schreckschuss-, Reizstoff- und Signalwaffen, die der zugelassenen Bauart nach § 8 des Beschussgesetzes entsprechen und das Zulassungszeichen nach Anlage 1 Abbildung 2 zur Ersten Verordnung zum Waffengesetz vom 24. Mai 1976 (BGBl. I S. 1285) in der zum Zeitpunkt des Inkrafttretens dieses Gesetzes geltenden Fassung oder ein durch Rechtsverordnung nach § 25 Abs. 1 Nr. 1 Buchstabe c bestimmtes Zeichen tragen.

Anlage 2, Abschnitt 2 (Erlaubnispflichtige Waffen), Unterabschnitt 3 (Entbehrlichkeit einzelner Erlaubnisvoraussetzungen)

Nr. 2

Führen ohne Sachkunde-, Bedürfnis- und Haftpflichtversicherungsnachweis (§ 4 Abs. 1 Nr. 3 bis 5) – Kleiner Waffenschein

Nr. 2.1

Schreckschuss-, Reizstoff- und Signalwaffen nach Unterabschnitt 2 Nr. 1.3.

WStG (Wehrstrafgesetz)

§ 5 Handeln auf Befehl

(1) Begeht ein Untergebener eine rechtswidrige Tat, die den Tatbestand eines Strafgesetzes verwirklicht, auf Befehl, so trifft ihn eine Schuld nur, wenn er erkennt, dass es sich um eine rechtswidrige Tat handelt oder dies nach den ihm bekannten Umständen offensichtlich ist.
(2) Ist die Schuld des Untergebenen mit Rücksicht auf die besondere Lage, in der er sich bei der Ausführung des Befehls befand, gering, so kann das Gericht die Strafe nach § 49 Abs. 1 des Strafgesetzbuches mildern, bei Vergehen auch von Strafe absehen.

ZPO (Zivilprozessordnung)

§ 286 Freie Beweiswürdigung

(1) Das Gericht hat unter Berücksichtigung des gesamten Inhalts der Verhandlungen und des Ergebnisses einer etwaigen Beweisaufnahme nach freier Überzeugung zu entscheiden, ob eine tatsächliche Behauptung für wahr oder für nicht wahr zu erachten sei. In dem Urteil sind die Gründe anzugeben, die für die richterliche Überzeugung leitend gewesen sind.
(2) An gesetzliche Beweisregeln ist das Gericht nur in den durch dieses Gesetz bezeichneten Fällen gebunden.

§ 383 Zeugnisverweigerung aus persönlichen Gründen

(1) Zur Verweigerung des Zeugnisses sind berechtigt:

6. Personen, denen kraft ihres Amtes, Standes oder Gewerbes Tatsachen anvertraut sind, deren Geheimhaltung durch ihre Natur oder durch gesetzliche Vorschrift geboten ist, in Betreff der Tatsachen, auf welche die Verpflichtung zur Verschwiegenheit sich bezieht.

§ 384 Zeugnisverweigerung aus sachlichen Gründen

Das Zeugnis kann verweigert werden:

1. über Fragen, deren Beantwortung dem Zeugen oder einer Person, zu der er in einem im § 383 Nr. 1 bis 3 bezeichneten Verhältnisse steht, einen unmittelbaren vermögensrechtlichen Schaden verursachen würde;
2. über Fragen, deren Beantwortung dem Zeugen oder einem seiner im § 383 Nr. 1 bis 3 bezeichneten Angehörigen zur Unehre gereichen oder die Gefahr zuziehen würde, wegen einer Straftat oder einer Ordnungswidrigkeit verfolgt zu werden;
3. über Fragen, die der Zeuge nicht würde beantworten können, ohne ein Kunst- oder Gewerbegeheimnis zu offenbaren.

§ 511 Statthaftigkeit der Berufung

(1) Die Berufung findet gegen die im ersten Rechtszug erlassenen Endurteile statt.

(2) Die Berufung ist nur zulässig, wenn

1. der Wert des Beschwerdegegenstandes sechshundert Euro übersteigt oder
2. das Gericht des ersten Rechtszuges die Berufung im Urteil zugelassen hat.

(3) Der Berufungskläger hat den Wert nach Absatz 2 Nr. 1 glaubhaft zu machen; zur Versicherung an Eides statt darf er nicht zugelassen werden.

(4) Das Gericht des ersten Rechtszuges lässt die Berufung zu, wenn

1. die Rechtssache grundsätzliche Bedeutung hat oder
2. die Fortbildung des Rechts oder die Sicherung einer einheitlichen Rechtsprechung eine Entscheidung des Berufungsgerichts erfordert.

Das Berufungsgericht ist an die Zulassung gebunden.

§ 513 Berufungsgründe

(1) Die Berufung kann nur darauf gestützt werden, dass die Entscheidung auf einer Rechtsverletzung (§ 546) beruht oder nach § 529 zugrunde zu legende Tatsachen eine andere Entscheidung rechtfertigen.

(2) Die Berufung kann nicht darauf gestützt werden, dass das Gericht des ersten Rechtszuges seine Zuständigkeit zu Unrecht angenommen hat.

Ausländische Rechtsnormen

Schweizerisches StGB (Strafgesetzbuch)

Art. 149 Zechprellerei

Wer sich in einem Gastgewerbebetrieb beherbergen, Speisen oder Getränke vorsetzen lässt oder andere Dienstleistungen beansprucht und den Betriebsinhaber um die Bezahlung prellt, wird, auf Antrag, mit Gefängnis oder mit Busse bestraft.

CC (Código Civil español)

Artículo 460

El poseedor puede perder su posesión:

1. Por abandono de la cosa.
2. Por cesión hecha a otro por título oneroso o gratuito.
3. Por destrucción o pérdida total de la cosa, o por quedar ésta fuera del comercio.
4. Por la posesión de otro, aun contra la voluntad del antiguo poseedor, si la nueva posesión hubiese durado más de un año.

U.S. Code

Title 18, Chapter 73 Obstruction of Justice

Überschriften der jeweils sehr umfangreichen Abschnitte (Sections), die hier nicht im Einzelnen dargestellt werden können:

Section 1501 Assault On Process Server
Section 1502 Resistance To Extradition Agent
Section 1503 Influencing Or Injuring Officer Or Juror Generally
Section 1504 Influencing Juror By Writing
Section 1505 Obstruction Of Proceedings Before Departments, Agencies, And Committees

Section 1506 Theft Or Alteration Of Record Or Process; False Bail
Section 1507 Picketing Or Parading
Section 1508 Recording, Listening To, Or Observing Proceedings Of Grand Or Petit Juries While Deliberating Or Voting
Section 1509 Obstruction Of Court Orders
Section 1510 Obstruction Of Criminal Investigations
Section 1511 Obstruction Of State Or Local Law Enforcement
Section 1512 Tampering With A Witness, Victim, Or An Informant
Section 1513 Retaliating Against A Witness, Victim, Or An Informant
Section 1514 Civil Action To Restrain Harassment Of A Victim Or Witness
Section 1515 Definitions For Certain Provisions; General Provision
Section 1516 Obstruction Of Federal Audit
Section 1517 Obstructing Examination Of Financial Institution
Section 1518 Obstruction Of Criminal Investigations Of Health Care Offenses

Dank

Für die Unterstützung bedanke ich mich sehr herzlich bei

Abogada Almadena Fernández García, LL.M., Köln
RA Bruno Markus Glombitza, Köln
Dipl.-Kfm. Dirk Grotheer, Köln
StB Achim Lintermann, Köln
Rechtsanwalt Philipp v. Ploetz, Moskau
Kriminalkommissar Axel Sommer, Köln
Dr. phil. Christoph Steskal, Berlin
Prof. Dr. jur. Gregor Thüsing, Bonn
RA Stefan Wieser, LL.M., Köln

sowie bei allen Lesern für ihre zahlreichen Hinweise.
Dr. Ralf Höcker
www.ralfhoecker.de

Ralf Höcker · Carsten Brennecke

Lexikon der kuriosen Rechtsfälle

ISBN 978-3-548-36929-7
www.ullstein-buchverlage.de

Es ist kaum zu glauben, mit welchen Begehren sich deutsche Richter auseinandersetzen müssen. Zum Beispiel mit Klagen auf Durchsetzung einer Forderung von 66 Cent oder gegen schnarchende Sitznachbarn im Flugzeug. Bemerkenswert auch, zu welch kuriosen Urteilen sich Gerichte hinreißen lassen. So gilt es als Arbeitsunfall, wenn man schlafend vom Bürostuhl kippt. Und wer im Wald zu laut ist, bekommt ein »Waldverbot« verordnet. Bestsellerautor Ralf Höcker und Carsten Brennecke beschreiben die spektakulärsten Auswüchse des deutschen Klagewahnsinns und die abstrusesten Urteile, die daraus resultieren.

ullstein